地区资本流动与中国的城市增长

余壮雄 张 婕 著

科学出版社
北 京

内 容 简 介

本书分别从区域资本流动模式、中国城市增长模式、地区资源流动与城市增长互动模式的角度，运用理论模型与实证检验相结合的方法，深入探讨了区域资本流动和中国城市增长议题及其机制原理。本书除了常规的面板LS模型，还分别为各个分议题挑选了较适宜的计量模型，从而在实证检验中运用了多种计量方法，如贝叶斯估计、格点搜索、泊松回归等。与此同时，本书辅以生动的插图来直观地揭示中国的资本流动与城市发展表征，解释理论模型含义，刻画实证结论，预测未来城市增长模式。

本书适合普通高等学校社科类专业（特别是经济学）的硕士生、博士生、研究人员及对本书议题感兴趣的读者使用。

图书在版编目（CIP）数据

地区资本流动与中国的城市增长 / 余壮雄，张婕著. —北京：科学出版社，2021.3

ISBN 978-7-03-067306-0

Ⅰ. ①地… Ⅱ. ①余… ②张… Ⅲ. ①资本流动-关系-城市经济-经济增长-研究-中国 Ⅳ. ①F832.6 ②F299.2

中国版本图书馆 CIP 数据核字（2020）第 268685 号

责任编辑：杭 玫 / 责任校对：贾娜娜
责任印制：张 伟 / 封面设计：无极书装

科学出版社 出版
北京东黄城根北街 16 号
邮政编码：100717
http://www.sciencep.com

北京盛通商印快线网络科技有限公司 印刷
科学出版社发行 各地新华书店经销

*

2021 年 3 月第 一 版　　开本：720×1000　B5
2021 年 3 月第一次印刷　　印张：11 1/4
字数：225 000
定价：102.00 元
（如有印装质量问题，我社负责调换）

前　言

我们这一代人很幸运，与中国的改革开放一起成长，见证了中国经济的腾飞，亲身体验中国经济腾飞过程中各种色彩缤纷的碰撞与精彩绝伦的故事，一边观察周围变幻迷离的世界，一边探索迷雾背后神奇的脉络，留下我们成长的思考。若干年后出生的人们只能通过书本的记载与描述来了解我们当前生活的时代，我猜想，他们一定会被这一段奇妙的历史所折服，对我们报以羡慕而激昂的心情。本书的内容是作者近年来在城市与区域经济方面研究的一个系统性的归纳和总结，也是作者这些年来对中国城市增长相关问题的一些思考，或有一些地方不够成熟，希望借书稿的出版与国内外的同好一起交流、探讨。

中国经济的腾飞也带来城市经济的腾飞，数十年来城市的发展描绘出了一幅气势磅礴的蓝图，吸引了无数国内外学者投身其中，也挖掘出了一个个光芒闪耀的故事。在缤纷多彩的各个故事中，有关中国城市增长的方向慢慢凝聚、分叉并产生出两种不同的思路或想法，它们彼此依赖、无法分离却又相互排斥、遥遥相望。其中，一种想法认为，中国的大城市具有更强的发展优势，应该鼓励更多的人口进入大城市，借助大城市的强大动力带动中国经济的持续增长；另一种想法则认为，经过几十年的城市发展，当前中国的大城市已经人满为患，需要及时控制人口的继续涌入，鼓励中小城市的发展，确保中国经济的健康发展。然而，这两种思路在现实世界中难道一定要非此即彼吗？

对于上面问题的思考正是本书形成的因缘。事实上，本书可以概括为作者对如下两个问题的思考与回答：城市发展背后地区之间的资源流动是怎样的？城市发展的模式在长期过程中应该是怎样的？本书的第 3~5 章是作者对第一个问题的思考。我们认为地区间的资本流动应该是存在回路的，即使净流动的方向偏向某类地区。通过定量数据的分析，我们发现中央投资与外商资本在推动地区资本流动过程中会形成两个方向相反的回路系统，从而使得资本的流动衍生出多种多样的效果。本书的第 6~8 章则是作者对第二个问题的思考。我们认为真实的城市增长应该是序贯的，最大的城市一开始具有最强的比较优势，不断吸引资源的流入，到了一定的规模后，其发展的优势会有所下滑，让渡给次大的城市，次大的城市达到一定的规模后，发展优势又会让渡给再次的城市……以此类推，城市发展优势会依次按照城市规模的次序从大到小接力传递下去。

在本书的第 9 章，作者尝试将前面两部分研究的思考结合在一起，对中国未来城市的增长模式提出了一种新的猜想，也将在未来接受现实数据的考验。我们预测，随着中国的城市增长趋于成熟，城市化的水平越来越高，未来中国城市的发展模式在长期上看应该会呈现振荡-序贯增长的模式：开始的阶段，大城市具有更强的比较优势，资源会不断向大城市集聚，大城市也会发展得更快；经过一段时间的发展后，大城市会慢慢出现疲态，不断涌现出一些困扰其发展的问题，从而使得其发展优势会以序贯的方式让渡给次一级的城市；然而，只要经过足够长的时间，大城市终究会找到解决其困顿的方法和思路，重新迸发新活力，此时，城市的发展优势又会重新回到大城市身上，再次演示之前序贯增长的过程……在此序贯增长中振荡前行。

未来到底会怎样呢？我们希望在不久的将来可以看到世界对于我们的猜想的回应，带给我们更多的惊喜。每一次在研究中提出一些新的想法和预测，就像小孩子成长过程中不经意窥探到世界的秘密一般，我的内心都久久不能平复，而每一次等待现实世界检验自己的猜想，就好像等待一个自己认可的朋友同样也认可自己一般，我的内心忐忑又无比期待。我想，这只不过是每一个同样喜欢研究与思考的人都会有的普通表现吧。

作　者

2020 年 12 月 9 日

目 录

第1章 导论 ·· 1
  1.1 背景与意义 ··· 1
  1.2 视角与方法 ··· 4
  1.3 内容与框架 ··· 5

第2章 文献综述与评价 ·· 6
  2.1 资本流动与产业转移 ··· 6
  2.2 城市增长与城镇化进程 ··· 14

第3章 FDI进入对中国区域资本流动的影响 ·· 19
  3.1 引言 ·· 19
  3.2 区域资本流动的经济机制分析 ·· 20
  3.3 实证模型、数据与方法 ··· 23
  3.4 实证结果与经验分析 ·· 26
  3.5 小结 ·· 34
  本章附件 C-D生产技术设定下的局部均衡分析 ·································· 35

第4章 FDI与中央投资双向引导下的区域资本流动方向 ························· 38
  4.1 引言 ·· 38
  4.2 模型设定、数据与方法 ··· 40
  4.3 实证结果与经验分析 ·· 45
  4.4 小结 ·· 54
  本章附件 后验分布的推导 ··· 56

第5章 劳动力成本上升对地区产业结构调整与产业转移的影响 ··············· 59
  5.1 引言 ·· 59

5.2 产业结构调整的机制分析 60
   5.3 实证模型、数据与方法 64
   5.4 实证结果与经验分析 69
   5.5 小结 76

第6章 大城市的生产率优势与资源跨地区流动 78
   6.1 引言 78
   6.2 模型设定与计量方法 79
   6.3 混合格点搜索的 NLS 估计 82
   6.4 效应识别：集聚与选择 84
   6.5 集聚效应的进一步分析 89
   6.6 小结 93
   本章附件 1 95
   本章附件 2 分位数矩条件的推导 95

第7章 资源配置的跷跷板——中国的城镇化进程 97
   7.1 引言 97
   7.2 理论机制与实证设计 98
   7.3 城镇化对地区资源配置的影响 102
   7.4 城市发展战略的效率分析 107
   7.5 小结 111

第8章 中国城镇化进程中的城市序贯增长 114
   8.1 引言 114
   8.2 城市序贯增长的理论机制 115
   8.3 城市系统演变的数值模拟 121
   8.4 实证模型、结果与分析 125
   8.5 小结 133
   本章附件 有关 $k_0/n_{1,t}^{\delta}$ 是迁移成本 τ 的单调增函数的证明 134

第9章 地区资本流动与城市序贯增长 135
   9.1 引言 135
   9.2 城市规模发展动态 136
   9.3 城市全要素生产率视角的区域资本流动 138
   9.4 实证模型、数据与方法 144

9.5 实证结果与经验分析 ··· 149
9.6 城市规模发展的模拟预测 ··· 157
9.7 小结 ··· 158

第 10 章 结论与展望 ··· 160

参考文献 ·· 163

第1章 导　　论

1.1　背景与意义

1.1.1　研究背景

城市是人类文明发展的一种过程形态，是人类文化的结晶。美国现代哲学家路易斯·芒福德就说过："城市是一种特殊的构造，这种构造致密而紧凑，专门用来流传人类文明的成果。"可见，城市的发展在人类的文明进程中是尤为关键和重要的一环。城市如今不仅仅承载着人类的文明，也是世界人口聚集的重要居住地。随着城市经济的飞速发展、城市人口的日渐扩张，城市更是成为国民经济与国家社会发展的重要组成个体。城市的发展关乎国家的繁荣，只有真正地促进了城市的发展与协调，才能使国家这个有机整体富强昌盛。城市化问题或者更为确切地说城镇化问题一直以来都是中国经济发展过程中重点关注的问题。

1949年以后，中国的经济取得了极大的发展，特别是改革开放的实施，释放了中国的生产力，相应的政策也推动着中国城镇化进程的飞速发展。根据国家统计局的核算资料，2018年中国GDP（gross domestic product，国内生产总值）总量达到919 281亿元，突破90万亿元大关，按可比价格计算，比上年增长6.8%，超出预期发展目标6.5%；且城镇化率达到59.58%，相比于上半年提高1.06%[①]。可见，中国无论是在经济总量还是城镇化水平方面都取得了可喜的成就。快速的工业化和城镇化进程推动了中国经济的高速增长。在经济发展过程中，政府更是根据不同时期经济特点不断进行城镇化发展战略调整。城市经济体量的发展、交通便捷程度的提升、户籍制度的改革等诸多方面的原因，均导致人口从农村与小城市流向大城市，使得城市的规模日益扩大，区域范围不断延伸，渐渐地，

---

① 资料来源：《中国统计年鉴》。

城市的发展在中国的国民经济发展中扮演起越来越重要的角色。中国城镇化率从1978年的17.9%增长至2018年的59.6%，增长2倍多；城镇常住人口从1.72亿人增长至8.31亿人，增长近4倍；中国的城市数量由193个增加到673个[①]。城市俨然已经成为中国经济发展的核心动力。

城市的发展水平影响着国家经济发展的质与量。城市的发展本质上是资源配置的结果，资本、劳动这些生产要素如同国家的血液一般，在城市间流动，将各类城市链接成一个统一的整体，共同推动中国经济向前大步走。实现城市健康发展的关键在于使各项要素在城市与城市之间、区域与区域之间合理地进行配置，即如何使得劳动、资本等生产要素在小环境与大环境中达到相对最佳的配置及最优的平衡，以促进城市和区域的经济发展，从而实现国家经济的长期良性稳健增长。这也是实现中华民族伟大复兴所必须厘清的重要环节。但是中国国土幅员辽阔，气候地理等自然条件差异明显，导致区域间的禀赋差异也十分明显。因此，在经济发展过程中，区域发展不平衡一直是掣肘中国经济发展的重要原因之一。虽然国家针对区域发展有着一系列政策调控，尤其是城镇化进程的推进在不断缩小中国东中西经济区域发展的差距，但解决区域发展不平衡的进程缓慢，且逐渐展露出新的形势——由东西部差异逐步演变成南北差异。例如，在2019年"中国区域经济50人"论坛年会上，众多专家一致认为需要关注南北发展的差异。经济区域协调发展问题依然是中国目前经济发展需要重点关注的问题之一。党的十九大也指出："我国经济已由高速增长阶段转向高质量发展阶段"[②]。区域发展的协调均衡关系着我国经济发展的质量，影响着我国经济增长的结构。

国内外学者大多认为中国自改革开放以来的高GDP增长率得益于投资的持续快速增长，即资本的作用。资本作为经济增长的重要原动力，其在各地区间的配置与流动是影响经济增长水平进而影响地区经济差距的重要因素。但区域间的资本流动一方面受到政府投资、国家银行政策性资金分配等政治力量的引导，另一方面也受到追逐利润的市场力量的支配。改革开放初期，外商资本的进入为我国经济的发展带来了稀缺的资本与先进的技术，成为推动我国经济快速发展的重要力量。在市场力量的作用下，以追逐利润为目的的外商投资选择进入那些能够获得更高回报的地区，一方面带动了所进入地区的经济发展，另一方面又通过技术扩散及其与当地资本争夺投资机会的过程促进了地区间的资本流动。

随着中国经济的快速发展，经济水平日益提高，国内资本的规模也有了大幅

[①] 资料来源：《中国统计年鉴》《中国城乡建设统计年鉴》。
[②] 习近平. 决胜全面建成小康社会 夺取新时代中国特色社会主义伟大胜利. 人民日报，2017-10-28（1）.

的增加，外商投资对地区资本流动的作用有所下降。相反，在1994年分税制改革后，中央的财政收入实现了大幅的增加，中央政府有了充足的资金支持组织大规模的项目投入以协调地方经济的平衡发展，中央投资成为引导地区资本流动的另一股重要的外来力量。与逐利的外商投资不同，中央投资是一种政府行为，在进行投资选址时不仅会考虑市场的因素，更多地体现了中央政府的某些政治目标，如缩小地区的发展差距等，而且其所投资的项目也与外商投资具有明显的差异，更多地集中于公共项目。

无论是外商投资还是中央投资，作为地区投资的外来资本，都会与当地已有的资本争夺有限的投资机会，这必然会导致一部分地区资本被迫退出当地的市场；另外，外来资本携带的优势技术也会促进当地经济的增长，创造出更多的投资机会，从而吸引更多的投资进入市场。就外来资本进入的地区而言，这种资本的进入与退出意味着外来资本对地区投资的挤入挤出效应（Agosin and Mayer，2000），但从整个区域来看，某些地区的资本退出往往伴随其他地区的资本进入，不同地区间资本所表现出来的这种同步的进入退出本质上是一种资本在地区间的流动（余壮雄等，2010）。

综上可见，资本良好的流动和城镇化进程的推进能够对中国经济做出巨大贡献。但资本的配置和流动情况与城市发展（甚至是中国经济的发展）之间的关系可谓是千丝万缕；而经济体内部特征和外部条件的变动定会对资本和城市造成一定的影响。虽然其任务艰巨，但资本流动与城市发展之间的关系是十分贴近现实的重要议题，本书旨在为探索和厘清二者的影响机制及其原理尽绵薄之力。

1.1.2 研究意义

本书研究议题的意义是多方面的，这里将从学科建设、政府和企业三方面进行讨论。

（1）本书所使用的研究方法跨越微观经济学和产业经济学，这种研究方法在经济学的学术研究中的应用与日俱增。在结合二者构建理论模型和运用实证方法方面，本书具有很好的借鉴意义。

（2）研究资本流动和城市发展有助于政府制定科学合理的产业政策、城镇化政策及招商引资政策。政策的合理制定必须要有相应的理论支持，而本书所研究的地区资本流动规律、城市发展规律及其二者之间的关系，恰好可以为产业结构优化、城市规模建设等方面提供理论依据与实证资料。

（3）本书还从企业层面进行了研究，这有利于国内外企业正确选择投资领域与地域，提高资本使用效率。根据本书所揭示的城市发展规律，企业需要对处于不同阶段的城市做出正确的判断，作为投资或转移的重要依据，进而保持自身的竞争优势。

1.2 视角与方法

本书的研究视角主要有引起资本流动的作用机制、造成产业结构调整或产业转移的作用机制、城市优势引起资源流动的作用机制、中国城市发展规律、资本流动对城市发展的作用分析。总体上，先分别探索资本流动与城市发展的规律，之后结合二者进行关联研究。

本书所运用的研究方法主要包括下面几种。

1. 实证研究与理论研究相结合的分析方法

本书的论证过程采用了实证研究与理论研究相结合，但以实证研究为主的方法。本书的研究议题均为现实问题，属于应用经济学范畴，所研究内容的"应用性"决定了应当侧重于实证研究。众所周知，经济学在建立模型时会设立许多假设条件，而这些假设条件的存在使得理论结果往往与现实相悖。但理论往往是为实践服务的，仅仅逻辑合理的理论已经不适用于快速发展的当下。为弥补这一缺陷，本书采用了时下较为流行的理论与实证相结合的研究方法，构建的模型均使用了实证检验以验证其有效性。当然，这并不意味着我们不重视理论研究。学者们所构建的理想的理论世界是去伪存真的现实世界，即真理的世界。为了这一世界，学者们都在努力，我们也不例外。

2. 动态研究方法

资本流动和城市发展的主题确定了本书必须使用动态的研究方法。本书所使用的数据均属于面板型数据，目的在于探索其产业间、区域间、城市间关系的过去、现状和未来发展趋势，以找出资本流动规律和城市发展规律。

3. 微观与中观研究相结合的方法

资本流动的区域流动和城市发展均属于中观层面的研究范畴。但从微观层次看，企业所有制的变革、竞争优势会对资本流动带来重大影响；城市生产者的成本和消费者需求的变化等因素会对城镇化进程造成影响。这些都决定了本书的研究不能仅从行业层面或城市层面进行，还需要考虑微观层面上的变化情况，实现中观和微观的一体化研究。

1.3 内容与框架

本书重点关注地区资本流动与中国城镇化进程之间相辅相成的关系。基本逻辑如下：首先，分为两个部分进行机制探索，一是探索国外资本冲击（FDI[①]）和国内资本冲击（中央投资）对区域资本流动的影响机制，进而探究要素流动（资本、劳动力）对产业转移的影响机制；二是探索中国城镇化进程中的城市增长规律。其次，分别在两部分机制衔接章和结尾章，从理论模型和实证检验的角度研究城市与资源配置（资本）之间的关系，这给本书的整体结构起到承上启下和点明主旨的作用。此种总体研究思路比较全面、系统地探讨了地区资本流动和中国城镇化之间的关系。

全文分为10个章节。第1章为导论，从背景引出研究主题，并总体概括研究视角、研究方法、研究内容和研究框架；第2章为文献综述与评价，分别从资本流动与产业转移、城市增长与城镇化进程两个方面总结前人的研究经验并分析其不足；第3章研究FDI进入对中国区域资本流动的影响，揭示FDI进入引发私人资本在区域间的流动方向与过程；第4章中加入了政府因素，研究FDI与中央投资双向引导下的区域资本流动方向；第5章研究劳动力成本上升对地区产业结构调整与产业转移的影响，考察要素变动对区域资源配置的作用；第6章从理论和实证的角度研究大城市的生产率优势与资源跨地区流动之间的关系，以探索导致资源流动的影响机制；第7章从理论与实证的角度研究中国城镇化与地区资源配置之间的关系，以验证中国城镇化进程对资源配置的影响机制；第8章以城镇化进程中的城市序贯增长机制为切入点，从城市系统演变的视角展开对当前新型城镇化的效率分析；第9章以城市全要素生产率（total factor productivity，TFP）作为资本流动的指标，研究在城市序贯增长机制下的城市结构变动趋势和区域资本流动之间的规律。第10章为结论与展望。

[①] foreign direct investment，外商直接投资。

第 2 章 文献综述与评价

2.1 资本流动与产业转移

关于探究外部冲击引发资本流动（即地区资本挤入挤出效应）的研究十分丰富，但模型推导与实证结果却各不相同，数据集的变动对估计结果的影响非常大。普遍来说，外来资本主要来源于外商投资和中央投资，而无论是外商投资还是中央投资，作为地区投资的外来资本，都会与当地已有的资本争夺有限的投资机会，这必然会导致一部分地区资本被迫退出当地的市场。但是，外来资本携带的优势技术也会促进当地经济的增长，创造出更多的投资机会，从而吸引更多的投资进入市场。总的来看，对于资本挤入挤出效应的文献主要集中在两个方面：国外资本冲击（FDI）与国内资本冲击（中央投资）。

2.1.1 资本的挤入挤出效应、流动规模及流动方向的识别

1. 资本的挤入挤出效应

国外资本冲击以 FDI 的形式出现，而关于 FDI 对地区资本挤入挤出效应的研究主要集中在国家层面上，早期的研究从北美的发达国家开始（Frances，1977），随着 20 世纪 80 年代中后期流向发展中国家的 FDI 的规模不断增加，对于这一问题的研究对象也从发达国家转向发展中国家（Borensztein et al.，1998；Bosworth and Collins.，1999；Agosin and Mayer，2000；Kumar and Pradhan，2002），同时，随着亚洲经济的崛起、中国经济实力的增强，关于中国与亚太新兴国家的 FDI 的研究也得到了很多学者的关注（Chantasasawat et al.，2004；Mercereau，2005；Morrissey and Udomkerdmongkol，2012；Farla et al.，2016）。

有关 FDI 对国内资本挤入挤出效应的争论一直未有定论。Borensztein 等（1998）利用 69 个发展中国家 1970~1989 年的面板数据进行实证分析，结果表

明，FDI 是技术传输的重要工具，相对于国内投资，FDI 对经济增长的影响更大，而且由于 FDI 对国内的企业存在互补效应，它对国内投资存在显著的挤入效应。Bosworth 和 Collins（1999）利用 58 个发展中国家 1979~1995 年的数据进行实证分析，发现 FDI 对国内投资是中性的，既不存在挤入也不存在挤出。Agosin 和 Mayer（2000）认为已有研究中实证结果多样化的问题主要是源于 FDI 对国内资本挤入挤出效应具有地区的异质性。他们在新古典经济学的理论框架下构建了检验 FDI 挤入挤出效应的实证模型，并使用 1970~1996 年及其子区间 1976~1985 年和 1986~1996 年的数据对非洲、亚洲和拉丁美洲三个发展中地区 FDI 的影响分别进行了检验，结果表明，亚洲的 FDI 对国内投资存在显著的挤入效应，拉丁美洲的 FDI 对国内投资存在显著的挤出效应，而非洲的 FDI 则不存在挤入挤出效应。Kumar 和 Pradhan（2002）则是从另一个角度来回应实证结果多样化的问题，提出了 FDI 对国内资本的影响应该是一个动态过程的猜想。他们利用 107 个发展中国家 1980~1999 年的面板数据考察了 FDI 与经济增长、国内投资的关系，结果支持了他们的猜想，FDI 对国内投资的影响是一个先负后正的动态过程。使用其中 98 个国家的数据进一步研究的结果表明，FDI 对投资表现出净的挤出效应，其中 52 个 FDI 系数显著的国家中，有 29 个国家有挤出效应，23 个国家有挤入效应。

在 Agosin 和 Mayer（2000）的基础上，Chantasasawat 等（2004）和 Mercereau（2005）将研究的目光投向了全球 FDI 的主要流入地——亚洲，相比 FDI 对当地资本的挤入挤出效应，他们更关注的是整个区域内各个国家争夺 FDI 的情况。Chantasasawat 等（2004）利用 8 个亚洲国家 1985~2001 年的数据研究中国的 FDI 对东亚 FDI 的影响，实证结果表明，中国的 FDI 对其他国家的影响并不大；Mercereau（2005）将研究样本扩展到 14 个亚洲国家 1984~2002 年的数据，结果支持了 Chantasasawat 等（2004）的结论。国外最新的研究中，Morrissey 和 Udomkerdmongkol（2012）仅对 46 个发展中国家 1996~2009 年的数据进行建模分析，发现 FDI 对国内私人投资存在挤出效应；而 Farla 等（2016）在未改变其主体模型的情况下，仅优化了其国家治理变量，使用同样的国家年份数据，却得到了截然不同的结论。可见，在国际上对 FDI 对国内投资的流入流出影响问题尚无定论，仍需对此议题进行深入挖掘。

国内关于 FDI 对地区资本挤入挤出效应的研究基本使用 Agosin 和 Mayer（2000）建立的标准实证模型，早期的研究（杨柳勇和沈国良，2002）基于时间序列的实证结果，后期的研究（王志鹏和李子奈，2004；薄文广，2006）则引进面板数据分析的技术。杨柳勇和沈国良（2002）利用全国 1985~1999 年的时序数据来检验 FDI 对地区投资的挤入挤出效应，结果表明，FDI 对国内投资存在挤出效应；然而，王志鹏和李子奈（2004）认为杨柳勇和沈国良（2002）使用的数据样本太小，存在自由度不足的问题，因此结论并不可靠。王志鹏和李子奈（2004）使用国内 30 个省（自治区、直辖市）1987~2001 年的面板数据对 FDI 的挤入挤出效应重新进行了检验，结果表明，FDI 对国内投资的挤入效应并不显著。借鉴 Agosin 和 Mayer（2000）的处理方法，他们将全国的数据划分为东部、中部和西部分别进行检验，结果表明，东部地区的 FDI 对国内投资有着显著的挤出效应，中部地区的 FDI 对国内投资有着显著的挤入效应，西部地区的 FDI 对国内投资的挤出效应不显著。后续的一些研究（薄文广，2006；雷辉，2006；马晶梅和王宏起，2011）又进一步在王志鹏和李子奈（2004）的研究基础上进行了细分和扩展。

到目前为止，大多数文献研究的焦点都集中于 FDI 对当地资本的挤入挤出效应，虽然 Chantasasawat 等（2004）和 Mercereau（2005）已经注意到不同地区的 FDI 之间存在相互影响，但他们的研究也仅仅是从单向的方面来考虑，没有考虑到整个区域内资本的相互影响。事实上，FDI 进入区域内的某个国家（地区）不仅会对当地的投资有影响，也会对区域内的其他国家（地区）的投资有影响，而这种影响的程度取决于区域内资本流动的容易程度。如果忽略这种影响差异，无论模型的估计结果还是挤入挤出效应的检验结果都将是不可靠的。于是，本书将在第 3 章尝试从区域资本流动的角度去研究 FDI 对地区资本的影响。

2. 国内投资、区域资本流动的规模及流动方向的识别

目前对区域资本流动的规模及流动方向的识别与实证检验方法主要有两种：一种是基于国民经济核算恒等式的 F-H 法（Feldstein and Horioka，1980）及其拓展；另一种是基于空间滞后项捕捉流动方向的扩展模型法（余壮雄等，2010）。Feldstein 和 Horioka（1980）对资本流动性的开创性研究指出：如果各国的资本市场是封闭的，国家间资本不可流动，则基于国民经济核算恒等式，该国的国民储蓄应该等于国内投资，因此国内投资与国民储蓄之间存在显著的高度相关关系；反之，如果各国的资本可以完全流动，那么每个国家所面对的资本供给量将远高于国民储蓄量，此时国内投资与储蓄之间不应存在显著的相关关系。作为上述观点的一个简单的引申，可以采用国内的投资额减去国民储蓄额表示资本流动的规模，如果计算的结果为正则代表外国资本的流入，反之则代表本国资本的流出。Feldstein 和 Horioka（1980）通过实证分析发现，21 个 OECD（Organization for Economic Co-operation and Development，经济合作与发展组织）国家 1960~1974 年的国内投资占比对国民储蓄占比[①]的回归系数为 0.89，而且高度显著，这就意味着在 20 世纪六七十年代 OECD 国家之间的资本

---

① 国内投资与 GDP 的占比与国内储蓄与 GDP 的占比。

流动是不完全的。

此后,有许多学者采用 F-H 法对国家间的资本流动进行分析,但得到的实证结果与经济现实多有违背。Obstfeld 和 Rogoff(2000)发现,从 Feldstein 和 Horioka(1980)的文章发表以来,经过二十多年的发展,尽管 OECD 国家间的资本一体化程度快速提升,但这些国家的国内投资与国民储蓄之间仍存在显著的高度相关。与此同时,在 1990~1997 年,经济发展程度和经济一体化程度低的非 OECD 国家,其国内投资占比对国民储蓄占比的回归系数要远低于经济一体化程度较高的 OECD 国家。Obstfeld 和 Rogoff(2000)将以上现象称为 F-H 之谜,F-H 之谜的出现引发了学者们对采用 F-H 法来考察资本流动的合理性的质疑。Frankel(1992)认为采用 F-H 法来考察资本流动需要至少满足两个基本假定:首先,所考察的国家国内资本市场与国际资本市场相比规模要相对足够小,即国内资本市场(国内储蓄)无法影响国际资本市场的均衡利率水平,在这种情况下即使不存在国家之间的资本,国内投资与国民储蓄之间仍可能存在显著的高度相关关系;其次,要保证国内投资与国民储蓄不受共同变量的影响,如政府政策,否则对这两者进行回归将出现内生性问题,使得估计系数有偏。学术界至今对采用 F-H 法来考察资本流动的合理性并未达成普遍的共识,同时也未对 F-H 之谜给出公认的合理解释。

由于 F-H 法所受到的诸多质疑,Obstfeld(1994)对其进行了改进和拓展,提出了一种基于各国消费考察国际资本流动的新方法。他认为如果地区间存在完美的资本流动,那么各个地区的消费水平应该存在显著的高度相关关系。对此直观的解释是,在资本完全流动的情况下,某地区的消费者可以通过向其他地区借贷进行消费,如果消费者都是同质的,那么各地区的消费行为应保持高度的一致性。与 F-H 法相比,这种实证方法通过理论推导得出,具有坚实的微观基础;同时,高质量的消费数据的可获得性要高于储蓄数据,减少了数据可能出现的测量误差。基于 Obstfeld(1994)的思路,Nagayasu(2013)通过建立动态面板共同因子模型考察了日本国内的资本流动性,发现 20 世纪六七十年代是日本国内资本市场迅速一体化的关键时期。但 Obstfeld(1994)的方法也具有一定的局限性,它只能测算出国家或地区间的资本流动性强弱,并不能测算出国家或地区间的资本流动规模及资本流动的方向。因此若要对资本流动规模进行测算,许多研究仍然采用了 F-H 法。

目前,国内关于区域资本流动的许多研究都选用了基于国民经济核算恒等式的 F-H 法。郭金龙和王宏伟(2003)在 F-H 法的基础上,根据资金流向与货物流向相反的逻辑提出通过测算地区货物的净流入(出)来反向推断地区资金的净流出(入)的方法。赵岩和赵留彦(2005)基于中国 1978~2002 年的数据使用 F-H 法考察了中国各省总投资与总储蓄的共同变动趋势,分析了中国改革开放后资本的流动性强弱。徐东林和陈永伟（2009）也是通过检验投资与储蓄的相关关系，分析中国区域资本流动状况，研究发现中国资本在区域间的流动能力总体上还比较弱。胡凯和吴清（2012）采用 F-H 法测算了 1997~2007 年中国省际资本流动规模，并从制度经济学的视角实证研究了制度环境对省际资本流动的影响；研究发现，东部和中西部地区分别为资本净流入和净流出地区，省际资本流动呈现不均衡格局。

但是，F-H 法及其拓展方法都只能对资本的流动方向及规模进行测算，并不能分析区域资本流动的机制，也不能综合考察不同类型资本的区域流动问题。余壮雄等（2010）提出了另一种测算区域资本流动的思路，他们通过引入空间滞后项的处理，将 Agosin 和 Mayer（2000）的模型从研究外来资本对区域资本挤入挤出的问题扩展到研究外来资本对区域资本流动的影响问题。基于该模型，余壮雄等（2010）采用中国 28 个省（自治区、直辖市）1987~2004 年的省际面板数据考察了 FDI 的进入对区域资本流动的影响，研究表明 FDI 的进入会引起地区资本在区域内形成一个先流入（FDI 进入的地区）后流出的过程。王曦等（2014）也采用类似的框架从理论上分析了中央投资对区域资本流动的影响机制，他们认为地区的市场发育程度与外来资本的性质是引起区域资本流动的重要因素，并利用中国 1997~2011 年 30 个省（自治区、直辖市）的面板数据对上述机制进行实证检验，检验结果印证了他们的理论推断。

余壮雄等（2010）与王曦等（2014）的研究使用了一种与 F-H 法不同的思路来考察区域间的资本流动，这种方法不需要对资本的流动规模进行测算，而是间接地采用计量模型对资本的流动方向进行测算，因此能够较好地克服测量误差的问题。与此同时，采用这种模型还能考察外来资本的进入对区域原有资本流动规模和方向的影响，该模型不但克服了 F-H 法在进行资本流动估算中可能出现的误差，还能深入探讨区域间资本流动的机制等问题。然而需要强调的是，他们的研究是通过全国与区域经验分析结果的对比来间接推出资本的区域流动，这种两阶段分析方法通过分析结论的递进可以得到强有力的论证效果，但就准确性而言还有待改进，单一步骤中存在的误差在两阶段分析中可能会被放大，从而影响到结论的准确程度。本书第 4 章将对他们的模型进行拓展，通过高维参数模型对区域资本流动进行直接推断，这样的方法将会更加准确和具有说服力。

2.1.2 劳动力成本上升、产业结构调整及产业转移

21 世纪以来，中国劳动力成本大幅上升已形成不可扭转的趋势，这对中国经济的长期发展带来了强力的冲击与挑战。于是，对劳动力成本的影响研究应运而

生。辛永兵和李景勃（2007）研究了劳动力成本上升对中国经济的影响，认为劳动力成本上升一方面会给中国的国内企业带来竞争压力；另一方面也有益于促进中国的产业结构调整，激发企业去寻求新的竞争优势。阳立高等（2014）研究了劳动力成本上升对制造业结构升级的影响，结果发现劳动力成本上升能够推进中国制造业的产业结构升级。郑延智等（2012）基于1980~2010年的数据实证分析了劳动力成本上升对中国产业结构的影响，认为企业应积极改变其生产方式，而中国政府应通过转变经济发展模式，积极引导和促进产业结构转型与产业升级。可见，劳动力成本上升对各行各业造成不同的冲击，而学界与政界均在积极探索其应对之法。

既然多数学者均强调产业结构调整和产业升级，那么，关于利用市场和政策有效地进行产业结构调整的问题跃然纸上。产业结构调整指的是对一个国家或地区的经济来说，其不同产业之间的技术经济联系、数量比例关系及资源配置状况。关于产业结构调整的研究中，最著名的是反映三次产业结构变动规律的配第-克拉克定理，其认为随着国家的经济发展水平不断提高，产业结构从第一产业向第三产业逐渐转变。对特殊的第二产业工业的结构研究，在不同工业化阶段的量化中较著名的是霍夫曼定理。霍夫曼把工业产业分为三大类：消费资料产业、资本资料产业和其他产业，并把工业化分为四个阶段，而不同的霍夫曼比例范围和每个工业化阶段对应。产业结构调整离不开产业升级这一过程。产业升级指不同产业间的升级或者是不同要素间的升级（Ernst and Kim, 2002），如劳动密集→资本密集→技术密集的升级演化路径。因此从宏观层面的角度来看，产业升级是在资本和技术等具有创造性的要素资源相对于劳动力要素等自然资源更加充裕的时候，一个国家或者地区应该在资本和技术密集型产业方面发展其具有比较优势的产业（陈羽和邝国良，2009）。

但值得一提的是，产业结构调整除了产业升级这一方式以外，还可通过产业转移的方式来实现。Blomstrom等（2000）构建了模型研究日本对外产业转移时，发现产业转移能够促进转出国（日本）的产业结构调整和产业升级。同样地，卢根鑫（1994）认为产业转移对发展中国家的生产要素转移、生产结构调整、就业结构优化、社会资本有机构成提高有着积极的作用。Markusen和Venables（1999）发现，对于产业转移的承接方来说，产业转移会通过关联产业的前后向联系促进当地的产业结构优化调整。王先庆（1998）发现产业转移对产业转移方和产业承接方都具有积极的作用，产业转移一方面会促进产业转移方的产业结构调整优化和产业升级，促进不同要素资源的合理配置；另一方面也会使产业承接方发生产业结构调整，因而产业转移实际上是一种"双赢"模式。于是，关于产业转移的机制研究应运而生。

产业转移的动机理论主要为两大部分：比较优势理论和中心外围理论。具体而言，在比较优势理论方面，Lewis（1982）首先提出了"劳动密集型产业转移理论"，其基于劳动力供给的视角分析了产业转移的动机，指出在发达国家的人口自然增长率不断降低的前提下，劳动力成本会明显提高，由此生产成本也会随之不断上升，使其劳动密集型产业逐渐丧失比较优势，因此发达国家会倾向把国内的一些劳动密集型产业转移到周边的一些发展中国家。Arndt（1997）的研究结果也支持这一观点。Vernon（1966）、Lecraw（1993）和 Tan（2002）在此基础上发展并运用了产品生命周期理论，进一步阐释禀赋在国际产业转移中的作用。中心外围理论方面，Prebisch（1962）最早提出中心外围理论，其主要观点之一是，由于发展中国家国内初级产品和工业制成品的需求弹性差异较大，发展中国家出于发展的需要，不得不在国内实行以工业化替代大量进口工业品的替代战略，这是发生产业转移的主要原因之一。虽然 Prebisch（1962）对中心和外围的经济关系的研究在一定程度上解释了发达国家与发展中国家之间发生产业转移的一些事实，但也存在一些不完善的地方，如没有认识到产业转移是区域间经济关系发展变化的必然产物。Krugman（1991a）结合区域的角度发展和完善了中心外围理论以解释产业转移这一现象。该理论对产业转移机制的解释主要为三种形式：区域要素迁移模型、产业垂直关联模型和要素累积驱动模型。本书第 5 章所发展研究的内容属于区域要素迁移模型，该模型认为产业转移是由于物质资本、人力资本、熟练劳动力和非熟练劳动力等要素大规模地从一个地区转移到另一个地区，从而导致产业在空间布局上发生了改变。

  基于劳动力成本的角度来分析产业转移是研究地区间产业转移与产业结构调整的一个重要方向。许正松和万青（2011a）发现劳动密集型产业是否有动力从东部地区转移至中西部地区最终取决于东部地区的相对劳动力成本是否高于中西部地区的相对劳动力成本。高见和覃成林（2005）则认为中国应该对不同的区域实施不同的产业转移引导政策。对于东部地区，要鼓励其将丧失竞争优势和比较优势的产业逐渐转移到资源要素丰富的中西部地区；对于中西部地区，要对其承接东部地区的产业转移提供政策支持，加强其基础设施建设，提高其承接东部地区产业转移的可能性。胡春林（2012）通过对珠江三角洲的研究分析，认为珠江三角洲地区应该进一步对产业结构进行优化调整，加快重工业化的进程，加快资本积累，积极承接国际技术密集型产业转移，为下一步发展第三产业包括现代服务业打下坚实的基础。

  现有的文献一类是从劳动力成本等要素成本的角度来研究。李国平和杨开忠（2000）研究得出，劳动力等生产要素的成本会在一定程度上影响外商在中国投资的区位选择，进而影响中国的产业转移。许正松和万青（2011b）认为，相对劳动力成本是促使产业转移的重要因素。刘新争（2012）也指出，生产成本的上升能"倒逼"国内产业升级，劳动力等要素成本在中国区域间的动态转变，使东部地区逐渐丧失劳动力成本的比较优势,中西部地区劳动力要素禀赋的显性优势呈现,会促使企业迁往成本更低的内陆地区,进而推动内陆地区产业发展。郑鑫和陈耀(2012)分析了区域生产成本、运输费用与需求分布的变化对产业转移的影响。曲玥等(2013)通过研究得出:企业的综合经营成本及要素成本的快速上涨逐渐成为诱导产业发生转移的重要因素。他们研究了税负成本与劳动力成本对中国产业转移的影响,研究结果发现劳动力集聚带来产业集聚,后期当综合经营成本和要素成本上涨时,劳动密集型产业会向成本更低的中西部转移,而且,对产业转移的引导作用逐渐增强;相反,政府干预对劳动密集型产业的发展有一定的负向影响。杨亚平和周泳宏(2013)的实证结论表明,城市相对劳动力和土地成本对于工业相对产值具有"挤出效应",城市相对劳动力和土地成本对于服务业相对产值具有"促增作用";中部城市比西部城市更具低成本比较优势,区域劳动力和土地成本的差距对中部城市结构升级的推动作用更明显。桑瑞聪等(2013)基于企业的微观层面,使用 Logit 模型实证分析了中国不同地区间发生产业转移的动因,结果发现产业转移的驱动力多种多样,其中就包括要素成本(劳动力成本和土地成本)。

一般来说,劳动力成本包括工资、福利和保险三部分,其中工资所占比例最高。于是有学者就工资与劳动力成本的关系进行了系列研究。蔡昉和都阳(2011)发现工资的变化趋势不可避免地导致劳动力成本的上升。与此同时,工资报酬也被称为单位劳动成本。所以,有学者以工资作为劳动力成本进行研究,发现了与蔡昉和都阳(2011)不同的结论。王万珺等(2015)发现1998~2007 年在中国劳动力供给下降、工资持续上涨的背景下,单位劳动成本却总体呈现了递减趋势,进一步地,实现这一递减趋势需要生产效率提高幅度超过工资上涨幅度。此外,亦有学者引入了产业转移的概念。吴要武(2014)采用倾向得分匹配的方法进行研究,发现中国东部地区和中西部地区的农民工工资的差异大概在30%~40%,而工资的差距会极大地激励东部地区的劳动密集型产业向中西部迁移。吕大国等(2019)用新新经济地理理论模型研究发现劳动力成本差异会导致生产率具有差异的企业自行分类聚散,实现产业转移。

总的来看,目前对中国产业转移与区域产业结构升级方面的研究已经取得丰硕的成果,但前人的研究中选择的城市样本比较少,也未细分到行业层面;同时,区域产业转移研究比较多的是东部到中西部的产业转移,鲜有对中国东中西部之间的产业转移的研究。本书第 5 章将弥补数据与研究范围的缺陷,还把中国划分为七大区域,从模型构建和实证角度分析区域内和区域间的大小城市之间的产业转移规律。

2.2 城市增长与城镇化进程

2.2.1 城市生产率差异、大城市优势及企业退出

关于城市生产率差异的研究一直都是城市经济学研究的核心问题之一。Rosenthal 和 Strange（2001）、Melo 等（2009）、Combes 等（2010，2012）的研究表明，与中小城市相比，在人口密度大、经济活动密集的大城市中，企业与劳动力的生产效率会更高，城市规模对生产率的边际弹性介于 2%~10%。范剑勇（2006）基于中国 2004 年地级以上城市的研究表明，中国城市的非农就业密度对非农产业劳动生产率的边际弹性为 8%左右；陈良文等（2008）使用北京市 2004 年经济普查数据的分析发现，劳动生产率与经济密度之间存在显著的正向关系，经济密度对劳动生产率的边际产出弹性高达 10%以上，高于欧美的 4%~5%的平均水平。

城市规模与城市生产率之间的这种正相关也被称为大城市的生产率优势。一直以来，关于大城市生产率优势的解释主要存在两种观点：一是将大城市的生产率优势归结于大城市中经济活动高度集聚所产生的集聚效应（Harris，1954；Duranton and Puga，2004）；二是认为大城市的生产率优势源于低效率企业在市场竞争中退出大城市，使得大城市中存活下来的企业具有更高的生产率，即选择效应（Baldwin and Okubo，2006；Melitz and Ottaviano，2008；Combes et al.，2012）。

从企业生产的角度来看，经济活动在地理范围内的集聚可以通过促进专业化供应商的形成、提供更"厚"的劳动力市场及促进知识外溢等途径提高企业或劳动力的生产率。Duranton 和 Puga（2004）对集聚效应的不同来源进行了归纳，指出不同来源的微观机制可以归结为共享、匹配和学习三种机制，为此后的研究提供了微观理论支持。从企业销售的角度来说，更大的市场为企业提供了更大的生存空间。Harris（1954）提出的企业应靠近大市场进行生产经济活动的市场潜力理论认为，经济或产业的集聚现象不仅与供给有关，还与市场需求有关。

除了集聚效应，选择效应也被认为是影响城市生产率差异的重要原因。对于低效率企业退出大城市的解释，文献中存在两种不同的看法。

第一种看法将选择效应归结为市场的竞争效应，即大城市具有更加激烈的市场竞争，市场竞争将低效率的企业淘汰出大城市（Melitz and Ottaviano，2008；Combes et al.，2012）；第二种看法则认为选择效应是一种异质性企业的选址效

应,大城市意味着更大的市场与更激烈的竞争,高效率的企业更倾向选择大城市,而低效率的企业更倾向选择小城市(Baldwin and Okubo, 2006)。具体而言,第一种由市场竞争引起的选择效应意味着在经济活动越密集的地区,企业面临的竞争将越激烈,而"优胜劣汰"的市场机制会将低效率企业驱逐出市场。Melitz 和 Ottaviano(2008)分析了市场规模、贸易条件与市场竞争对地区生产率的影响,他们的研究发现,市场规模的扩大与贸易一体化将会加剧区域的市场竞争强度,从而淘汰那些低效率的企业。Del Gatto 等(2006)通过欧洲11国的企业数据证实了贸易开放具有淘汰低效率企业、保留高效率企业的市场选择效应,企业的贸易成本每下降5%,生产率会上升2%。

第二种看法认为企业的选择效应意味着生产率更高的企业将从集聚中获得更多的好处,因此高效率的企业倾向落户大城市,即选址效应。Baldwin 和 Okubo(2006)指出在贸易自由化过程中存在显著的企业选址效应。由于高效率企业离开大市场的损失较之低效率企业更大,这些企业更倾向选择大市场的区域,而伴随贸易成本的持续下降,高、低效率的企业分别定位于大、小市场的企业选址行为将更加明显。梁琦等(2013)使用分位数回归的方法计算了异质性企业的空间选择与产业集聚效应对地区企业生产率差距的影响程度,他们发现:异质性企业的定位选择行为在中国显著存在,并且是影响地区企业生产率差距的另一重要的微观机制。

在以往关于集聚与生产率的经验研究中,有些学者也意识到选择效应的出现不仅会高估集聚效应对生产率的影响,而且会使得回归中产生内生性问题,从而得到有偏的结论。为了克服由选择效应带来的内生性问题,他们尝试使用工具变量(instrumental variable, IV)估计的方法来获得参数的一致估计,如加入地区固定效应并使用土地面积作为经济活动密度的工具(Ciccone, 2002),或使用解释变量的初期值作为工具变量(Ciccone and Hall, 1996),或使用土壤质量作为经济活动密度的工具变量(Combes et al., 2010)。虽然这种处理方法能够更准确地测算集聚效应的大小,但是它并没有也不需要测算选择效应的大小[在变量存在内生性的情况下,使用最小二乘(least squares, LS)估计的结果是有偏的,并不能根据 LS 估计和 IV 估计的系数之差来测算选择效应],它无法识别选择效应对城市生产率的贡献。

如何准确识别城市生产率差异中集聚效应与选择效应的影响与相对重要性是解释大城市生产率优势的内在机制的核心问题;而经验研究的结论往往也依赖于回归方程中的控制变量而出现较大的差异,这使得参数回归可能不是一种很好的选择。Combes 等(2012)在 Melitz 和 Ottaviano(2008)的异质性企业理论的基础上提出了一种无条件分布特征—参数对应的分析方法,根据生产率的无条件分布特征来测算集聚效应与选择效应对城市生产率的影响[①]。这种分析方法避开了回归结果依赖于不同控制变量的问题，而且可以在同一框架内同时分析集聚效应与选择效应的相对重要性，为在城市生产率差异的研究中同时引入两种以上效应的思路提供了一种可能。

本书第 6 章将介绍 Combes 等（2012）的无条件分布设定及对应的参数最优化的处理，并对 Combes 等的方法进行改进，依生产率分布分位数特征构建的非线性目标函数转化为回归模型设定，提出基于格点搜索的改良算法。

2.2.2 城镇化发展与城市序贯增长

早期，关于城市规模的研究重点集中于城市规模分布的经济学机理分析方面，主要的研究理论从微观主体角度构建的一般均衡模型，主要代表是 Christaller（1966）的中心理论和 Henderson（1974，1991）的城市系统理论，另一部分学者（Ades and Glaeser，1995；Krugman and Elizondo，1996；Alonso，2001）从区域发展禀赋的角度进行切入，以研究区域发展条件与城市规模之间的关联。城市规模分布的研究中较著名的是 Gabaix（1999），其基于美国 135 个大城市市区1991 年的数据对城市规模分布的齐夫定律进行验证，取得了很好的拟合效果，在一段时间内众多学者利用 Gabaix 定律和齐夫定律对城市分布规模进行拟合验证，都得到比较理想的结果，因此在那段时间里关于城市规模分布理论普遍认为城市规模分布遵循齐夫定律的规律，认为只要所有的城市人口规模都保持一个同分布的随机速度增长，最后城市人口规模就会符合齐夫定律。但 Black 和 Henderson（2003）在研究城市规模排序和城市规模的关系时，引入城市规模的平方项，在对数回归的结果中城市规模的平方项具有统计上的显著性，这一实证结果表明，城市的位序和规模不再是单纯的线性关系，这一结果在一定程度上指出城市规模的发展不一定都遵循齐夫定律。此外，张应武（2009）发现中国城市的发展符合帕累托定律而非齐夫定律；此后，苗洪亮（2014）利用中国地级市的数据进行检验，其拟合结果表明中国地级城市的规模分布的确并不服从齐夫法则。

城市长期增长的一些特征事实的出现引起了越来越多的学者的关注，城市规模研究进一步发展为对城市的增长路径这一动态问题的研究。Duranton（2002）通过构建城市规模与产业技术的阶梯模型，发现城市的规模会伴随着产业技术的革新而不断扩大。Cuberes（2004）基于全球多个国家在 1800~2000 年的实证结果

[①] Combes 等（2012）在其研究中将选择效应解释为本章提到的第一种类型选择效应，即由市场竞争引发的选择效应，但是，其结论实际上是针对一般的选择效应，因为无论是第一种类型的选择效应还是第二种类型的选择效应对城市生产率的分布特征的影响是一样的。无论低效应的企业是被动还是主动退出大城市，都会带来大城市生产率分布的截尾特征。

显示，绝大部分国家的大城市的城市规模人口增长呈现倒 U 形的结构性关系。Michaels 等（2012）利用美国城市化农村的人口增长率与初始人口密度进行分析后，也发现人口增长率与初始人口密度之间呈现 U 形结构性关系，这反映出城市的规模的变化是人口分散、集聚的动态交替的过程。他们还同时发现只有在高密度的城市，城市的初始规模才不会影响城市的人口增长。此外，还有许多学者从城市的规模经济与拥挤成本的视角进行研究（Krugman，1991b；Henley，1994；吴三忙和李善同，2010；Ghani et al.，2012），发现对于许多国家的城市和工业分布而言，其经历的增长路径的实证结果均呈现先集中后分散的规律，这表明城市规模的形成是城市规模经济与城市拥挤成本互相作用与较量的结果。

在城市规模分布动态演进的研究基础上，城市序贯增长的事实与理论开始进入经济学者的研究视野。Giesen 和 Suedekum（2013）从城市年龄的角度，基于美国 2000 年城市数据揭示了城市的序贯增长模式。Viladecans-Marsal（2013）运用美国整个 20 世纪城市数据验证了城市发展的这一维度——城市年龄，其分析结果表明，当新生城市出现时，人口增长迅速，但增长率会随时间推移逐渐放缓。Fujita 等（2004）从日本的几大都市区，尤其是东京城市发展的动态演变，较好地展现了时间维和截面维的变化及其成因。对于城市序贯增长的特征事实，传统的 Gabaix 定律无法很好地解释，因此急需一种新的理论模型对城市增长的动态过程加以解释。Henderson 和 Venables（2009）发展了城市序贯增长的动态模型来描述城市规模增长规律，模型指出，在城市的发展过程中，初始规模最大的城市将率先增长直至均衡规模，其后位序次之的城市开始最快增长，呈现依次增长的序贯机制[①]。Cuberes（2009）认为城市序贯增长的核心假设在于物质资本投资的不可逆性，至此为城市规模的长期演化的动态规律提供了理论支持。其后 Cuberes（2011）基于全球 54 个国家的面板数据进行实证研究，结果表明增长速度最快的城市的平均位序会伴随着时间的延续而不断增长。盛科荣和孙威（2013）基于新经济地理学理论模型，利用美国数据研究城市增长的一般次序和城市体系规模结构的动态模式，研究表明城市的增长呈现序贯模式，并揭示了城市序贯增长模式下城市规模的系列演化特征、分层特征等。

与城市规模结构演进相关的另一个问题是城市发展的最优规模之争。城市经济学的经典研究（Henderson，1974；Fujita et al.，1999）认为，资源与人口在城市的集聚会带来正的规模效应与负的拥挤效应，使得城市人均收入与城市规模之间呈现倒 U 形结构。王小鲁和夏小林（1999）、Au 和 Henderson（2006）基于中国城市数据的实证分析显示，城市最大聚集效应的规模峰值处于 100 万（250

[①] Henderson 和 Venables（2009）在模型拓展部分讨论了通过引入城市异质性使城市规模分布收敛到齐夫定律的可能。

万)~400万(380万)人。这些结论在当时无疑支持了城市规模普遍偏小的观点,但是,随着近年来人口不断向大城市集聚,大中城市的规模不断扩大,其含义正在逐步转向原先的对立面。这种结论的变化体现了经济发展在地理上先集中再分散的"钟形"特征(Henley,1994;Krugman,1991b),与城市序贯增长理论的预测是一致的(Henderson and Venables,2009;Cuberes,2011);当最大型城市的城镇化达到一定水平后,人口与资源的过度集中会带来拥挤成本的上升,继续集聚将变得低效率,于是,人口与资源将转移至其他规模略小的城市,并形成集聚;当第二级城市的城镇化也达到一定水平后,资源又将转移至下一级的城市。

  基于发达国家和地区的经验事实,城市规模的分布规律及城市的增长路径对于中国的城市规模规划以及相应政策的制定和实施都有着启发性的意义,因此,本书第7章将从城镇化的角度探讨企业在不同城市间的流动机制,第8章进而考察中国城市规模分布的演进规律;第9章在第3章和第4章研究的基础上,进一步探索影响中国城市发展的内在机制。

第 3 章　FDI 进入对中国区域资本流动的影响

3.1 引　　言

回顾中国 40 多年来经济改革与快速发展的历程，FDI 在其中的地位可谓举足轻重。然而，在中国的经济增长中，以 FDI 为代表的外资究竟扮演着什么样的角色，却一直是个有争议的话题（罗长远，2007）；特别是，FDI 作为一种资本，它在中国 40 多年来混合所有制的改革洪流中与国有资本和民间资本处于怎样的关系，更是一直以来文献研究的核心所在。关于这一领域的研究有一个专门的说法，即 FDI 对国内资本的挤入挤出效应。如果 FDI 的进入通过拉动地区的经济增长促进国内资本扩张投资，此时称 FDI 对国内资本存在挤入效应；相反，如果 FDI 的进入挤占了国内资本的投资机会，导致国内资本的投资萎靡，则称 FDI 对国内资本存在挤出效应。

传统的这种分析方法为我们了解 FDI 与国内资本之间的竞争关系提供了一种简单的手段。但是，它仍然无法满足我们的求知欲望，在这种挤入挤出的分析过程中，我们更想了解的是国内资本从哪来或到哪去。例如，当 FDI 存在挤入效应时，国内的投资会增加，那么这些增加的投资是从哪来的呢？或者说，在投资之前这些资本在哪里？而当 FDI 存在挤出效应时，被挤出的资本又到哪去呢？它们不会尝试与外资进行反抗吗？当我们相信在资本的背后总伴随着某些人的经济行为，我们就更相信这些资本不会凭空而来、凭空消失。基于上述理由，本章将尝试从一个新的角度来分析 FDI 对国内资本的挤入挤出效应中被迫做出改变的国内资本的行为。

3.2 区域①资本流动的经济机制分析

传统的关于 FDI 对地区资本挤入挤出的研究（Agosin and Mayer，2000）只关注 FDI 对进入地区的资本是否存在挤入挤出效应，而没有考虑 FDI 的进入是否对区域内的其他地区造成影响；其对挤入挤出的分析也主要集中在 FDI 与当地资本争夺投资机会的问题上。传统理论认为，FDI 的进入会和当地资本争夺投资机会，由于 FDI 通常具有较高的技术水平和管理水平，当地的部分资本在这种争夺中会失去投资机会从而退出市场，因此，FDI 的进入会对当地资本形成挤出作用。同时，由于 FDI 携带来的先进技术在当地的扩散会提高当地整体的技术水平，通过提高资本回报率增加了投资机会，因此，FDI 的进入对当地资本存在挤入作用。这两种作用力量的大小决定了 FDI 对当地资本是存在挤出效应还是挤入效应。

但是，传统的这种解释并不能让我们满意，我们更想知道的是以下问题：如果 FDI 对当地资本存在挤出效应，那么那些失去投资机会的当地资本是否会在退出市场之前流到区域内的其他地区争夺其他的投资机会？如果 FDI 对当地资本存在挤入效应，那么当地增加的投资机会是否又会吸引区域内其他地区的资本前来争夺？这两个问题在研究 FDI 对某一国内各省区市资本的影响时尤为重要，因为资本在某一国内各省区市之间的流动比在国际的流动要容易得多。显然，传统的理论无法给我们提供满意的答案。本章以下的分析正是试图从理论和实证两个方面回答这两个问题。

由于这里我们关注的核心是 FDI 对区域内资本流动的影响，为了突出分析的重点，我们做了如下几个简化的假定：

假定 1：资本和劳动力在区域内的流动成本很低，几乎可以自由流动。

假定 2：资本在区域内是稀缺的②，且整个区域的资本的供给量 K 不变。

假定 3：整个区域的劳动力供给在给定的外生工资水平上是过剩的。

在假定 1 中，我们没有考虑要素流动的时滞，因为在通常的实证分析中使用的都是年度数据，这种时滞的影响几乎不存在。（有效）资本稀缺和劳动力供给

---

① 本书在"区域"和"地区"这两个地理概念的使用上存在明确的区分。其中，本书所使用的"地区"指的是本书研究中的基本个体，如国际分析中的各个国家、省级分析中的各个省区市；而本书所使用的"区域"是指包含多个"地区"的这样一个地理概念。特别是，本书实证分析中，"地区"指各个省区市，而"区域"是对应全国或者在全国范围内划分的东部、中部和西部。

② 这里意味着不存在资本因为失去投资机会而退出市场的可能。事实上，市场上存在大量的无效资本（国有资本），FDI 进入带来的竞争使得部分无效资本被迫退出了市场。

过剩是中国改革开放几十年来经济发展的一个真实情况,另外,假定资本的供给量不变事实上是抽掉了增长的影响,这与我们后面使用投资与GDP的比率作为研究对象是一致的。虽然我们允许外生的工资水平在整个研究的时段是可变的,但为了简化分析,我们这里只考虑工资水平不变的情况。

关于劳动力过剩的假定在近几年受到了一些学者的反驳(蔡昉,2007a,2007b),中国经济40多年来的高速腾飞使得很多学者对于中国的工业化或城市化程度非常自信,特别是从2004年开始,沿海部分地区出现企业招工困难的情况,使得有些学者相信中国的经济正处于一个从劳动力供给过剩向劳动力供给短缺转变的阶段,即刘易斯转折点。但是,即使是到2007年,中国13亿人口中仍有7.3亿人口居住在农村[①],基于这一情况,笔者认为刘易斯转折点的到来还言之尚早,事实上,近些年农民工与大学毕业生就业的问题日益突出也验证了笔者的想法。

通常,如果设定要素总量不变而且可以在区域内低成本流动,两地区(部门)竞争模型是研究区域内部要素分配的一类基本模型(克鲁格曼和奥伯斯法尔德,2002),这类模型的设定简单而结论非常直观。由假定1和假定3可知,整个区域的劳动力供给是富有弹性的而且劳动力在区域内的流动是自由的,因此,在模型分析中我们只需要关注生产函数中的资本供给和技术水平。不妨设定两地区的生产函数为

$$Y_i = F(A_i, K_i), \quad i = 1, 2$$

其中,下标 i 表示地区;Y、A 和 K 分别表示地区的产出、技术水平和资本投入。

假定生产函数满足如下一般性条件:

$$\partial Y_i/\partial A_i > 0, \quad \partial Y_i/\partial K_i > 0, \quad \partial^2 Y_i/\partial K_i^2 < 0, \quad \partial^2 Y_i/\partial A_i \partial K_i > 0$$

由假定1和假定2可知,两地区资本的供给总量 K 不变,资本按照边际产出取得收益,并且在地区之间可以自由流动。则有

$$K_1 + K_2 = K$$

两地区的资本需求方程为

$$r_i = \partial Y_i/\partial K_i, \quad i = 1, 2$$

其中,r 为利率(资本收益率)。

不妨设定FDI在 t 时期进入区域内的地区1,图3-1给出了FDI进入后对这两个地区之间的资本流动的影响机制。

在 t 时期,d_1 和 d_2 分别表示地区1和地区2的资本需求曲线,这两条曲线的交点 O 确定了资本总量 K 在两个地区之间的分配,以及对应的均衡利率 r_t。在 $t+1$ 时期,FDI进入地区1(关于FDI选择进入的地区与进入与否等问题在这里被看作

[①] 如果考虑到农村人口的统计问题,这一数值只会增长许多。

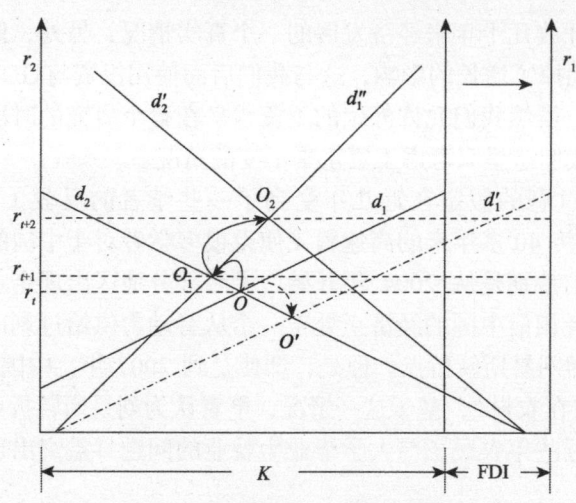

图 3-1 FDI 进入与区域资本流动

是外生决定的），此时，两地区的资本总量为 K+FDI。

假如 FDI 带来的技术水平并不高于地区 1 本身的技术水平，地区 1 的资本需求曲线从原来的 d_1 向右平移①到 d_1'，并且与 d_2 相交于 O'。显然，此时两个地区的资本获得量都提高了，地区 1 并不能完全垄断 FDI 带来的好处，或者说，FDI 的进入对地区 1 的资本存在挤出效应，使得这些资本流转到地区 2。

假如 FDI 带来的技术水平足够高于地区 1 本身的技术水平，FDI 的进入伴随着技术的溢出效应提高了地区 1 的技术水平，使得地区 1 的资本需求曲线在向右平移的同时也向上旋转②，从原来的 d_1 移到 d_1''，并且与 d_2 相交于 O_1，对应的均衡利率为 r_{t+1}。显然，此时地区 1 不仅垄断了 FDI 带来的所有好处，还因为技术水平的提高掠夺了地区 2 的部分资本，也就是说，FDI 的进入对地区 1 的资本存在挤入效应。

对比上述两种情况，我们可以发现，FDI 对某个地区的资本挤出其实对应着对其他地区的资本挤入，从两个地区整体来看，FDI 并不存在真正的挤入挤出效应（当资本的流动存在成本时，部分资本会被迫退出市场，或者原来退出市场的资本在投资机会的吸引下会重新进入市场，因此会存在净挤入效应或净挤出效应）。但是，由于两个地区都是以各自利益最大化的主体，每个地区在争夺 FDI

---

① 资本需求曲线的这种平移是由坐标轴移动导致的，因为 FDI 的进入，图 3-1 中地区 1 对应的纵坐标向右平移，因此，地区 1 对应的资本需求曲线随着纵坐标同步平移。

② 技术水平的上升会使得资本需求曲线向上旋转这一性质可由生产函数的设定条件直接得到。注意到生产函数满足设定 $\partial Y_i^2/(\partial A_i \partial K_i) > 0$，则有 $\partial r_i/\partial A_i > 0$，即对应同样的资本投入 K_i，资本收益率 r_i 会随着技术水平 A_i 的上升而上升。体现在图上，即有资本需求曲线向上旋转或向上移动。这里我们使用"向上旋转"而不使用"向上移动"，只是一种说法上的差异，对实质的分析结果完全没有差别。

时都希望可以获得带有较高技术水平的 FDI，从而获得更多的资本。同时，由于技术水平是引起资本在地区之间流动的原因，高技术水平的地区必定会设定层层壁垒阻止技术的外溢。

当然，一方面，由于地区之间存在贸易和资本流动；另一方面，某些高于这两个地区的行政机构出于全局利益的考虑会制止地区之间的这种技术壁垒，因此技术在地区之间的扩散只是时间问题（我们不排除确实存在某些技术很难扩散）。考虑在 $t+2$ 时期，技术从地区 1 扩散到地区 2，使得地区 2 的资本需求曲线也向上旋转，从原来的 d_2 移动到 d_2'，并且与 d_1'' 交于 O_2，对应的均衡利率为 r_{t+2}。伴随着技术的扩散，部分的资本又会从地区 1 流回地区 2。如果技术扩散的程度足够大，那么从长期看，地区 1 无法垄断 FDI 带来的所有好处，FDI 必然会对地区 1 的资本存在挤出效应。

动态地看 FDI 的进入对区域资本流动的影响，我们可以发现，高技术水平的 FDI 的进入短期内会将资本从区域内的其他地区吸引到 FDI 进入的地区，而随着技术的扩散，资本又会从 FDI 进入的地区流回区域内的其他地区。如果技术扩散的程度足够大，长期来看，FDI 对进入地区的资本将存在挤出效应。

为了从数理上对上述机制分析给出一个完整的建模，本章附件中给出了生产函数为 C-D 生产函数时的局部均衡分析。

3.3 实证模型、数据与方法

3.3.1 实证模型

关于 FDI 对地区资本挤入挤出的实证方法相当多，不同的学者从不同的角度提出不同的实证模型，因此研究的结论也并不一致。其中，以 Agosin 和 Mayer（2000）在新古典经济学的理论框架下导出的 FDI 对地区资本挤入挤出的实证模型最为常用，尤其得到国内不少学者的认同（杨柳勇和沈国良，2002；王志鹏和李子奈，2004；马晶梅和王宏起，2011；王曦等，2014）。同样地，本节也以 Agosin 和 Mayer（2000）的实证模型为研究的起点。

Agosin 和 Mayer（2000）建立的实证方程如下：

$$I_{it} = \alpha_i + c_1 F_{it} + c_2 F_{i,t-1} + c_3 F_{i,t-2} + \beta_1 I_{i,t-1} + \beta_2 I_{i,t-2} + \gamma_1 g_{i,t-1} + \gamma_2 g_{i,t-2} + \varepsilon_{it} \quad (3-1)$$

其中，I 和 F 分别为总投资和 FDI 占 GDP 的比重；g 为 GDP 增长率。则 FDI 对总投资的影响可由式（3-2）计算得到：

$$C = \frac{\sum_{i=1}^{i=3} c_i}{1 - \sum_{i=1}^{2}\beta_i} \quad (3\text{-}2)$$

对 $C=1$ 进行 Wald 检验,如果接受原假设,则表明 FDI 对当地投资不存在显著的挤入挤出效应;如果拒绝原假设,则当 $C>1$ 时表明 FDI 对当地投资存在挤入效应,当 $C<1$ 时表明 FDI 对当地投资存在挤出效应。

3.2 节的分析表明,不仅进入本地区的 FDI 会对当地的投资产生影响,区域内其他地区的 FDI 也会对本地区的投资产生影响。借鉴空间计量的研究方法,我们不妨在实证方程中引入 FDI 的空间滞后项的影响。由于 FDI 形成实际投资的时滞性,建议实证模型中使用到三阶滞后以提高结果的稳健性。

则上述实证方程可变为

$$I_{it} = \alpha_i + c_1 F_{it} + c_2 F_{i,t-1} + c_3 F_{i,t-2} + c_4 F_{i,t-3} + \phi_1 WF_{it} + \phi_2 WF_{i,t-1} + \phi_3 WF_{i,t-2} + \phi_4 WF_{i,t-3}$$
$$+ \beta_1 I_{i,t-1} + \beta_2 I_{i,t-2} + \beta_3 I_{i,t-3} + \gamma_2 g_{i,t-1} + \gamma_2 g_{i,t-2} + \gamma_3 g_{i,t-3} + \varepsilon_{it}$$

$$(3\text{-}3)$$

其中,WF 为 F 的空间滞后项;W 为空间加权矩阵。由于 W 矩阵的确定并没有一个明确的标准,为了保证估计结果的稳健性,本节使用如下五种不同的方法来构造 W(Anselin et al.,2004)。

(1)相邻法:若 i 和 j 为相邻的省(自治区、直辖市),则取 $w_{ij}=1$,否则取 $w_{ij}=0$。本节这里认为只要省(自治区、直辖市)接壤就算它们为相邻的省(自治区、直辖市)。

(2)最短距离法:两地区之间的质点①距离小于某一设定距离就认为有空间相关(本节取最短距离为 7.5 千米),并取值 1,否则为 0。

(3)反距离法:记两省(自治区、直辖市)i,j 的距离是 d_{ij},则取 $w_{ij} = d_{ij}^{-1} \Big/ \sum_j d_{ij}^{-1}$。

(4)K-nearest 法:认为与某个省(自治区、直辖市)距离最近的 k 个省(自治区、直辖市)与该省(自治区、直辖市)存在空间相关,并取值 1,否则为 0。其中,k 根据实际情况设定(本节取 $k=4$)。

(5)Tri-cube 法:取 $w_{ij} = \left[1 - \left(d_{ij}/d_i\right)^3\right]^3 I\left(d_{ij} < d_i\right)$。其中,$d_i$ 为离 i 第 k 个最近的距离(本节取 $k=5$);$I\left(d_{ij} < d_i\right)$ 为指标函数,若括号内的条件成立则为 1。

---

① 地理上相关的距离及质点的确定使用 Geoda 地理统计软件自动生成。

式（3-3）对应 3 种不同的挤入挤出系数：

$$C_1 = \frac{\sum_{i=1}^{i=4} c_i}{1 - \sum_{i=1}^{3} \beta_i} \quad (3\text{-}4)$$

$$C_2 = \frac{\sum_{i=1}^{i=4} \phi_i}{1 - \sum_{i=1}^{3} \beta_i} \quad (3\text{-}5)$$

$$C_3 = \frac{\sum_{i=1}^{i=4} c_i + \sum_{i=1}^{i=4} \phi_i}{1 - \sum_{i=1}^{3} \beta_i} \quad (3\text{-}6)$$

其中，C_1 表示 FDI 的进入对当地资本的挤入挤出效应系数，可以根据对 $C_1 = 1$ 进行 Wald 检验及 C_1 的符号来判断挤入挤出的方向；C_2 表示 FDI 对区域内其他地区资本的挤入挤出效应系数，根据 $C_2 = 0$ 进行 Wald 检验；C_3 则表示地区的 FDI 对全国资本的挤入挤出效应系数，根据 $C_3 = 1$ 进行 Wald 检验。

3.3.2 变量及数据说明

本章的原始数据来源于《新中国六十年统计资料汇编》及各省（自治区、直辖市）的统计年鉴，包括我国 30 个省（自治区、直辖市）1987~2017 年的地区生产总值名义值（单位：亿元）、实际利用外商直接投资（FDI）名义值（单位：万美元）、固定资本形成名义值（单位：亿元）、地区生产总值增长指数（上年 = 100）的年度数据及人民币对美元的年平均汇率。

西藏自治区的 FDI 数据不全而且所占 FDI 的份额不大，因此，本节不讨论西藏自治区的情况。

另外，由于年鉴中的 FDI 以美元标的，所以使用人民币对美元的年平均汇率把 FDI 换算成以人民币标的，并且把单位从万元换算为亿元；人民币对美元的年平均汇率来自联合国公布于其官网的全球年度平均汇率。

实证方程中，变量 I 直接以地区的年度固定资本形成除以地区的年度 GDP 得到；变量 F 以折算为人民币计价（亿元）的地区的年度 FDI 除以地区的年度生产总值得到；变量 g 则是以地区的年度生产总值增长指数（上年 = 100）除以 100 再减去 1 计算得到。

3.3.3 实证方法

鉴于可获得的数据是省（自治区、直辖市）的年度数据，我们使用固定效应模型[①]来估计式（3-3），利用个体效应反映个体的异质性影响。我们使用了两种估计方法：利用PCSE调整协方差的OLS估计和FGLS估计。同样地，为了保持和已有研究的可比性，我们将实证分为两部分进行：第一部分是对全国的数据进行估计，此时PCSE调整和FGLS都是使用截面异方差（cross-section weight）的形式；第二部分则是将全国的数据划分为东部、中部和西部[②]，分别对各个区域的数据进行估计，此时PCSE调整和FGLS则是使用截面相关（cross-section SUR）的形式。

利用PCSE调整协方差的OLS估计（Beck and Katz，1995）是一种非常稳健的OLS估计，其估计得到的系数的t统计量可以非常准确地反映变量的真实显著性，而且在删除不显著变量时，其他变量的显著性水平不会随着删除变量顺序的改变而出现较大的变动，因此，在这种OLS估计下通过逐步删除不显著变量来确定最终模型结果的方法是比较稳健的。我们先进行PCSE调整协方差的OLS估计，并根据各个变量估计系数P值的大小逐步删除不显著变量，最终确定模型的形式，再对得到的模型形式进行FGLS估计。

3.4 实证结果与经验分析

3.4.1 全国的实证结果

利用我国30个省（自治区、直辖市）的年度（1987~2017年）数据对式（3-3）进行PCSE调整协方差下的OLS估计和FGLS估计，结果见表3-1。由表3-1可以看出，两种估计方法下的结果非常接近，相比之下，FGLS估计下的系数显著性和调整的R^2都有所提高。无论是在哪种估计方法下，选取不同的空间加权矩阵W得到的估计结果都相当一致（限于篇幅，我们没有列出利用K-nearest法和Tri-cube法构造空间加权矩阵W的估计结果）。这说明我们估计得到的结果是相

[①] 国内的已有研究都支持固定效应模型，我们对固定效应模型和随机效应模型进行了Hausman检验，结果同样支持固定效应模型，为了节省篇幅，文中只给出固定效应模型的估计结果。

[②] 按照一般的分组方法，东部地区包括北京、天津、河北、辽宁、上海、江苏、浙江、福建、山东、广东和海南11个省市；中部地区包括山西、内蒙古、吉林、黑龙江、安徽、江西、河南、湖北和湖南9个省区；西部地区包括四川、重庆、贵州、云南、西藏、陕西、甘肃、青海、宁夏、新疆、广西11个省区市。

当稳健和可靠的。从系数的显著性和 R^2 等方面的信息可知，引入 FDI 的空间滞后项是一种更准确的模型设定，可以更好地解释区域内投资的波动。

表 3-1 全国的估计结果

解释变量	OLS				FGLS			
	1.1	1.1a	1.1b	1.1c	1.1	1.1a	1.1b	1.1c
F	0.6147***	0.6825***	0.7023***	0.7309***	0.6620***	0.6345***	0.6562***	0.6878***
	(3.5306)	(4.3054)	(4.4053)	(4.5856)	(3.7574)	(3.4541)	(3.5541)	(3.7384)
$F(-1)$	−0.7759***	−0.8157***	−0.8306***	−0.8424***	−0.7786***	−0.7353***	−0.7638***	−0.7635***
	(−4.4431)	(−5.3266)	(−5.2773)	(−5.4184)	(−4.6623)	(−4.1374)	(−4.2733)	(−4.2913)
WF		−0.5177***	−0.7472***	−0.6441***		−0.5192***	−0.7321***	−0.6615***
		(−4.0850)	(−3.9214)	(−4.4310)		(−3.1568)	(−3.3000)	(−3.8505)
$WF(-3)$		0.2069**	0.3300**	0.3057***		0.1500	0.2772*	0.2609**
		(1.9788)	(2.3943)	(2.7519)		(1.1557)	(1.7445)	(1.9626)
$I(-1)$	0.8885***	0.8308***	0.8336***	0.8296***	0.7196***	0.6348***	0.6460***	0.6390***
	(10.6356)	(9.9809)	(10.0712)	(10.0106)	(17.7985)	(15.8569)	(16.1690)	(16.0252)
$I(-2)$	0.0770	0.1096	0.1035	0.1077	0.2404***	0.2940***	0.2812***	0.2870***
	(0.8967)	(1.3103)	(1.2443)	(1.2957)	(5.7561)	(7.1616)	(6.8505)	(7.0131)
$g(-1)$	0.1998**	0.3494***	0.3776***	0.3657***	0.1924***	0.3795***	0.4043***	0.3956***
	(2.1712)	(4.1854)	(4.5022)	(4.4388)	(3.0003)	(5.4144)	(5.6380)	(5.6637)
调整的 R^2	0.8860	0.8870	0.8890	0.8891	0.9120	0.9160	0.9200	0.9160
DW 值	1.7814	1.8270	1.8339	1.8324	1.5539	1.5685	1.5856	1.5802
C_1	−4.6665	−2.2366	−2.0390	−1.7772	−2.9136	−1.4153	−1.4765	−1.0235
$Wald_1$	1.5005	3.3914	3.3244	2.8027	1.9259	1.4378	1.6604	1.1303
	[0.2206]	[0.0655]	[0.0683]	[0.0941]	[0.1652]	[0.2305]	[0.1975]	[0.2877]
C_2		−5.2160	−6.6306	−5.3950		−5.1844	−6.2412	−5.4125
$Wald_2$		4.0399	4.2269	4.6308		3.9962	3.7773	4.6773
		[0.0444]	[0.0398]	[0.0314]		[0.0456]	[0.0520]	[0.0306]
C_3		−7.4526	−8.6696	−7.1722		−6.5997	−7.7177	−6.4361
$Wald_3$		8.4723	8.6087	9.5596		10.5018	9.5331	11.0106
		[0.0036]	[0.0033]	[0.0020]		[0.0012]	[0.0020]	[0.0009]

***、**和*分别对应 1%、5%和 10%的显著性水平

注：①表 3-1 为实证方程式（3-3）在不同设定下的估计结果，显示的是剔除了严重不显著变量后的结果。②为了节省篇幅，这里我们没有报告 FE 估计的个体效应系数。③1.1 是没有加入空间加权矩阵的模型；1.1a、1.1b 和 1.1c 分别是加入相邻法、反距离法和最短距离法构造的空间加权矩阵的模型。④OLS 估计的系数方差使用 cross-section weight（PCSE）计算。⑤F 表示 FDI/GDP；WF 表示 FDI/GDP 的空间滞后项；I 表示投资/GDP；g 表示 GDP 增长率；$x(-i)$ 表示变量 x 的滞后 i 期；C_1 表示 FDI 对进入地区的长期挤入挤出效应系数；C_2 表示 FDI 对其他地区的长期挤入挤出效应系数；C_3 表示 FDI 对全国的长期挤入挤出效应系数；$Wald_1$、$Wald_2$ 和 $Wald_3$ 为相应的 Wald 检验统计量。⑥圆括号内为 t 值；方括号内为 p 值

资料来源：作者利用 STATA 计算得出

由 F 的估计系数可以看出，无论是否引入 F 的空间滞后项，FDI 对当地投资的影响都是由正到负的一个过程（正的 FDI 系数对应的短期挤入挤出系数约为 0.6，表现出当期的挤入效应），这与前文的理论模型分析结论是一致的。高技术 FDI 的进入给当地的技术水平带来冲击，提高了当地的技术水平（谢建国，

2006），增加了投资机会，原本退出市场的资本及其他地区的资本都会被吸引到当地投资，因此，短期内 FDI 的进入会对当地的投资产生正的影响。随着技术慢慢向其他地区扩散，资本也会部分流向其他地区，再加入竞争迫使一部分无效资本退出市场，这个正的影响必定会转为负的影响。WF 的系数方向刚好和 F 的系数方向相反，这更加佐证了 FDI 引起资本在区域内流动的结论。

由 FDI 的挤入挤出系数的检验结果可以发现，如果不考虑 F 的空间滞后项，FDI 对当地资本的挤出（系数小于 1）效应并不明显。引入 F 的空间滞后项，我们发现 FDI 对当地资本的挤出效应并不明显，而对其他地区资本的挤出效应却比较明显，总的来看，FDI 对国内资本存在挤出效应。我们认为，FDI 的这种挤出效应的形成有两方面原因：一方面，资本在区域内的流动是需要成本的，异地投资使得企业需要适应新的投资环境，如和当地的某些主管部门的谈判等都需要一定的成本；另一方面，地区的部分资本在竞争中被迫退出了市场，虽然 FDI 带来了高技术和投资机会，但也进一步加剧了竞争强度，从长期看，那些无效率的资本终究会被迫退出市场，中国改革开放的前 20 年里国有资本的逐步退出也印证了这一点。

总的来说，FDI 的进入带来了技术和竞争，虽然短期的技术提高可以促进投资，但长期的竞争会促使无效资本退出市场（投资者的短视也会加剧这一点，导致更多的资本退出市场），通过市场竞争，FDI 必定会挤出部分国内投资，而这一过程同时也伴随着资本在国内不同地区间的流动，这意味着国内资本之间的竞争也必然会加剧，因此，投资的效率也会趋于提高。如果忽略 FDI 进入对区域内资本流动的影响，则我们只能看到 FDI 与国内资本的竞争，而无法看到国内资本之间的竞争，那么在回答 FDI 对地区资本是否存在挤入挤出效应的问题上我们可能会得到错误的答案，同时也会就错误的答案给出错误的解释。

3.4.2 区域的实证结果

中国是一个区域经济发展相对不平衡的国家，东部、中部和西部的经济发展水平和吸引外资的水平都具有很大的差距。图 3-2 给出了 1987~2017 年中国东部、中部和西部的 FDI 占全国的比重，可以看到，历年来东部区域都得到了绝大部分的 FDI，而中部和西部只得到很少部分的 FDI，并且在我们研究的这个时段，这三个区域所占的 FDI 比重的排名都保持不变，2003 年后东部 FDI 的比重呈现下降的趋势，与此同时，中部的 FDI 占比有明显的上升，这是由于东部资本的饱和度提高，FDI 流向中部。显然，考虑到区域经济发展的这种特殊性，对不同的区域分开进行实证，可以得到更为细致的结论，为全国的分析提供更精确的补充。

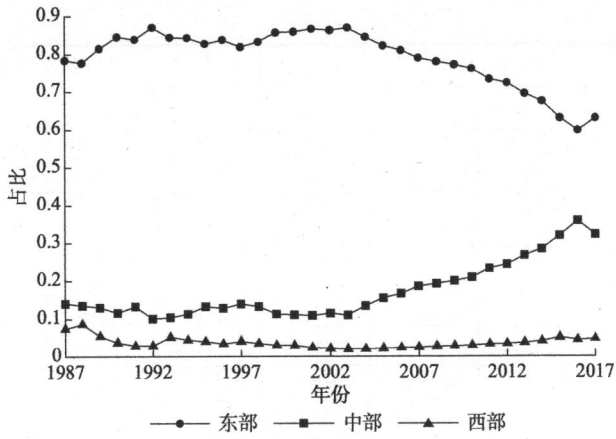

图 3-2 东部、中部和西部的 FDI 占全国的比重

将全国的样本划分为东部、中部和西部三个区域,对每一个子样本分别进行估计,结果见表 3-2~表 3-4。

表 3-2 东部区域的估计结果

解释变量	OLS 估计	FGLS 估计
F	0.311 9*** (3.363 2)	0.322 7*** (3.390 1)
$F(-3)$	−0.347 9*** (−3.982 7)	−0.344 8*** (−3.802 8)
$I(-1)$	0.903 3*** (22.245 7)	0.885 5*** (30.678 5)
$g(-3)$	−0.186 8** (−2.254 8)	−0.183 1*** (−2.866 8)
调整的 R^2	0.931 0	0.968 0
DW 值	1.646 6	1.590 0
C_1	−0.372 4	−0.193 3
Wald$_1$	1.535 7 [0.215 3]	1.749 7 [0.185 9]

***、**分别对应 1%、5%的显著性水平

注:①表 3-2 为实证方程式(3-3)在不同设定下的估计结果。②由于 WF 及其滞后项都不显著,这里只给出一个模型估计结果。③OLS 估计的系数方差使用 cross-section SUR(PCSE)计算。

资料来源:作者利用 STATA 计算得出

表 3-3 中部区域的估计结果

解释变量	OLS 估计				FGLS 估计			
	2.1	2.1a	2.1b	2.1c	2.1	2.1a	2.1b	2.1c
$F(-3)$	−0.458 6* (−1.786 2)	−0.563 3** (−2.331 8)	−0.571 7** (−2.309 7)	−0.531 2** (−2.171 2)	−0.477 8** (−2.315 2)	−0.575 6** (−2.473 0)	−0.578 3** (−2.502 7)	−0.546 0** (−2.511 6)

续表

解释变量	OLS 估计				FGLS 估计			
	2.1	2.1a	2.1b	2.1c	2.1	2.1a	2.1b	2.1c
WF		−1.215 2*** (−3.200 6)	−1.723 8*** (−2.988 9)	−0.868 1*** (−2.674 9)		−1.206 2*** (−3.588 2)	−1.713 7*** (−3.758 2)	−0.861 4*** (−2.789 4)
$WF(-2)$		0.566 4 (1.561 9)	0.725 7 (1.418 0)	0.439 8 (1.413 6)		0.557 6* (1.656 6)	0.719 7* (1.693 2)	0.437 7 (1.469 8)
$I(-1)$	1.172 3*** (12.302 8)	1.176 9*** (13.158 3)	1.181 7*** (13.182 6)	1.174 1*** (12.735 4)	1.124 5*** (17.316 0)	1.139 3*** (17.986 5)	1.160 9*** (18.391 7)	1.135 5*** (17.756 3)
$I(-2)$	−0.230 8** (−2.425 3)	−0.234 3*** (−2.624 1)	−0.229 7** (−2.570 3)	−0.231 2** (−2.510 9)	−0.184 5*** (−2.857 8)	−0.197 8*** (−3.138 7)	−0.209 5*** (−3.330 1)	−0.193 8*** (−3.048 2)
$g(-1)$	0.270 6*** (2.625 1)	0.342 8*** (3.502 5)	0.374 3*** (3.740 1)	0.316 8*** (3.181 2)	0.289 1*** (3.959 8)	0.357 1*** (4.773 0)	0.381 9*** (5.043 7)	0.331 4*** (4.482 7)
调整的 R^2	0.848 0	0.937 0	0.942 0	0.938 0	0.899 0	0.941 0	0.958 0	0.944 0
DW 值	1.893 6	1.618 9	1.511 2	1.726 2	1.838 4	1.581 0	1.493 2	1.685 2
C_1	−7.841 9	−9.815 3	−11.910 7	−9.303 7	−7.968 4	−9.849 9	−11.893 6	−9.366 3
$Wald_1$	2.014 8 [0.155 8]	3.068 5 [0.079 8]	2.491 0 [0.114 5]	2.620 6 [0.105 5]	3.985 6 [0.045 9]	4.467 5 [0.034 5]	4.059 6 [0.043 9]	4.491 5 [0.034 1]
C_2		−11.304 9	−20.793 4	−7.500 6		−11.099 8	−20.444 9	−7.266 6
$Wald_2$		1.945 2 [0.163 1]	1.562 1 [0.211 4]	1.243 4 [0.264 8]		2.911 8 [0.087 9]	2.779 1 [0.095 5]	1.577 7 [0.209 1]
C_3		−21.120 2	−32.704 1	−16.804 3		−20.949 7	−32.338 4	−16.632 9
$Wald_3$		3.451 8 [0.063 2]	2.320 5 [0.127 7]	2.609 1 [0.106 2]		6.470 2 [0.011 0]	4.572 3 [0.032 5]	4.867 5 [0.027 4]

***、**和*分别对应 1%、5%和 10%的显著性水平

注：①表 3-3 为实证方程式（3-3）在不同设定下的估计结果。②2.1 是没有加入空间加权矩阵的模型；2.1a、2.1b 和 2.1c 分别是加入相邻法、反距离法和最短距离法构造的空间加权矩阵的模型

资料来源：作者利用 STATA 计算得出

表 3-4　西部区域的估计结果

解释变量	OLS 估计				FGLS 估计			
	2.1	2.1a	2.1b	2.1c	2.1	2.1a	2.1b	2.1c
F	2.110 1** (2.384 7)	1.906 6** (2.184 1)	1.825 6* (1.868 0)	1.805 1** (2.103 6)	2.153 1*** (2.582 4)	1.926 0** (2.298 2)	1.756 0* (1.892 8)	1.781 4** (2.116 1)
$F(-1)$	−3.396 2*** (−3.862 1)	−3.308 3*** (−3.847 3)	−3.366 8*** (−3.876 2)	−3.232 6*** (−3.806 0)	−3.388 1*** (−4.036 5)	−3.303 6*** (−3.954 9)	−3.347 5*** (−3.990 7)	−3.226 3*** (−3.869 3)
WF		−1.753 4* (−1.662 3)	−2.656 3 (−0.576 2)	−2.278 4 (−1.579 9)		−2.065 2* (−1.809 6)	−3.651 8 (−0.969 9)	−2.784 1** (−2.282 6)
$I(-1)$	0.573 1*** (4.612 3)	0.569 2*** (4.581 3)	0.575 8*** (4.644 1)	0.571 9*** (4.607 4)	0.427 7*** (5.524 5)	0.420 3*** (5.462 4)	0.426 1*** (5.509 9)	0.414 3*** (5.405 3)
$I(-2)$	0.544 9*** (2.951 2)	0.535 6*** (2.939 3)	0.539 0*** (2.936 5)	0.524 7*** (2.906 2)	0.640 0*** (4.717 0)	0.633 8*** (4.703 7)	0.636 5*** (4.702 2)	0.627 5*** (4.680 6)
$I(-3)$	−0.253 6* (−1.894 2)	−0.239 0* (−1.814 8)	−0.249 8* (−1.875 1)	−0.227 2* (−1.742 5)	−0.218 8* (−1.826 8)	−0.204 6* (−1.715 7)	−0.214 2* (−1.790 1)	−0.190 4 (−1.598 9)

续表

解释变量	OLS 估计				FGLS 估计			
	2.1	2.1a	2.1b	2.1c	2.1	2.1a	2.1b	2.1c
$g(-2)$	0.504 4** (2.357 1)	0.467 7** (2.191 4)	0.494 0** (2.310 6)	0.408 3* (1.856 3)	0.487 5* (1.864 5)	0.449 2* (1.721 9)	0.477 5* (1.825 7)	0.386 2 (1.466 6)
调整的 R^2	0.916 0	0.917 0	0.916 0	0.918 0	0.935 0	0.956 0	0.954 0	0.948 0
DW 值	1.134 9	0.476 0	0.356 7	0.354 3	1.067 3	0.395 1	0.240 2	0.271 7
C_1	−9.492 5	−10.452 7	−11.413 8	−10.932 9	−8.167 4	−9.153 2	−10.498 3	−9.724 9
Wald$_1$	2.139 5 [0.143 5]	2.284 5 [0.130 7]	2.084 0 [0.148 9]	2.291 0 [0.130 1]	2.328 5 [0.127 0]	2.570 5 [0.108 9]	2.579 2 [0.108 3]	2.614 8 [0.105 9]
C_2		−13.074 9	−19.672 5	−17.450 2		−13.721 9	−24.089 9	−18.738 1
Wald$_2$		1.584 3 [0.208 1]	0.302 2 [0.582 5]	1.412 4 [0.234 7]		1.965 0 [0.161 0]	0.790 3 [0.374 0]	2.449 0 [0.117 6]
C_3		−23.527 6	−31.086 3	−28.383 2		−22.875 1	−34.588 2	−28.463 0
Wald$_3$		2.366 2 [0.124 0]	0.602 9 [0.437 5]	2.126 3 [0.144 8]		2.886 3 [0.089 3]	1.249 5 [0.263 7]	3.109 9 [0.077 8]

***、**和*分别对应1%、5%和10%的显著性水平

注：①表 3-3 为实证方程式（3-3）在不同设定下的估计结果。②2.1 是没有加入空间加权矩阵的模型；2.1a、2.1b 和 2.1c 分别是加入相邻法、反距离法和最短距离法构造的空间加权矩阵的模型

资料来源：作者利用 STATA 计算得出

由表 3-2 可知，对东部区域来说，引入 F 的空间滞后项对地区投资基本没有影响，这意味着在该区域里并不存在明显的资本流动。F 的系数方向保持和全国分析的结果一致，FDI 的进入带来的高技术促进了当地的投资，而通过竞争又迫使部分地区资本退出市场。对挤入挤出效应系数的检验结果表明，东部区域 FDI 的进入对当地资本的挤出效应（系数小于 1）并不显著。

由表 3-3 可知，对中部区域来说，FDI 的进入对进入当地与区域内的其他地区都会产生一个负向的冲击，FDI 的进入迫使大量的地区资本退出市场，而随着地区资本对竞争的逐渐适应，原本退出市场的部分资本又会回到市场中，但是，FDI 的进入并没有导致资本在区域内形成回流。同样地，对挤入挤出效应系数的检验结果表明，中部区域 FDI 的进入对当地资本存在较为显著的挤出效应，而对区域内其他地区的资本的挤出不显著，总的来看，FDI 的进入对中部区域内资本的总挤出效应要高于东部，存在明显的挤出效应。

由表 3-4 可知，对西部区域来说，FDI 及 F 的空间滞后项对区域投资都有很强的影响，这意味着在该区域内不仅存在明显的资本波动，FDI 与区域内资本的竞争也相当的剧烈。可以发现，WF 和 F 的系数方向保持和全国分析的结果一致；事实上，我们从长期来看，FDI 的进入对整个西部区域的投资是一个从正到负的过程，资本在西部区域内部也不形成回流。同样地，对挤入挤出效应系数的检验

结果表明,西部区域 FDI 的进入对当地资本存在较为不显著的挤出效应,而对区域内其他地区的资本的挤出效应是不显著的。

从东部、中部和西部三个区域的实证结果来看,FDI 的进入并没有引起资本在各个区域内的回流,而我们在前面利用全国数据得到的实证结论已经表明,FDI 引起了资本在全国范围内的流动,由此可知,资本在全国范围内的流动必定是跨区域的流动,将全国的数据划分为不同区域的分析并不能捕捉这种影响。

3.4.3 资本的跨区域流动

上述对全国范围和分区域的实证分析表明,FDI 的进入会导致国内资本出现跨区域的流动。对比区域实证分析结果中三个区域 F 的系数方向,我们发现,FDI 对东部和西部投资的影响方向是先正后负,而对中部投资的影响方向为负。由此可知,FDI 导致的国内资本的跨区域流动方向为,FDI 的进入会使得短期内资本先从中部流向东部或西部,然后又从东部和西部流向中部。

进一步比较三个区域 F 的系数和[1]的大小,我们可以发现,东部区域 FDI 总的影响大于 0,而中部区域或西部区域 FDI 总的影响则小于 0。虽然检验的结果表明,三个区域都存在或多或少的挤出效应,但是,就挤出的强度[2]而言,西部区域(挤出很大)要大于中部区域(挤出较小),而中部区域大于东部区域(挤出不明显)。这种挤出强度的差异可能有部分原因需要归结到区域的异质性方面,但是,如果进一步考虑到资本跨区域流动的影响,我们就会发现,事实上,这样一种挤出强度的排序蕴含着资本跨区域流动的一个基本方向:资本从西部流向东部。

不妨将 30 个省区市排序如下:北京、天津、河北、辽宁、上海、江苏、浙江、福建、山东、广东、海南、山西、内蒙古、吉林、黑龙江、安徽、江西、河南、湖北、湖南、重庆、四川、贵州、云南、陕西、甘肃、宁夏、新疆、广西、青海。前面的 11 个省市为东部区域的省市,中间的 9 个省区为中部区域的省区,

---

[1] 从实证检验的各个表中可以发现,F 的系数大小受 WF 的影响并不大,即使在 WF 没有考虑资本的跨区域流动而存在误设的情况下,这里对 F 的系数的分析仍然还是比较稳健的。

[2] 正如罗长远(2007)所提到的,FDI 进入中国的过程,伴随着将民营经济有序引入国有经济的改革历程。FDI 的进入在不同区域都会挤出一定程度的无效资本,这一结论与现实是吻合的。对于 FDI 在不同区域的挤出效应的差异,我们认为有两方面的原因:区域的异质性;不同区域之间的资本净流动。区域的异质性是否能够解释 FDI 挤出效应差异性? 为了验证这一问题,我们计算了不同区域的投资与 FDI 的相关性,结果发现,东部的 FDI 与西部的投资存在严重的负相关。这表明,不同区域的异质性并不能够完全解释 FDI 挤出效应的差异性,因此,资本在不同区域之间的净流动是存在的。

最后的 10 个省区市为西部区域的省区市。计算东部区域每个地区的 FDI[①]与全国各个省区市投资的相关性，可以得到 11 个长度为 30 的相关系数序列，对这 11 个序列取平均得到东部区域 FDI 与全国各地区投资的平均相关系数序列。同样地，我们也可以计算得到中部区域和西部区域 FDI 与全国各地区投资的平均相关系数序列（图 3-3）。

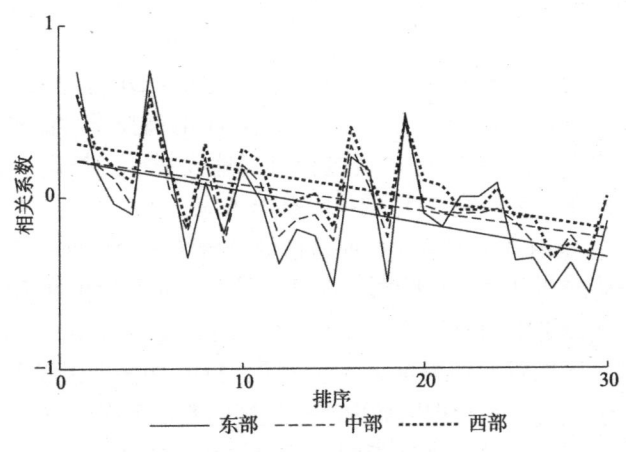

图 3-3　区域 FDI 与地区投资的相关性

如图 3-3 所示，折线分别为东部、中部和西部区域 FDI 与全国各地区投资的相关系数曲线，直线为它们对应的 1 次趋势线。可以看到，这三条相关系数曲线的走势接近，都是呈现向下倾斜的趋势。由于图 3-3 的横轴是按区域排序的，我们可以发现，三个区域的 FDI 和东部区域的省市基本呈现出较强的正相关，和中部区域的省区基本呈现出较弱的正相关，和西部区域的省区市则基本呈现出负相关。这意味着，如果不考虑其他影响，FDI 的进入（无论进入哪个区域）会引起东部区域投资的增加，同时也会引起西部区域投资的减少，或者说，FDI 的进入导致资本从西部流向东部[②]。

如果仅仅从图 3-2 来看，西部的 FDI 占全国的比重一直处于一个比较稳定的水平，我们似乎没有理由相信区域之间发展的不平衡程度会加剧，但是，通过图 3-3 我们可以看到，表面上稳定的 FDI 比率事实上伴随着西部资本的流失，而这种资本的流失必定会导致区域之间经济发展不平衡[③]的恶化。由此可见，如果

[①] 在计算相关系数之前，我们先将 FDI 和投资对应的变量（对应模型中的 F 和 I）进行去趋势和均值，消除时间趋势的影响。

[②] 根据"物随钱走"（物化商品流动的方向是资金流动的反向）估算的结果，东部区域基本上是资本流入；中部区域基本上也是资本流入，但是流动规模不大；西部区域一直是资本流出（郭金龙和王宏伟，2003）。

[③] 陆铭（2009）认为，区域的平衡不应该是总量意义上的，而应该是人均意义上的。基于这种新的目标设定，他提出中国经济的发展不应该是资本西进，而应该是劳动力与土地（主要体现为耕地指标的流通）的东进。

要推进中西部的发展,只是加大引进 FDI 的程度反而会得到相反的结果,应该了解不同地区经济发展失衡背后真实的制度性因素,从而做出准确的判断。

3.5 小　　结

传统关于 FDI 对地区资本挤入挤出的研究集中在 FDI 对进入当地的资本的挤入挤出效应的分析方面,传统理论认为,FDI 带来的高技术会促进当地的投资,而通过竞争又会掠夺当地资本的投资机会对当地投资形成挤出。与传统研究不同,本章从区域的角度来研究 FDI 的挤入挤出效应,首先提出了一个新的问题:FDI 是否会引起区域内资本的流动?而这恰恰是传统理论所回答不了的。本章的研究主要是从理论分析和实证检验两方面尝试对这一问题做出准确的回答。

本章在新古典经济学的框架下建立了一个两地区竞争模型,分析 FDI 进入其中某个地区对整个区域资本的影响。结论表明,FDI 冲击会引起资本在区域内的循环流动。FDI 带来的技术会把区域内其他地区的资本吸引到 FDI 进入的地区,而技术的扩散又会将资本从该地区带到区域内的其他地区。在实证分析中,本章通过在实证方程中加入 F 的空间滞后项来控制 FDI 对区域资本流动的影响。

本章的实证分析主要从全国及分区域两方面进行。利用全国数据分析得到的结果表明,FDI 的进入确实在全国范围内形成了一个先流入再流出的过程,与前文的理论分析相当一致。并且可以发现,长期来看,FDI 对进入地区的资本和全国的资本都存在挤出效应。将全国的数据划分为东部、中部和西部三个区域分别进行实证分析,结果排除了在各个区域内部存在资本的流动,因此,可以确定,由 FDI 的进入所引起的全国范围内的资本流动主要表现为资本跨区域的流动。通过进一步计算 FDI 对区域的挤出效应及影响方向,可以发现资本跨区域流动的基本方向是从西部流动到东部,而区域 FDI 与地区投资的相关性分析也支持了上面的结论。

简单来说,FDI 的进入导致了中国西部资本的流失,加剧了区域经济发展的不平衡。因此,为了全国经济的协调发展,加大对中国西部区域的开发和支持是必不可少的。事实上,中国政府也已经认识到了这一点,2000 年政府提出将西部大开发作为国家发展的一项基本战略,2007 年又批准重庆市和成都市设立全国统筹城乡综合配套改革试验区,西部经济的发展已经成为中国经济发展的重中之重。基于本章研究的结果,笔者认为,西部经济存在的问题不仅在于加强引进资本,更重要的是如何通过优化地区的经济体制等安排来提高该区域对资本的吸引力。

本章附件 C-D 生产技术设定下的局部均衡分析

此部分的分析是对正文中经济机制分析在 C-D 生产技术设定下的具体展开。

1. 初始状态

考虑如下地区的 C-D 生产函数：
$$Y_i = A_i \cdot K_i^{\alpha}, \quad 0 < \alpha < 1, \quad i = 1, 2$$

其中，Y、A 和 K 分别表示产出、技术水平与资本投入。则各地区对应的资本需求方程为
$$r_i = \alpha \cdot A_i \cdot K_i^{\alpha-1}, \quad i = 1, 2$$

其中，r 为利率。

注意到，资本在两个地区之间可快速流动且两个地区的总资本为固定的常数 K，可知有如下约束条件：
$$r_1 = r_2 = r, \quad K_1 + K_2 = K$$

代入资本需求方程，可解得如下均衡解：
$$r^t = \alpha \cdot K^{\alpha-1} \left[A_1^{\frac{1}{1-\alpha}} + A_2^{\frac{1}{1-\alpha}} \right]^{1-\alpha}$$

$$K_i^t = K \left[A_1^{\frac{1}{1-\alpha}} + A_2^{\frac{1}{1-\alpha}} \right]^{-1} A_i^{\frac{1}{1-\alpha}}$$

由资本的均衡解可知，两个地区对总资本的占用份额取决于其相对的技术水平，技术水平越高的地区，占用资本的份额越高。

2. 无技术优势的 FDI 进入

考虑在 $t+1$ 期有一定数量的 FDI 进入地区 1，由于进入的 FDI 并没有技术优势，故它不会改变地区 1 的技术水平。而且，资本在两地区之间可以快速流动，这就意味着 FDI 的进入仅仅在总量上提高了两地区总的资本供给而没有改变其他环境。

不妨记 F 表示 FDI 进入的数量，容易解得此时的均衡解为
$$r^{t+1} = \alpha \cdot (K+F)^{\alpha-1} \left[A_1^{\frac{1}{1-\alpha}} + A_2^{\frac{1}{1-\alpha}} \right]^{1-\alpha}$$

$$K_i^{t+1} = (K+F)\left[A_1^{\frac{1}{1-\alpha}} + A_2^{\frac{1}{1-\alpha}}\right]^{-1} A_i^{\frac{1}{1-\alpha}}$$

注意到，此时对于地区 1 而言有

$$K_1^{t+1} = (K+F)\left[A_1^{\frac{1}{1-\alpha}} + A_2^{\frac{1}{1-\alpha}}\right]^{-1} A_1^{\frac{1}{1-\alpha}} < K\left[A_1^{\frac{1}{1-\alpha}} + A_2^{\frac{1}{1-\alpha}}\right]^{-1} A_1^{\frac{1}{1-\alpha}} + F$$

这表明，地区 1 并不能完全垄断 FDI 带来的好处。FDI 的进入挤出了地区 1 的部分当地资本，使得这部分资本转移到了地区 2。

3. 高技术水平的 FDI 进入

假设在 $t+1$ 期进入地区 1 的 FDI 相对于当地资本而言具有更高的技术水平，并且这种差异是足够大的，即技术水平上升的正效应超过了 FDI 进入对当地资本的负向影响。

不妨记在 FDI 进入地区 1 后地区 1 和地区 2 的技术水平为 $\tilde{A}_1$ 和 $\tilde{A}_2$，则有 $\tilde{A}_1 > A_1$，$\tilde{A}_2 = A_2$（注意到此时不存在地区间的技术扩散）。

同样地，容易解得此时对应的均衡解为

$$r^{t+1} = \alpha \cdot (K+F)^{\alpha-1}\left[\tilde{A}_1^{\frac{1}{1-\alpha}} + \tilde{A}_2^{\frac{1}{1-\alpha}}\right]^{1-\alpha}$$

$$K_i^{t+1} = (K+F)\left[\tilde{A}_1^{\frac{1}{1-\alpha}} + \tilde{A}_2^{\frac{1}{1-\alpha}}\right]^{-1} \tilde{A}_i^{\frac{1}{1-\alpha}}$$

由于 FDI 的进入对地区 1 技术水平的提升足够大，此时我们有

$$K_1^{t+1} = (K+F)\left[\tilde{A}_1^{\frac{1}{1-\alpha}} + A_2^{\frac{1}{1-\alpha}}\right]^{-1} \tilde{A}_1^{\frac{1}{1-\alpha}} > K\left[A_1^{\frac{1}{1-\alpha}} + A_2^{\frac{1}{1-\alpha}}\right]^{-1} A_1^{\frac{1}{1-\alpha}} + F$$

这意味着，如果进入地区 1 的 FDI 具有足够高的技术优势来提高地区 1 的技术水平，则 FDI 的进入对当地的资本存在挤入效应，地区 2 的部分资本会被吸引到地区 1。

易知，上述不等式很容易满足，特别是当 F 相对于 K 较小，而技术水平的提高较大的情形。

4. 地区之间的技术扩散

对于 $t+1$ 期进入地区 1 的 FDI 具有较高的技术优势，在当期假定不同地区之间不存在技术扩散是合理的。但随着时间的推移，不同地区之间的技术扩散肯定是会发生的。假定在 $t+2$ 期，随着技术从地区 1 扩散到地区 2，地区 2 的技术水平也得到了相应的提高。

不妨记 $t+2$ 期地区 1 和地区 2 的技术水平分别为 $\bar{A}_1$ 和 $\bar{A}_2$，则有 $\bar{A}_1 = \tilde{A}_1$，$\bar{A}_2 > A_2$。

此时对应的均衡解为

$$r^{t+2} = \alpha \cdot (K+F)^{\alpha-1} \left[\overline{A}_1^{\frac{1}{1-\alpha}} + \overline{A}_2^{\frac{1}{1-\alpha}} \right]^{1-\alpha}$$

$$K_i^{t+2} = (K+F) \left[\overline{A}_1^{\frac{1}{1-\alpha}} + \overline{A}_2^{\frac{1}{1-\alpha}} \right]^{-1} \overline{A}_i^{\frac{1}{1-\alpha}}$$

由于技术水平的扩散，可知有

$$K_1^{t+2} = (K+F) \left[\tilde{A}_1^{\frac{1}{1-\alpha}} + A_2^{\frac{1}{1-\alpha}} \right]^{-1} \tilde{A}_1^{\frac{1}{1-\alpha}} < (K+F) \left[A_1^{\frac{1}{1-\alpha}} + A_2^{\frac{1}{1-\alpha}} \right]^{-1} A_1^{\frac{1}{1-\alpha}} = K_1^{t+1}$$

即伴随着技术的扩散，地区 2 的相对竞争力提高，地区 1 的部分资本又会流向地区 2。

结合第 3 步和第 4 步的分析可知，高技术水平的 FDI 的进入会在进入地区形成一种资本先流入后流出的循环流动。进入的初期，FDI 对进入地区的资本存在挤入效应，较高的技术水平会把区域内其他地区的资本吸引到当地来；而随着时间的推移，技术会慢慢从 FDI 进入的地区扩散到其他地区，从而使得当地的一部分资本慢慢流回其他地区。

第4章 FDI 与中央投资双向引导下的区域资本流动方向

4.1 引 言

资本是经济增长的重要原动力,其在各地区间的配置与流动是影响经济增长水平进而影响地区经济差距的重要因素。区域间的资本流动一方面受到政府投资、国家银行政策性资金分配等政治力量的引导,另一方面也受到追逐利润的市场力量的支配。改革开放初期,外商资本的进入为中国经济的发展带来了稀缺的资本与先进的技术,成为推动中国经济快速发展的重要力量。在市场力量的作用下,以追逐利润为目的的外商投资选择进入那些能够获得更高回报的地区,一方面带动了所进入地区的经济发展,另一方面又通过技术扩散及其与当地资本争夺投资机会的过程促进了地区间的资本流动。

随着中国经济的快速发展,经济水平日益提高,国内资本的规模也有了大幅的增加,外商投资对地区资本流动的作用有所下降。在1994年分税制改革后,中央的财政收入实现了大幅的增加,中央政府有了充足的资金,能够支持组织大规模的项目投入以协调地方经济的平衡发展,中央投资[①]成为引导地区资本流动的另一股重要的外来力量。与外商投资不同,中央投资是一种政府行为,在进行投资选址时不仅会考虑市场的因素,更多地体现了中央政府的某些政治目标,如缩小地区的发展差距等,而且其所投资的项目也与外商投资具有明显的差异,更多

[①] 根据国家统计局对国内固定资产投资来源的分类,可将中国的国内资本划分为以下四大类:国家预算内资金、外商投资、国内贷款、自筹和其他资金。其中,国家预算内资金也被称为中央投资,是中央出于对经济增长、结构调整和平衡区域发展等多重目的的权衡所进行的投资,体现国家对不同地区和产业的投资取向。外商投资是指外国的公司、企业、其他经济组织或者个人依法在中国进行的私人投资,这一类的投资往往是以投资收益和利润作为主要目标。

集中于公共项目方面。

无论是外商投资还是中央投资，作为地区投资的外来资本，都会与当地已有的资本争夺有限的投资机会，这必然会导致一部分地区资本被迫退出当地的市场。但是，外来资本携带的优势技术也会促进当地经济的增长，创造出更多的投资机会，从而吸引更多的投资进入市场。就外来资本进入的地区而言，这种资本的进入与退出意味着外来资本对地区投资的挤入挤出效应（Agosin and Mayer, 2000），但从整个区域来看，某些地区的资本退出往往伴随其他地区的资本进入，不同地区间资本所表现出来的这种同步的进入退出本质上是一种资本在地区间的流动（余壮雄等，2010）。

外来资本的技术优势及其与地区资本之间的竞争是驱动资本在不同地区间流动的基本力量；外来资本与地区资本的竞争程度取决于外来资本的性质及由地区经济水平所决定的投资结构（王曦等，2014）。一个地区的经济水平越高，私人资本的比重越高，外商投资的进入所引发的投资项目的竞争则越激烈，反之，中央投资的进入会带来更激烈的竞争。特别是，中国是一个幅员辽阔的经济大国，地区之间经济发展存在较大的差异，中国东中西部区域的经济水平与市场化程度具有明显的梯度特征[①]，经济水平从东到西依次下降。外来资本在不同的区域所引发的资本流动的方向必定也会体现出区域的异质性。

另外，目前的研究仅仅针对单一的资本类型进行考察，未能从不同的资本类型的角度综合考察中国国内区域资本流动的现状、机制和成因；单独研究一种外来资本的影响或者在研究中忽略区域的异质性，将可能导致对地区资本流动的研究结论产生严重的偏差，而且结论也必定是不完整的。然而，要在模型中同时纳入不同类型的外来资本并考虑地区的异质性，传统的计量分析方法难以获得准确的估计。本章基于贝叶斯模型平均的分析方法，构造了一个备选模型的分布空间，在该空间中同时引入外商投资、中央投资及区域的异质性，考察这两种外来资本在不同的地区所引致的资本流动。不仅同时综合考察了两种类型的资本对区域资本流动的影响，同时使用更准确的估计方法来获取资本流动的系数估计。本章不仅是在模型中同时引入了外商投资与中央投资两种类型的外来资本，并考虑了资本流动的区域异质性，还使用了更准确的估计方法来获取资本流动的系数估计。

本章后续部分的结构如下：4.2 节给出实证模型的设计与计算方法说明；4.3 节报告了经验回归的结果及其经济解释，4.4 节为本章研究的小结。

[①] 根据樊纲等（2003）的测算，中国东部地区的市场化程度明显高于中部地区，而中部地区的市场化程度又高于西部地区。

4.2 模型设定、数据与方法

4.2.1 实证模型设定

Agosin 和 Mayer（2000）在研究资本的进入退出机制时提出了如下的回归模型：

$$y_{it} = \alpha_i + \beta_1 y_{i,t-1} + \beta_2 y_{i,t-2} + \beta_3 g_{i,t-1} + \beta_4 g_{i,t-2} + x'_{it}\beta_5 + \varepsilon_{it} \quad (4\text{-}1)$$

其中，下标 i 和 t 分别对应地区和时期；y 为投资占 GDP 的比重，g 为经济增长率；x 为关注的资本进入退出机制的驱动因素；ε 为误差项；个体效应 α 的引入用于控制不同地区发展条件的个体差异。

式（4-1）是一个带个体效应的动态面板模型，Nickell（1981）证明了此时系数的 LS 估计或 ML 估计带有一个 T^{-1} 的偏差；当 T 比较大时，LS 估计或 ML 估计是不错的选择，而当 T 比较小时，我们需要使用 IV/GMM 估计（Blundell and Bond，1998）。Kruiniger（2008）发现，对于普通的 AR 过程甚至带有强外生变量的情形，基于数据变换的 ML 估计仍然是一致的，但是目前这方面的研究还无法推广到包含前定变量的情形。

IV/GMM 估计可能是动态面板模型的一类很好的估计方法，然而，它无法处理大量竞争性模型比较的问题；用于处理模型比较的贝叶斯分析只能基于普通的 ML 估计方法。为了克服在个体效应设定下 T 不够大可能带来的 ML 估计的偏差，我们使用另一种控制不同地区发展水平的方法，即使用变量的初始水平来控制不同地区的个体差异性。对应地，回归模型设定如下：

$$y_{it} = \alpha_0 + \alpha_1 y_{i0} + \alpha_2 g_{i0} + x'_{i0}\alpha_3 + \beta_1 y_{i,t-1} + \beta_2 y_{i,t-2} + \beta_3 g_{i,t-1} + \beta_4 g_{i,t-2} + x'_{it}\beta_5 + \varepsilon_{it}$$
$$(4\text{-}2)$$

就经济含义而言，变量的初始水平天然就是地区个体差异的体现；这种使用变量初始水平来捕捉地区个体差异的处理方法也得到很多计量学者的支持。例如，Breitung（2000）在单位根检验中使用变量的初始水平来去个体均值；Wooldridge（2005）通过变量的初始水平（或个体均值）消除动态模型个体异质性带来的内生性。

Agosin 和 Mayer（2000）在研究中关注的动力变量是 FDI 占 GDP 的比重，其研究的核心是考察 FDI 的进入对国内资本的挤入挤出效应；余壮雄等（2010）在他们的基础上引入了 FDI 占比的空间滞后项，把研究的问题扩展到 FDI 的进入对区域资本流动的影响；王曦等（2014）在相同的框架下分析了中央投资在调动区域资本流动上的积极作用。余壮雄等（2010）、王曦等（2014）的研究从不同的角度探讨了中国区域资本流动的动力，基于经验分析得出资本流动的证据。

从更一般的角度来看，FDI 反映的是市场的力量，厂商在追逐利润中选择合适的地区投资，从而带动资本的流动，而中央投资反映的是政府的力量，政府为了地区的平衡发展的目标而选择投资的地区，也会带动资本的流动。地区之间的资本结构必定是市场与政府力量博弈的最终结果。以上研究使用的是通过全国与区域经验分析结果的对比来间接推出资本区域流动的两阶段分析方法，这种分析方法通过分析结论的递进可以得到强有力的论证效果，然而，就准确性而言，通过高维参数模型的直接推断可能会更有说服力。

在式（4-2）的基础上，本章同时引入 FDI 和中央投资的占比，并利用不同区域空间加权的思路，构建了如下回归模型。其中，F 为 FDI 占 GDP 的比重，C 为中央投资占 GDP 的比重；d_1、d_2 和 d_3 分别对应东部、中部和西部的区域虚拟变量；W 为区域内部空间加权矩阵，对应不同区域的样本，分别取 W_1、W_2 和 W_3，W_1、W_2 和 W_3 分别对应东部、中部和西部的空间加权矩阵；$\bar{F}$ 和 $\bar{C}$ 分别对应区域的平均 FDI 比重和中央投资比重；L 为滞后算子。

$$\begin{aligned} y_{it} = &\alpha_0 + \alpha_1 y_{i0} + \alpha_2 g_{i0} + \alpha_3 F_{i0} + \alpha_4 C_{i0} + \beta_1 y_{i,t-1} + \beta_2 y_{i,t-2} + \beta_3 g_{i,t-1} + \beta_4 g_{i,t-2} \\ &+ \sum_{s=0}^{2} L^s \left[\delta_{11,s} F_{it} + \delta_{12,s} W F_{it} + \delta_{13,s} \bar{F}_{2t} \times d_1 + \delta_{14,s} \bar{F}_{3t} \times d_1 \right] \\ &+ \sum_{s=0}^{2} L^s \left[\delta_{15,s} \bar{F}_{1t} \times d_2 + \delta_{16,s} \bar{F}_{3t} \times d_2 + \delta_{17,s} \bar{F}_{1t} \times d_3 + \delta_{18,s} \bar{F}_{2t} \times d_3 \right] \\ &+ \sum_{s=0}^{2} L^s \left[\varphi_{11,s} C_{it} + \varphi_{12,s} W C_{it} + \varphi_{13,s} \bar{C}_{2t} \times d_1 + \varphi_{14,s} \bar{C}_{3t} \times d_1 \right] \\ &+ \sum_{s=0}^{2} L^s \left[\varphi_{15,s} \bar{C}_{1t} \times d_2 + \varphi_{16,s} \bar{C}_{3t} \times d_2 + \varphi_{17,s} \bar{C}_{1t} \times d_3 + \varphi_{18,s} \bar{C}_{2t} \times d_3 \right] \end{aligned} \quad (4\text{-}3)$$

从动力源来看，某个地区的投资占比会受到当地的 FDI、区域内其他地区 FDI 的加权、其他两个区域的平均 FDI 的影响，也会受到当地的中央投资、区域内其他地区中央投资的加权、其他两个区域的平均中央投资的影响。例如，变量 $\bar{F}_2 \times d_1$ 用于捕捉 FDI 进入中国中部地区对中国东部地区投资的影响。

本章使用的数据来自《中国统计年鉴》（1998~2017 年）、各省统计年鉴及中经网数据库，包括我国除西藏与港澳台（数据不全）之外的 30 个省区市 1997~2016 年的面板数据；变量包括地区生产总值（单位：亿元）、全社会固定资产投资（单位：亿元）、固定资产投资—利用外资（FI）（单位：亿元）、固定资产投资—中央投资（CI）（单位：亿元）、地区生产总值指数（上年 = 100）。在实证方程中，变量 y 通过地区的年度全社会固定资产投资除以地区生产总值得到；变量 F 等于地区的年度 FI 除以 GDP；变量 C 等于地区的年度 CI 除以

GDP；变量 g 为地区的年度 GDP 指数除以 100 再减去 1[①]。

根据国内常用的划分方法，西部地区包括的省级行政区共 10 个，分别是四川、重庆、贵州、云南、陕西、甘肃、青海、宁夏、新疆、广西；中部地区的省级行政区有 9 个，分别是山西、内蒙古、吉林、黑龙江、安徽、江西、河南、湖北、湖南；东部地区包括北京、天津、河北、辽宁、上海、江苏、浙江、福建、山东、广东和海南 11 个省市。

空间加权矩阵使用常用的相邻法（Anselin et al., 2004）；若 i 和 j 为某个区域相邻的省（自治区、直辖市），则取 1，否则取 0；然后对每行的总数标准化为 1。本章认为只要省（自治区、直辖市）接壤就算相邻的省（自治区、直辖市）。

4.2.2 贝叶斯模型平均

式（4-3）给出了一个刻画地区资本流动机制的回归模型，其中常数项和初始水平变量用于捕捉地区的个体差异，设定为必须包含的变量，其他可变的解释变量个数为 52 个，这意味着理论上可能存在的备选模型个数为 2^{52} 个。传统的计量方法认为只有一个最优的模型是正确的，但是从所有的备选模型中挑出最优模型几乎是不可能的。太多的变量会掩盖变量之间的真实关系，这使得传统的实证模型不可以包含太多的解释变量；而通过变量的显著性剔除无关变量的传统做法同样不可行，即便单个变量设定第 1 类错误的概率为 0.05，这种删除的方法从一开始就犯错的概率也达到 $1-0.95^{52} \approx 0.93$。

贝叶斯模型平均（Bayesian model averaging，BMA）为这种大量竞争性模型的比较提供了一种不错的建模方法。贝叶斯计量经济学将模型看作与参数一样是随机的，因此，在估计参数时，需要对不同的模型进行加权，即以一定的概率进行模型的平均。

将式（4-3）简化表示为如下形式：

$$Y = D\alpha + X\beta + \varepsilon, \quad \varepsilon|D,X \sim N(0, h^{-1}I_N) \qquad (4-4)$$

其中，D 为不变的解释变量，X 为可变的解释变量，其维度分别记为 m 和 k；N 为样本长度。记 K 为可变解释变量的总个数 $(k \leqslant K)$。

记 M 表示对应的模型，似然函数为

[①] 由于 2003 年之前，国家统计局及《中国统计年鉴》未公布分省份全部来源的全社会固定资产投资数据（即全社会固定资产投资中的中央投资数据不可获得），而仅公布了基本建设投资和更新改造投资两项的分省份不同来源的全社会固定资产投资数据，为了保持数据的统一和一致性，本章 1997~2003 年的各省中央投资=（各省基础建设投资中的中央投资+各省更新改造投资类别中的中央投资）/（全国基础建设投资中的中央投资占总中央投资的比重+更新改造投资类别中的中央投资占总中央投资的比重）；1997~2003 年的各省外商投资的处理方法与中央投资相同。

$$p(Y|M;\alpha,\beta,h) = \frac{h^{N/2}}{(2\pi)^{N/2}} \exp\left\{-\frac{h}{2}(Y-D\alpha-X\beta)'(Y-D\alpha-X\beta)\right\}$$

参数 β 的先验分布设定如下：

$$\beta|h;M \sim N\{0, h^{-1}\underline{V}\}$$

其中，$\underline{V} = \left[g\tilde{X}'\tilde{X}\right]^{-1}$，$g = 1/\max(N, K^2)$，$\tilde{X} = M_D X$，$M_D = I_N - D(D'D)^{-1}D'$。

遵循 Fernandez 等（2001）建议的大拇指法则，对于模型中共同的参数 h 和 α 使用无信息的先验设定，$h \propto h^{-1}$，$\alpha \propto 1$。

利用似然函数与参数的先验分布，可以算得（详见本章附件）后验分布如下：

$$p(Y|M) \propto \left(\frac{g}{1+g}\right)^{k/2} \left[(N-m)\overline{s}^2\right]^{-(N-m)/2} \quad (4\text{-}5)$$

其中，$\overline{s}^2 = \left[\tilde{Y}'M_{\tilde{X}}\tilde{Y} + \frac{g}{1+g}\tilde{Y}'P_{\tilde{X}}\tilde{Y}\right]/(N-m)$，$P_{\tilde{X}} = \tilde{X}(\tilde{X}'\tilde{X})^{-1}\tilde{X}'$，$M_{\tilde{X}} = I_N - P_{\tilde{X}}$。

参数的后验分布如下：

$$\begin{aligned}p(\beta,h|Y,M) &= \frac{h^{k/2}}{(2\pi)^{k/2}}|\overline{V}|^{-1/2}\exp\left\{-\frac{h}{2}(\beta-\overline{\beta})'\overline{V}^{-1}(\beta-\overline{\beta})\right\} \\ &\times h^{(N-m-2)/2}c_G^{-1}\exp\left\{-\frac{h}{2}(N-m)\overline{s}^2\right\}\end{aligned} \quad (4\text{-}6)$$

其中，$\overline{V} = \left[(1+g)\tilde{X}'\tilde{X}\right]^{-1}$，$\overline{\beta} = \overline{V}\tilde{X}'\tilde{Y}$，$c_G = \left[2\overline{s}^{-2}/(N-m)\right]^{(N-m)/2}\Gamma\left(\frac{N-m}{2}\right)$，$\Gamma(\cdot)$ 为 Gamma 函数。

由式（4-6）可知，参数 β 和 h 的后验条件分布为一个 Normal-Gamma 分布（Koop，2003），即 $\beta|h$ 的后验条件分布为正态分布，h 的后验条件分布为 Gamma 分布。

由 Normal-Gamma 分布的定义，可知 β 的边际后验分布为

$$\beta|Y,M \sim t(\overline{\beta}, \overline{s}^2\overline{V}, N-m)$$

其条件期望与方差为

$$E(\beta|Y,M) = \overline{\beta}, \quad \mathrm{Var}(\beta|Y,M) = \frac{(N-m)\overline{s}^2}{N-m-2}\overline{V}$$

h 的边际后验分布为

$$h|Y,M \sim G(\overline{s}^{-2}, N-m)$$

其条件期望与方差为

$$E(h|Y,M) = \bar{s}^{-2}, \quad \text{Var}(h|Y,M) = 2\bar{s}^{-2}/(N-m)$$

引入下标 r 表示不同的模型，$r=1,2,\cdots,R$；BMA 认为参数的信息由如下后验分布决定：

$$p(\beta, h|Y) = \sum_{r=1}^{R} p(\beta, h|Y, M_r) \cdot p(M_r|Y) \quad (4-7)$$

不同模型出现的后验概率计算如下：

$$p(M_r|Y) = c^{-1} \cdot p(Y|M_r) p(M_r) \quad (4-8)$$

其中，$c = p(Y) = \sum_{r=1}^{R} p(Y|M_r) p(M_r)$ 为所有备选模型共同的常数。不同模型的先验概率 $p(M_r)$ 设定为 R^{-1}，即平等对待每一个备选模型。

参数的估计值与估计方差使用式（4-7）中后验概率的均值和方差，或者说，BMA 认为参数的估计必须利用所有备选模型的信息进行平均。

4.2.3 MC³ 算法

BMA 的直接计算同样面临备选模型数量太大的问题，实际使用时我们需要使用 Madigan 和 York（1995）建议的马尔可夫链蒙特卡罗模型比较（Markov chain Monte Carlo model composition，MC³）的方法。MC³ 的基本思路是将不同的模型看作是随机的，其背后对应某个分布，每个模型出现的后验概率（经过标准化）对应该模型在备选空间内的点概率，然后使用 Metropolis-Hastings 算子来模拟逼近模型对应的概率分布。

MC³ 的算法计算如下：

第一步：给定初始的 X，模型记为 $M^{(s-1)}$，计算 $L(Y|M^{(s-1)})$；

第二步：利用均匀分布在初始模型的邻域选出备择模型 M^*，计算对应的 $L(Y|M^*)$；

第三步：计算接受比率 $P = \min\left\{\dfrac{p(Y|M^*)p(M^*)}{p(Y|M^{(s-1)})p(M^{(s-1)})}, 1\right\}$；

第四步：以概率 P 接受模型 M^* 作为 $M^{(s)}$，以 $1-P$ 接受 $M^{(s-1)}$ 作为 $M^{(s)}$。

其中，初始模型的邻域是指对给定的初始模型，增加任意一个变量或减少任意一个变量所组成的模型的集合（包含模型自身）。

一般，各个模型的先验概率可取相等，即 $p(M^*) = p(M^{(s-1)})$。

实际计算时初始模型设定为没有动力变量的情形，迭代模拟10 100 000次[①]，并删除前100 000次以消除初始设定的影响；模拟程序使用 MATLAB 编写。

基于模拟的数据，参数的估计（方差的估计类似）可使用每一次模拟（特定的模型可能会多次出现）的后验均值的平均。特别是，如果 MC^3 的算法收敛，那些出现次数较多的模型对应的出现频率比重将会趋于对应模型的标准化后验概率。

4.3 实证结果与经验分析

4.3.1 BMA 的估计结果

表 4-1 给出了基于 MC^3 方法计算的 BMA 的估计结果，报告了各个变量的后验概率、后验均值和后验标准误。由于篇幅有限，表 4-1 中只列出了可变解释变量的结果。其中，后验概率为迭代过程中变量出现的相对频率，它表示该变量应该被包含进模型的概率；后验均值和后验标准误则对应根据出现的次数平均的后验均值和标准误，根据它们，我们可以判断变量的显著性（临界值为 ±1.96）。

表 4-1　BMA 估计结果

解释变量	BMA		
	后验概率	后验均值	后验标准误
$L.y$	1.000 0	0.780 5	0.025 3
$L2.y$	0.025 3	0.013 9	0.038 7
$L.g$	0.050 4	0.419 2	0.202 8
$L2.g$	0.978 5	0.854 5	0.147 9
F	0.075 0	0.631 4	0.350 2
WF	0.050 3	−0.547 7	0.385 7
$L.F$	0.025 1	−0.253 1	0.358 6
$L.WF$	0.055 7	−0.535 8	0.362 1
$L2.F$	0.020 9	−0.030 3	0.304 3
$L2.WF$	0.061 3	−0.505 2	0.321 1
$\bar{F}_2 \times d_1$	0.057 3	−3.777 1	3.808 9
$\bar{F}_3 \times d_1$	0.195 2	−13.835 5	4.542 3
$L.\bar{F}_2 \times d_1$	0.715 9	19.401 8	4.014 4
$L.\bar{F}_3 \times d_1$	0.942 2	−23.874 1	4.355 4

[①] 迭代次数 1 000 万次虽然看起来很大，但是，这个数量和模型的总数量 2^{52} 相比只是一个非常小的数，它只占模型总数量的 4.5 亿分之一左右。

续表

解释变量	BMA		
	后验概率	后验均值	后验标准误
$L2.\bar{F}_2 \times d_1$	0.056 4	5.317 6	3.601 1
$L2.\bar{F}_3 \times d_1$	0.265 7	10.955 1	4.169 5
$\bar{F}_1 \times d_2$	0.309 3	7.821 1	2.158 5
$\bar{F}_3 \times d_2$	0.197 4	−16.586 0	4.549 4
$L.\bar{F}_1 \times d_2$	0.297 1	−6.001 9	1.351 9
$L.\bar{F}_3 \times d_2$	0.169 4	−12.410 5	3.514 0
$L2.\bar{F}_1 \times d_2$	0.106 2	−3.049 1	0.933 6
$L2.\bar{F}_3 \times d_2$	0.053 7	−6.011 7	3.327 8
$\bar{F}_1 \times d_3$	0.805 4	8.768 7	1.849 1
$\bar{F}_2 \times d_3$	0.030 0	2.464 7	4.803 6
$L.\bar{F}_1 \times d_3$	0.845 3	−7.886 3	1.493 2
$L.\bar{F}_2 \times d_3$	0.086 8	13.538 6	4.960 2
$L2.\bar{F}_1 \times d_3$	0.192 4	−4.735 4	1.142 5
$L2.\bar{F}_2 \times d_3$	0.038 9	3.911 8	4.478 8
C	1.000 0	2.491 1	0.262 6
WC	0.449 4	1.044 2	0.290 3
$L.C$	0.987 4	−1.570 0	0.310 8
$L.WC$	0.286 3	1.150 8	0.403 5
$L2.C$	0.057 6	−0.555 5	0.292 3
$L2.WC$	0.951 0	−1.543 5	0.315 7
$\bar{C}_2 \times d_1$	0.055 7	1.826 1	1.029 6
$\bar{C}_3 \times d_1$	0.593 1	2.066 1	0.437 7
$L.\bar{C}_2 \times d_1$	0.462 5	−3.268 0	1.011 0
$L.\bar{C}_3 \times d_1$	0.043 5	0.239 1	0.500 4
$L2.\bar{C}_2 \times d_1$	0.129 9	−2.335 9	0.875 6
$L2.\bar{C}_3 \times d_1$	0.035 4	−0.241 6	0.384 0
$\bar{C}_1 \times d_2$	0.494 3	8.502 7	1.868 8
$\bar{C}_3 \times d_2$	0.542 3	2.624 3	0.550 0
$L.\bar{C}_1 \times d_2$	0.584 3	−8.140 7	2.342 8
$L.\bar{C}_3 \times d_2$	0.049 3	−0.570 0	0.611 0
$L2.\bar{C}_1 \times d_2$	0.048 0	−1.960 7	2.112 7
$L2.\bar{C}_3 \times d_2$	0.088 9	−1.023 3	0.469 2
$\bar{C}_1 \times d_3$	0.944 7	11.512 2	1.913 2
$\bar{C}_2 \times d_3$	0.142 6	−3.822 2	1.240 1
$L.\bar{C}_1 \times d_3$	0.855 8	−9.201 7	2.122 6

续表

解释变量	BMA		
	后验概率	后验均值	后验标准误
$L.\bar{C}_2 \times d_3$	0.095 3	2.466 1	1.161 0
$L2.\bar{C}_1 \times d_3$	0.028 8	−1.252 6	1.895 6
$L2.\bar{C}_2 \times d_3$	0.072 2	1.603 0	0.872 4

注：L 为滞后算子，$L2$ 为滞后两阶
资料来源：作者利用 MATLAB 计算得出

后验概率为每一个变量是否具有重要的影响提供了强有力的诊断。可以看到，有一些变量对地区投资占 GDP 的比重 y 具有非常重要的影响，如中央投资占 GDP 的比重 C 及其空间滞后等，无论其他变量是否包含，这些变量都具有很强的解释能力，其后验概率达到 0.9 以上；相反，其他变量对投资比重是否具有解释能力则存在一定的不确定性，大部分的变量从概率上来看明显是不应该包含进模型的，如被解释变量的二阶滞后等，这些变量基本没有太大的解释能力，其后验概率低于 0.06。简单对比可知，后验概率与使用后验均值和标准误计算的显著性水平之间存在明显的正相关，后验概率超过 0.1 的变量都比较显著，后验概率超过 0.5 的变量都高度显著，而后验概率低于 0.06 的变量都不显著。

MC^3 方法把各种可能的模型所组成的集合看作一个概率空间，每一个模型对应概率空间内的一个点，模型的相对密度对应点概率密度，然后通过 MCMC 迭代的方法去逼近对应的概率分布；当模拟得到的概率分布已经非常接近真实的分布时，则可以对模拟过程出现的每个模型的结果进行平均，即 BMA 分析。MC^3 方法的收敛对于进行 BMA 分析至关重要。Fernandez 等（2001）建议可以通过比较 MC^3 方法（模拟中每个模型出现的频率比重）与基于分析（模拟中出现的每个模型的标准化似然函数）计算得到的模型后验概率之间的差异来判断 MC^3 方法的收敛性，如果算法收敛，则两种方法得到的结果应该非常接近，相关系数会非常高（如两种方法计算下得到的前 10 个模型的后验概率的相关系数超过 0.99）。

表 4-2 给出了 MC^3 方法和基于分析计算得到的后验概率最大的 10 个模型；MC^3 估计的对应列为模拟中出现频率最高的 10 个模型的概率，分析解 1 和分析解 2 对应的两列则分别表示在模拟中出现的所有模型中由式（4-5）和式（4-8）解得的概率最高的 10 个模型的概率，前者根据 MC^3 估计的大小排序，后者则是根据分析解的大小排序。由表 4-2 可知，两种排序下得到的分析解基本相同，除了模型 3、模型 4、模型 6 略有差异以外，其余完全相同，但差异模型对应的概率密度也非常接近；其次，MC^3 方法和分析解对应的后验概率也比较接近[①]，虽然两组概率在水平上还存在一定的偏差，但其相对趋势非常接近，MC^3 方法和分析解 1 对

---

① 扩大模拟的次数可以进一步提高收敛的效果。

应的后验概率的相关度达到 0.994 0，可见，MC^3 算法的收敛效果良好。

表 4-2 后验概率最高的 10 个模型

排序	$p(M|Y)$		
	MC^3 估计	分析解 1	分析解 2
1	0.011 6	0.016 9	0.016 9
2	0.008 5	0.012 4	0.012 4
3	0.006 1	0.008 0	0.008 9
4	0.006 0	0.008 9	0.008 0
5	0.003 8	0.005 6	0.005 6
6	0.003 2	0.004 5	0.004 6
7	0.003 0	0.004 4	0.004 4
8	0.002 6	0.003 8	0.003 8
9	0.002 6	0.003 6	0.003 6
10	0.002 0	0.002 8	0.002 8

注：分析解 1 按照 MC^3 估计模型对应排序；分析解 2 按照分析解本身的大小排序。
资料来源：作者利用 MATLAB 计算得出

通过 10 000 000 次的迭代，总共出现的被选模型的数量达到 389 881 个，其中后验概率最高的前 10 个模型的总概率为 0.049 4。特别是，在模型空间中最优模型的边际密度只有 0.011 6，如果仅仅使用最优模型来解释资本的流动，损失的信息量将非常严重，从而可能得到不严谨的判断；相反，BMA 建议利用所有模型的加权平均来进行经验分析，其结论必定更为可靠。表 4-3 给出了最优模型的后验估计及对应的 BMA 估计结果。如表 4-3 所示，最优模型所挑选出来的变量对应的后验概率都非常高，多数均大于 0.5，并且根据后验均值与标准误计算的显著性也非常高；最优模型对应的后验均值与标准误和基于 BMA 计算的后验均值与标准误之间也非常接近。

表 4-3 最优模型的估计结果

解释变量	BMA			最优模型	
	后验概率	后验均值	后验标准误	后验均值	后验标准误
$L.y$	1.000 0	0.780 5	0.025 3	0.798 6	0.024 5
$L2.g$	0.978 5	0.854 5	0.147 9	0.875 4	0.147 2
$L.\bar{F}_2 \times d_1$	0.715 9	19.401 8	4.014 4	21.599 1	3.719 6
$L.\bar{F}_3 \times d_1$	0.942 2	−23.874 1	4.355 4	−26.979 5	4.362 7
$\bar{F}_1 \times d_3$	0.805 4	8.768 7	1.849 1	10.132 6	1.698 5
$L.\bar{F}_1 \times d_2$	0.845 3	−7.886 3	1.493 2	−8.753 5	1.470 7
C	1.000 0	2.491 1	0.262 6	2.398 8	0.257 4

续表

解释变量	BMA			最优模型	
	后验概率	后验均值	后验标准误	后验均值	后验标准误
$L.C$	0.987 4	−1.570 0	0.310 8	−1.514 0	0.303 3
$L.WC$	0.286 3	1.150 8	0.403 5	1.150 4	0.393 4
$L2.WC$	0.951 0	−1.543 5	0.315 7	−1.720 4	0.390 8
$\bar{C}_3 \times d_1$	0.593 1	2.066 1	0.437 7	2.300 9	0.422 2
$L.\bar{C}_2 \times d_1$	0.462 5	−3.268 0	1.011 0	−3.520 3	1.033 7
$\bar{C}_3 \times d_2$	0.542 3	2.624 3	0.550 0	3.682 6	0.574 1
$L.\bar{C}_1 \times d_2$	0.584 3	−8.140 7	2.342 8	−8.204 7	2.253 3
$\bar{C}_1 \times d_3$	0.944 7	11.512 2	1.913 2	13.831 9	1.897 3
$L.\bar{C}_1 \times d_3$	0.855 8	−9.201 7	2.122 6	−10.234 1	2.177 1

资料来源：作者利用 MATLAB 计算得出

图4-1报告了各个可变解释变量（与表4-1排序相同）的后验概率及最优模型包含的变量集合的对比。可以发现，最优模型所包含的解释变量恰好是后验概率最高的那些变量，被包含进最优模型的变量的后验概率基本均大于 0.5，相反，没有被包含的变量的后验概率都低于 0.3，两者之间存在明显分割区间段。但是，MC^3 方法在挑选模型时会偏向小模型[①]，与整体的 BMA 分析相比，所挑出的最优模型可能会遗失很多重要的解释变量，如有一些变量的后验概率已经非常接近 0.3，并且也非常显著。基于结论的稳健和可信度的考虑，后续对结果的经济解释采用表 4-1 的 BMA 估计结果。

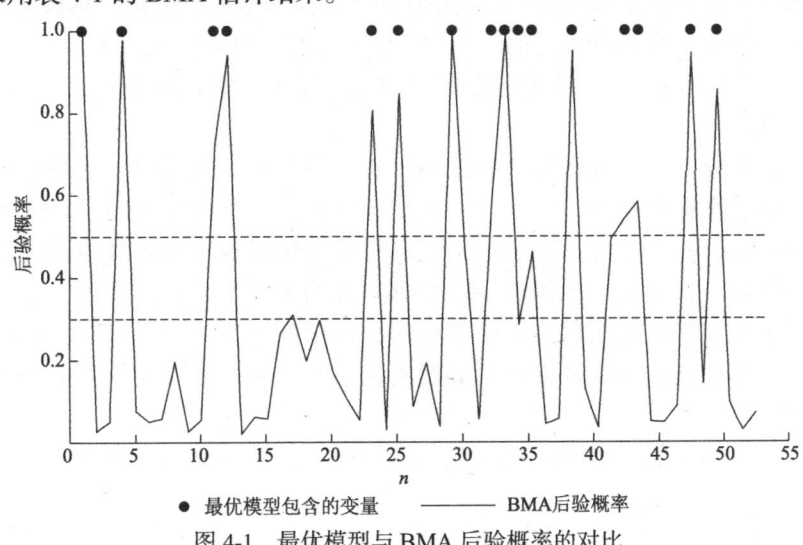

图 4-1　最优模型与 BMA 后验概率的对比

---

① 见式（4-5）的设定，在其他部分不变的情况，模型包含的变量越多，对应的密度越小。

4.3.2 回归结果的经验分析

从回归结果来看,投资比重 y 的滞后与经济增长率 g 的滞后对地区投资占 GDP 的比重具有重要的解释能力,但 y 的滞后二阶不显著,其余均显著。外商投资占 GDP 比重 F 及其空间滞后 WF 基本都显著,其中 F 的当期系数为 0.63(小于 1),而 WF 的当期系数为-0.55(小于 0),这表明外商投资的进入对进入的地区及所在的区域[①]存在短期的挤出效应,并且区域内部不存在资本的流动;$L.F$ 的系数为-0.25,可见 FI 的进入对进入地区存在挤出效应,即长期来看外商投资对进入地区存在挤出效应;另外,WF 的滞后项的系数全部为负,这表明外商投资的进入对区域资本同样也存在长期的挤出效应。

中央投资占 GDP 的比重 C 的当期系数为 2.49(大于 1),其空间滞后 WC 的当期系数为 1.04(大于 0),表明中央投资的进入对进入的地区及所在的区域都具有明显的短期挤入效应,但不存在区域内的资本流动;$L.C$ 和 $L2.C$ 的系数分别为-1.57 和-0.56,两者之和的绝对值基本等于 C 的当期系数,可见从长期来看,中央投资对进入地区同样存在挤出效应,而且达到完全挤出的水平;$L2.WC$ 的系数为-1.54,绝对值甚至高于当期的系数,可见,中央投资对进入的区域存在长期的挤出效应。

总的来看,FI 的进入对进入的地区及所在的区域存在短期的挤出效应,而 CI 的进入则对进入的地区及所在的区域存在短期的挤入效应,但是,从长期来看,FI 和 CI 的进入都会导致进入的地区与所在的区域存在明显的挤出效应。另外,无论是从短期还是长期看,FI 和 CI 的进入都不会引起资本在区域内的流动(即挤入挤出系数相反)。

虽然外来资本的进入会与已有的地区资本争夺投资机会产生激烈竞争,从而导致部分资本退出市场,但是,由于资本比较容易在地区之间进行快速的转移,我们相信,资本在考虑退出市场之前会先考虑是否转移到其他地区获得继续生存的空间。特别是,中国是一个发展存在明显梯度特征的大国,东部地区的发展水平和市场化要明显高于中部地区,而中部地区的发展水平和市场化则明显高于西部地区;研究资本在不同层次区域之间的流动比关注其退出市场要更有意义。

根据表 4-1 的估计结果整理得到表 4-4 中 FI 和 CI 进入对资本跨区域流动的影响。

[①] 本章使用地区和区域两个不同的概念,文中的地区是指 FI 或 CI 进入的省(自治区、直辖市),而区域则是指这些省(自治区、直辖市)所处的东部、中部、西部。

表 4-4　FI 和 CI 进入对资本跨区域流动的影响

方向	外商投资（FI）				中央投资（CI）			
	$t=0$	$t=1$	$t=2$	累计系数	$t=0$	$t=1$	$t=2$	累计系数
东→中	7.82	−6.00	−3.05	−1.23	8.50	−8.14	0	0.36
东→西	8.77	−7.89	−4.74	−3.86	11.51	0	−1.25	10.26
中→东	19.40	0	0	19.40	1.83	−3.27	−2.34	−3.78
中→西	0	13.54	−3.91	9.63	−3.82	2.47	1.60	0.25
西→东	−23.87	−8.20	10.96	−21.11	2.07	0	0	2.07
西→中	−16.59	−12.41	−6.01	−35.01	2.62	0	−1.02	1.60

注：$t=0$、$t=1$、$t=2$ 分别对应当期的系数、一阶滞后和二阶滞后的估计系数。东→中表明资本投在东部对中部地区的影响，其余类似

资料来源：作者利用 MATLAB 计算得出

如表 4-4 所示，FI 进入中国的东部区域会对中部、西部的投资产生一个当期的挤入效应（系数分别为 7.82 和 8.77），但随着时间的推移，部分资本又会流回东部区域；从长期看，FI 进入东部区域对中部、西部区域的影响均呈现相同的趋势，它会导致资本从中部和西部流向东部（累计系数分别为−1.23 和−3.86）。与东部的情况类似，FI 进入中部区域的影响方向基本相同并且比较单一。FI 进入中部区域对东部、西部区域存在明显的区域挤入效应，对应的系数分别为 19.40 和 9.63，可见，FI 的进入会导致资本从中部流向东部、西部区域，其中前者流动的速度更快。此外，FI 进入西部区域对东部、中部区域也存在明显的区域挤出效应，导致资本从其他区域流入本区域，对应的系数分别为−21.11 和−35.01。

CI 进入东部区域对中部、西部区域存在长期的区域挤入效应，其中对中部区域的影响是先挤入再挤出的形式（当期的系数为 8.50、滞后一期的系数为−8.14），而对西部地区的影响也是类似的形式（当期的系数为 11.51、滞后两期的系数为−1.25）。CI 进入中部区域对东部、西部区域的短期区域效应相反（对东部地区是挤入效应，系数为 1.83；对西部地区是挤出效应，系数为−3.82），但其长期的影响截然不同，它一方面导致资本从东部流向中部（累计系数为−3.78），但另一方面又导致资本从中部流向西部（累计系数为 0.25）。相反，CI 进入西部区域对东部、中部区域都存在长期的区域挤入效应，其中资本从东部流向西部的规模要大于从中部流入西部的规模，其对应的系数分别为 2.07 和 1.60。

从系数的大小与方向来看，FI 进入东部会导致资本从西部和中部流入，而 FI 进入西部会导致资本从其他区域流入该区域，总的来看，FI 的进入会导致资本从中部流向东部和西部。CI 进入东部会导致资本从其他区域流出，CI 进入中部则会导致资本向西部流出并从东部流入，且流入的系数更大，而 CI 进入西部则会导致

资本流向其他区域,总的来看,CI 的进入会导致资本从西部和东部流向中部。

4.3.3 资本流动方向的测算

注意到式(4-3)是一个相对挤入挤出模型,并不能直接得到区域间资本流动的规模,为了测算资本在区域之间的流动规模,我们必须把结果转化为绝对挤入挤出的概念。具体地,FI 进入区域 h 导致资本流向区域 k 的规模可近似计算如下:

$$I_{h \to k} = \gamma_{hk} \mathrm{FI}_h \times \frac{\mathrm{GDP}_k}{\mathrm{GDP}_h} \qquad (4\text{-}9)$$

其中,FI 和 GDP 分别对应不同区域的国内投资总值和地区生产总值;γ_{hk} 表示 FI 进入地区 h 对地区 k 的标准化(即除以地区 h 的省份个数)累计挤入挤出系数。

式(4-9)在测算资本流动时使用的累计挤入挤出系数并不是普通意义上的长期挤入挤出系数,我们在这里忽略了乘数效应,即没有考虑消除滞后因变量系数的影响。这种处理的依据是考虑到资本从某个区域流动到另一个区域后通过乘数效应扩大的那部分影响并不反映真实的资本流动。

由 FI 的进入引起的地区 k 的净流入规模为

$$\Delta I_k = \sum_{h \neq k}(I_{h \to k} - I_{k \to h}) \qquad (4\text{-}10)$$

对应地,关于 CI 引发的资本流动规模也可类似测算。

图 4-2 和图 4-3 分别给出了 FI 和 CI 引致的各个区域的资本净流入规模(从其他区域流入本区域的规模,如果为负则表示流出),图中的数据已经通过除以当年 GDP 消除经济规模的影响。

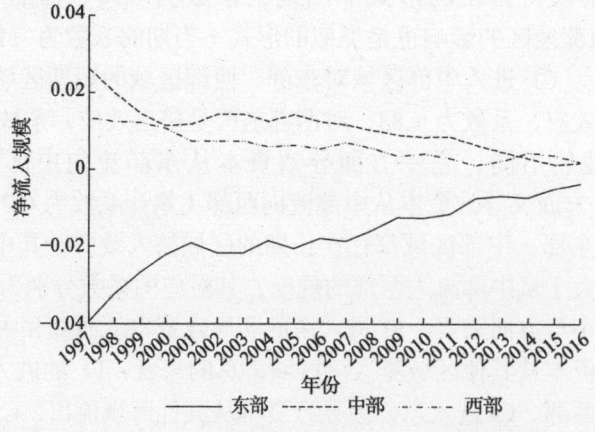

图 4-2 FI 引致的各个区域的资本净流入规模

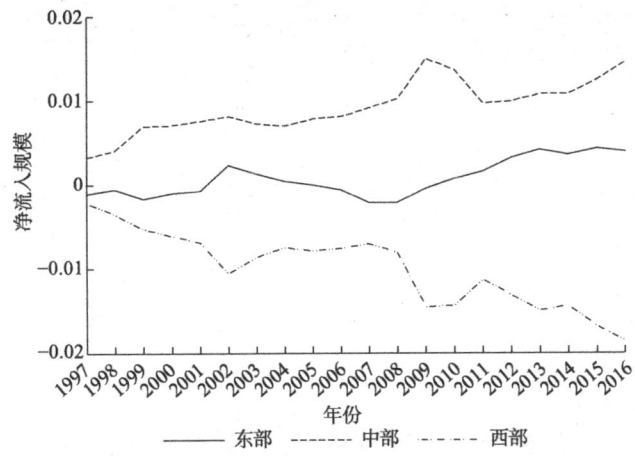

图 4-3　CI 引致的各个区域的资本净流入规模

从测算的结果可知，FI 的进入会引起资本从中部流向东部和西部，但随着 FI 的相对规模越来越小，引起的资本从中部流向东部和西部的相对规模在下降（绝对规模仍然有增加）；相反，CI 反而会引起资本从西部流向中部和东部，而且随着 CI 的相对规模越来越大，资本从西部流向东部和中部的相对规模在上升。FI 和 CI 引致的资本流动的方向截然相反是中国经济发展的梯度特征的反应。FI 反映的是市场的力量，它们以利润为目标决定进入的区域，其投资的项目主要是私人项目；而 CI 反映的更多的是政治的力量，投资的选址更多考虑的是政治方面的因素，其投资的项目主要为公共项目。当然，无论是 FI 还是 CI，进入既定的区域后会产生怎样的结果都必须取决于市场的反应。中国的东部和中部区域经济水平与市场化程度比较高，FI 的进入与当地的民间资本形成了激烈的竞争，从而迫使部分的资本从东部流向中部和西部；相反，中国的西部区域经济水平和市场化程度相对比较低，投资项目更多集中于公共项目，而 CI 的进入无疑是给这些公共项目带来激烈的竞争，从而导致部分资本从西部流出。

图 4-4 给出了 FI 和 CI 两种驱动资本转移的力量的合并结果。综合考虑了 FI 和 CI 的影响后，中部区域一直处于资本流入的地位，且比较稳定；而东部区域则一直处于资本流出的地位，但流出规模有下降的趋势；西部区域则是从最早的资本流入到稳定到流出。东部区域资本流出的主要原因是 FI 的进入使部分资本从原来资本比较密集的区域转移到资本比较缺乏的区域，可见市场经济对区域之间的平衡发展存在稳定器的功能；西部区域在 2007 年和 2008 年左右开始出现资本的大规模流出，这个时间点恰好对应汶川地震和国际金融危机发生，之后大量的灾后重建及"四万亿"政府投资等中央投资进入反而将原本就不多的民间资本挤出市场。

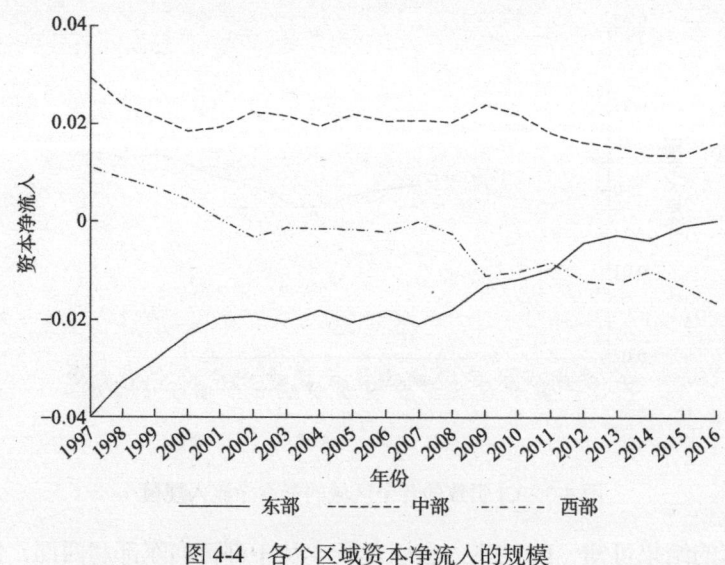

图 4-4 各个区域资本净流入的规模

当然,上述测算并没有考虑政府基于区域平衡发展将资本投在中部和西部的影响,我们关注的是 FI 和 CI 进入后资本的流动方向,更多的是民间资本的流动。从上述的结果来看,市场本身存在稳定器的功能,FI 的进入会将资本赶到落后区域,但 CI 的进入则会将资本赶到发达区域。仅仅依靠加大区域的政府投资,其效果会被市场抵消很大的一部分,反而可能压制民间经济的发展。这表明政府在考虑区域平衡发展时,除了资本的支持,市场环境的优化也是很重要的一方面。

4.4 小　　结

本章结合区域市场差异及不同的资本来源,采用 BMA 方法对中国 1997~2016 年的国内资本流动的方向进行测算,并鉴别政治力量与市场力量对国内资本流动的不同影响。研究发现,代表市场力量的外商投资(FI)的进入会引起资本从中部流向东部和西部,但伴随 FDI 的相对规模逐渐降低,资本从中部流向东部和西部的相对规模在下降(绝对规模仍然在增加);相反,代表政治力量的中央投资(CI)反而会引起资本从西部流出,而且随着中央投资相对规模的扩大,资本从西部流出的相对规模在上升。外来资本与地区资本之间的竞争是驱动资本在不同地区间流动的基本力量,而外来资本与地区资本的竞争程度主要取决于外来资本的性质及由地区经济水平所决定的投资结构。地区的经济发展水平越高,投资机会越多，投资渠道越多元化，经济增长对公共项目的依赖程度越低，当地的民间资本与中央投资之间的竞争替代关系越弱；此时，与当地民间资本产生投资竞争关系的主要是体现市场力量的外商投资。地区的经济发展水平和市场化程度越低，投资机会匮乏，投资渠道单一，经济增长对政府公共项目的依赖程度越高，当地的民间资本与中央投资之间的竞争替代关系便越强。纵观中国东中西部三大区域，各个区域的市场化程度存在明显的梯度特征，经济发展水平从东到西依次下降，东部区域经济水平与市场化程度比较高，外商投资的进入与当地的民间资本形成了激烈的竞争，从而迫使部分民间资本从东部流向中西部；相反，中国的西部区域经济水平和市场化程度相对较低，当地的民间投资更多集中于公共项目方面，而中央投资的进入抢占了当地资本有限的投资机会，从而导致部分资本从西部流出。可见，中国区域间资本流动的方向是市场力量与政治力量共同作用的结果。

　　上述结论告诉我们，中央对经济落后地区政策扶持的成效，不仅与政府投资的规模和力度相关，同时也取决于中央投资与当地资本之间的关系，若中央投资的进入与当地的民间资本形成了激烈的竞争，抢占了地区资本的投资机会，市场力量将促使这些民间投资流向其他具有更多投资机会或投资回报更高的地区。因此，若仅通过增加政策性投资拉动落后地区的经济增长，中央投资的效果将大打折扣。由此，客观看待中国的"西部大开发"战略，自从1999年中央陆续提出"西部大开发"战略和"西部大开发十二五规划"以来，国家加大了对西部基础设施、交通枢纽和中心城市的建设，这对西部地区经济产生了一定的正向推动作用；但在此期间，西部地区的市场化程度仍远滞后于东部地区，经济长期依赖政府主导的基础建设投资；地区经济软环境建设及吸引民间投资方面进展缓慢，市场投资机会和投资途径有限。刘生龙等（2009）、刘瑞明和赵仁杰（2015）也对"西部大开发"战略的长期经济推动效果提出了疑问。

　　鉴于本章的研究结论，在此提出三点政策启示：第一，中央政府为了效率目标或公平目标进行区域投资决策和财政决策时，不仅要考虑政策性投资对投入地区的经济影响，同时也要考虑到其他地区及市场机制对政府政策的反应，只有综合考虑政治和市场的双重力量，才能客观准确地认识财政政策对区域经济发展的作用。第二，从中央政府的角度来看，仅通过加大政策性投资的力度与规模，并不能给落后地区带来长期的经济增长，甚至可能"事与愿违"；在加大投资力度的同时，对落后地区投资环境及市场软环境的培育才是促使地方经济长期增长的根本之道。第三，从地方政府的角度看，仅期望通过争取中央投资提高当地资本总量进而实现经济增长的策略是短期不可持续的。为使中央政府的政策性投资达到预期的效果，地方政府应通过增加人力资本投资，拓宽投资渠道，改善投资环境，激发经济主体的能动性，只有这样，才能获得持续的长期经济增长。

本章附件　后验分布的推导

模型设定为
$$Y = Z\phi + \varepsilon = D\alpha + X\beta + \varepsilon, \varepsilon \mid Z \sim N\{0, h^{-1}I_n\}$$

其中，D 为不变的解释变量；X 为可变的解释变量；其维度分别记为 m 和 k。

对应的似然函数为

$$p(Y\mid M;\alpha,\beta,h) = \frac{h^{N/2}}{(2\pi)^{N/2}} \exp\left\{-\frac{h}{2}(Y - D\alpha - X\beta)'(Y - D\alpha - X\beta)\right\} \quad (\text{A4-1})$$

不失一般性，记 M 表示特定解释变量下对应的模型。

参数的先验分布设定如下：
$$\beta \mid h; M \sim N\{0, h^{-1}\underline{V}\}$$
$$h \propto h^{-1}, \alpha \propto 1$$

其中，遵循 Fernandez 等（2001）建议的大拇指法则，对于模型中共同的参数 h 和 α 使用无信息的先验设定，其他参数则使用有信息的先验设定；$\underline{V}$ 为已知的常数矩阵。

参数的联合密度为

$$p(\alpha,\beta,h) = \frac{h^{(k-2)/2}}{(2\pi)^{k/2}} |\underline{V}|^{-1/2} \exp\left\{-\frac{h}{2}\beta'\underline{V}^{-1}\beta\right\} \quad (\text{A4-2})$$

由式（A4-1）和式（A4-2）可解得

$$p(Y,\alpha,\beta,h\mid M) = \frac{h^{(N+k-2)/2}}{(2\pi)^{(N+k)/2}} |\underline{V}|^{-1/2} \exp\left\{-\frac{h}{2}\left[(Y-D\alpha-X\beta)'(Y-D\alpha-X\beta)+\beta'\underline{V}^{-1}\beta\right]\right\}$$

$$= \frac{h^{(N+k-2)/2}}{(2\pi)^{(N+k)/2}} |\underline{V}|^{-1/2} \exp\left\{-\frac{h}{2}\left[(\alpha-\bar{\alpha})'D'D(\alpha-\bar{\alpha})-\bar{\alpha}'D'D\bar{\alpha}+(Y-X\beta)'(Y-X\beta)+\beta'\underline{V}^{-1}\beta\right]\right\}$$

$$= \frac{h^{m/2}}{(2\pi)^{m/2}} |D'D|^{1/2} \exp\left\{-\frac{h}{2}(\alpha-\bar{\alpha})'D'D(\alpha-\bar{\alpha})\right\}$$

$$\times \frac{h^{(N-m+k-2)/2}}{(2\pi)^{(N-m+k)/2}} |D'D|^{-1/2} |\underline{V}|^{-1/2} \exp\left\{-\frac{h}{2}\left[(Y-X\beta)'M_D(Y-X\beta)+\beta'\underline{V}^{-1}\beta\right]\right\}$$

其中，$\bar{\alpha} = (D'D)^{-1}D(Y-X\beta)$，$M_D = I_N - D(D'D)^{-1}D'$。

通过积分消除 α，则有

$$p(Y,\beta,h\mid M) = \frac{h^{(N-m+k-2)/2}}{(2\pi)^{(N-m+k)/2}} |D'D|^{-1/2} |\underline{V}|^{-1/2} \exp\left\{-\frac{h}{2}\left[(\tilde{Y}-\tilde{X}\beta)'(\tilde{Y}-\tilde{X}\beta)+\beta'\underline{V}^{-1}\beta\right]\right\}$$

其中，$\tilde{Y} = M_D Y$，$\tilde{X} = M_D X$。

上式可变换如下：

$$p(Y,\beta,h|M) = \frac{h^{(N-m+k-2)/2}}{(2\pi)^{(N-m+k)/2}}|D'D|^{-1/2}|\underline{V}|^{-1/2}\exp\left\{-\frac{h}{2}\left[\begin{array}{c}(\beta-\overline{\beta})'\overline{V}^{-1}(\beta-\overline{\beta})\\+\tilde{Y}'\tilde{Y}-\tilde{Y}'\tilde{X}\overline{V}\tilde{X}'\tilde{Y}\end{array}\right]\right\}$$

（A4-3）

其中，$\overline{V} = (\tilde{X}'\tilde{X} + \underline{V}^{-1})^{-1}$，$\overline{\beta} = \overline{V}\tilde{X}'\tilde{Y}$。

通过积分消除 β，则有

$$p(Y,h|M) = \frac{h^{(N-m-2)/2}}{(2\pi)^{(N-m)/2}}|D'D|^{-1/2}\left|\frac{\overline{V}}{\underline{V}}\right|^{-1/2}\exp\left\{-\frac{h}{2}\left[\tilde{Y}'\tilde{Y}-\tilde{Y}'\tilde{X}\overline{V}\tilde{X}'\tilde{Y}\right]\right\}$$

上式可变形为

$$p(Y,h|M) = \frac{1}{(2\pi)^{(N-m)/2}}|D'D|^{-1/2}\left|\frac{\overline{V}}{\underline{V}}\right|^{-1/2}h^{(N-m-2)/2}\exp\left\{-\frac{h}{2}(N-m)\overline{s}^2\right\}$$

其中，$\overline{s}^2 = \dfrac{\tilde{Y}'\tilde{Y}-\tilde{Y}'\tilde{X}\overline{V}\tilde{X}'\tilde{Y}}{N-m}$。

通过积分消除 h，则有

$$p(Y|M) = \frac{1}{(2\pi)^{(N-m)/2}}|D'D|^{-1/2}\left|\frac{\overline{V}}{\underline{V}}\right|^{-1/2}c_G \quad (A4\text{-}4)$$

其中，$c_G = \left(\dfrac{2\overline{s}^{-2}}{N-m}\right)^{(N-m)/2}\Gamma\left(\dfrac{N-m}{2}\right)$。

由式（A4-3）和式（A4-4），可解得

$$p(\beta,h|Y,M) = \frac{h^{(N-m+k-2)/2}}{(2\pi)^{k/2}}|\overline{V}|^{-1/2}c_G^{-1}\exp\left\{-\frac{h}{2}\left[(\beta-\overline{\beta})'\overline{V}^{-1}(\beta-\overline{\beta})+(N-m)\overline{s}^2\right]\right\}$$

$$= \frac{h^{k/2}}{(2\pi)^{k/2}}|\overline{V}|^{-1/2}\exp\left\{-\frac{h}{2}(\beta-\overline{\beta})'\overline{V}^{-1}(\beta-\overline{\beta})\right\}$$

$$\times h^{(N-m-2)/2}c_G^{-1}\exp\left\{-\frac{h}{2}(N-m)\overline{s}^2\right\}$$

（A4-5）

至此，可知参数 β 和 h 的后验条件分布为 Normal-Gamma 分布（Koop，2003），即 $\beta|h$ 的后验条件分布为正态分布，h 的后验条件分布为 Gamma 分布。

由 Normal-Gamma 分布的定义，可知 β 的边际后验分布为

$$\beta|Y,M \sim t(\overline{\beta},\overline{s}^2\overline{V},N-m)$$

其条件期望与方差为

$$E(\beta|Y,M) = \bar{\beta}, \quad \text{Var}(\beta|Y,M) = \frac{(N-m)\bar{s}^2}{N-m-2}\bar{V}$$

h 的边际后验分布为

$$h|Y,M \sim G(\bar{s}^{-2}, N-m)$$

其条件期望与方差为

$$E(h|Y,M) = \bar{s}^{-2}, \quad \text{Var}(h|Y,M) = \frac{2\bar{s}^{-2}}{N-m}$$

第 5 章 劳动力成本上升对地区产业结构调整与产业转移的影响

5.1 引 言

进入 21 世纪以来，随着经济全球化的快速发展，世界范围内涌现出大规模的产业转移已经成为世界经济发展无法阻挡的趋势之一。全球产业转移在进入 21 世纪后也表现出了新的格局和特点，对于中国来说，中国东部沿海地区承接周边发达国家的一些产业转移，与此同时，中国东部沿海发达地区的产业向欠发达的中西部地区和周边欠发达国家转移，形成一个耦合转移的特点。例如，2010 年，富士康公司把新的工业园区选址在中部城市郑州，随后，英特尔公司把公司重心从上海转移到成都，惠普公司把公司的生产制造重心搬到西部城市重庆，可见，中国东部区位的产业普遍出现了较大规模的"内迁潮涌"。

另一个值得注意的客观事实是劳动力流动及其供给情况的变化。改革开放后，中国东部沿海地区凭借其优越的区位优势和政策优势，使得大量的中西部地区的劳动力转移到东部沿海城市，进而使劳动密集型产业在中国东部沿海地区得到长足发展；但自金融危机后的复苏期以来，沿海地区普遍出现了"用工荒"的现象（蔡昉，2010），随之而来的是劳动力成本的不断提高。《中国劳动统计年鉴》的统计数据显示，1998~2013 年，中国全社会的在岗职工工资呈现明显上涨的趋势，在扣除物价影响后，实际工资从 1998 年的 7 479 元上涨到 2013 年的 42 479 元，增长 467.98%。劳动力成本提高，让东部地区对中西部劳动力的吸纳能力日益减弱，东部地区的地方政府面对已经失去优势的劳动密集型产业，开始允许这些产业退出（房慧玲，2010），并做出把产业中劳动密集类的加工环节向内地转移扩散的决定，再带领东部的产业寻求升级的途径和方法。可见，劳动力成本的上升是中国产业转移的重要原因之一。在劳动力成本上升的现状下，该如何最大化、最优化地调整中国产业结构来实现国家经济的最优发展，已成为中国经济发展必须面对的重要问题。

本章的目的在于系统地剖析中国劳动力成本上升对产业转移和地区产业结构调整的影响，同时通过实证分析中国区域内部、东中西部之间、区域内大小城市之间的产业转移的规律，进而为中国制定产业转移和地区产业结构调整政策提供理论依据。这对地区产业和经济的发展都具有重要的现实意义。

本章后续安排如下：5.2 节用理论模型分析产业结构调整的机制及区域间产业转移的动机；5.3 节给出实证模型的设计及计算方法说明；5.4 节报告实证回归的结果及其分析 5.5 节为本章小结。

5.2 产业结构调整的机制分析

本章借鉴 H-O 国际贸易模型（即赫克歇尔-俄林理论），构建了一个两个地区两个产业两种生产要素的贸易模型。假设整个经济体只有两个地区（A 地区和 B 地区），每个地区都只有两种产业（产业 1 和产业 2），生产中使用两种生产要素（劳动力要素 L 和资本要素 K），其中 w 为劳动报酬，r 为资本报酬。A、B 两个地区的两个产业的生产函数设定如下：

$$Y_{1A} = L_{1A}^{\beta} \tag{5-1}$$

$$Y_{2A} = L_{2A}^{\beta} K_{2A}^{1-\beta} \tag{5-2}$$

$$Y_{1B} = \theta^{\beta} L_{1B}^{\beta} \tag{5-3}$$

$$Y_{2B} = \theta^{\beta} L_{2B}^{\beta} K_{2B}^{1-\beta} \tag{5-4}$$

其中，$0<\beta<1$；产业 Y_1 代表劳动密集型产业；产业 Y_2 代表资本密集型产业。θ 为技术参数，假定 $\theta>1$，则 B 地区代表发达地区，A 地区代表落后地区。

假定 A、B 两个地区的劳动力要素和资本要素总量固定不变，分别为 L 和 K，其中 A、B 地区的劳动力要素总量分别为 L_A 和 L_B，则劳动力要素与资本要素的约束条件为

$$L_{1A} + L_{2A} = L_A \tag{5-5}$$

$$L_{1B} + L_{2B} = L_B \tag{5-6}$$

$$K_{2A} + K_{2B} = K \tag{5-7}$$

假定劳动力和资本都能在地区内产业间自由流动，劳动力不能跨地区流动，资本能够以零成本在 A、B 地区间自由流动，停止流动的条件是地区间及产业间的资本边际报酬都相等。设 A、B 地区的均衡劳动报酬分别为 W_A、W_B，A、B 地区的均衡资本报酬为 r，皆为外生给定。假定两种产业的价格都标准化为 1。

在上述假定条件下,由企业的最优化行为可以得到如下一阶条件:

$$\frac{\partial Y_{1A}}{\partial L_{1A}} = \beta L_{1A}^{\beta-1} = W_A \tag{5-8}$$

$$\frac{\partial Y_{2A}}{\partial L_{2A}} = \beta \left(\frac{L_{2A}}{K_{2A}}\right)^{\beta-1} = W_A \tag{5-9}$$

$$\frac{\partial Y_{1B}}{\partial L_{1B}} = \theta^\beta \beta L_{1B}^{\beta-1} = W_B \tag{5-10}$$

$$\frac{\partial Y_{2B}}{\partial L_{2B}} = \theta^\beta \beta \left(\frac{L_{2B}}{K_{2B}}\right)^{\beta-1} = W_B \tag{5-11}$$

$$\frac{\partial Y_{2A}}{\partial L_{2A}} = (1-\beta) \left(\frac{L_{2A}}{K_{2A}}\right)^\beta = 1 - r \tag{5-12}$$

$$\frac{\partial Y_{2B}}{\partial L_{2B}} = \theta^\beta (1-\beta) \left(\frac{L_{2B}}{K_{2B}}\right)^\beta = 1 + r \tag{5-13}$$

由式(5-8)和式(5-9)可得

$$K_{2A} = \frac{L_{2A}}{L_{1A}} \tag{5-14}$$

由式(5-10)和式(5-11)可得

$$K_{2B} = \frac{L_{2B}}{L_{1B}} \tag{5-15}$$

由式(5-12)和式(5-13)可得

$$\frac{L_{2A}}{K_{2A}} = \theta \frac{L_{2B}}{K_{2B}} \tag{5-16}$$

由式(5-14)~式(5-16)可得

$$L_{1A} = \theta L_{1B} \tag{5-17}$$

由式(5-7)、式(5-14)和式(5-15)可得

$$\frac{L_{2A}}{L_{1A}} + \frac{L_{2B}}{L_{1B}} = K \tag{5-18}$$

将式(5-5)、式(5-6)代入式(5-18)可得

$$\frac{L_A}{L_{1A}} + \frac{L_B}{L_{1B}} = 2 + K \tag{5-19}$$

将式(5-17)代入式(5-19)可得

$$L_{1A} = (2+K)^{-1}(L_A + \theta L_B) \tag{5-20}$$

$$L_{1B} = (2+K)^{-1}(\theta^{-1} L_A + L_B) \tag{5-21}$$

将式(5-20)、式(5-21)分别代入式(5-5)、式(5-6)可得

$$L_{2A} = L_A - (2+K)^{-1}(L_A + \theta L_B) \tag{5-22}$$

$$L_{2B} = L_B - (2+K)^{-1}(\theta^{-1}L_A + L_B) \tag{5-23}$$

将式（5-20）~式（5-23）代入式（5-14）、式（5-15）可得

$$K_{2A} = \frac{(2+K)L_A}{L_A + \theta L_B} - 1 \tag{5-24}$$

$$K_{2B} = \frac{(2+K)L_B}{\theta^{-1}L_A + L_B} - 1 \tag{5-25}$$

又由式（5-8）和式（5-10）可得

$$W_B = \theta W_A \tag{5-26}$$

由此可知参数 θ 度量了 A、B 两个地区的工资差异。又因 $\frac{\partial \theta}{\partial W_B} = \frac{1}{W_A} > 0$，$\frac{\partial \theta}{\partial W_A} = -\frac{W_B}{W_A^2} < 0$，说明 W_B 与 θ 呈正相关关系，W_A 与 θ 呈负相关关系。

把 A、B 两个地区两种产业的劳动力、资本均衡解对 θ 求导可得

$$\begin{cases} \dfrac{\partial L_{1A}^*}{\partial \theta} = \dfrac{L_B}{2+K} > 0; & \dfrac{\partial L_{2A}^*}{\partial \theta} = -\dfrac{L_B}{2+K} < 0 \\[2mm] \dfrac{\partial L_{1B}^*}{\partial \theta} = -\dfrac{L_A}{(2+K)\theta^2} < 0; & \dfrac{\partial L_{2B}^*}{\partial \theta} = \dfrac{L_A}{(2+K)\theta^2} > 0 \\[2mm] \dfrac{\partial K_{2A}^*}{\partial \theta} = -\dfrac{(2+K)L_A L_B}{(L_A + \theta L_B)^2} < 0; & \dfrac{\partial K_{2B}^*}{\partial \theta} = \dfrac{(2+K)L_A L_B}{(\theta^{-1}L_A + L_B)^2 \theta^2} > 0 \end{cases} \tag{5-27}$$

首先分析劳动力成本上升（即 W_A 上升）对 A 地区产业结构的影响。分别把 A 地区两种产业的劳动力、资本均衡解对 W_A 求导可得

$$\begin{cases} \dfrac{\partial L_{1A}^*}{\partial W_A} = \dfrac{\partial L_{1A}^*}{\partial \theta} \cdot \dfrac{\partial \theta}{\partial W_A} < 0 \\[2mm] \dfrac{\partial L_{2A}^*}{\partial W_A} = \dfrac{\partial L_{2A}^*}{\partial \theta} \cdot \dfrac{\partial \theta}{\partial W_A} > 0 \\[2mm] \dfrac{\partial K_{2A}^*}{\partial W_A} = \dfrac{\partial K_{2A}^*}{\partial \theta} \cdot \dfrac{\partial \theta}{\partial W_A} > 0 \end{cases} \tag{5-28}$$

由式（5-28）可得，当 W_A 上升时，A 地区的产业 1（劳动密集型产业）的劳动力要素投入会减少，产业 2（资本密集型产业）的劳动力要素和资本要素投入会增加，说明 A 地区的劳动力成本上升会导致 A 地区的劳动密集型产业的劳动力要素下降，资本密集型产业的劳动力要素及资本要素增加。

其次，分析劳动力成本上升（即 W_B 上升）对 B 地区产业结构的影响。分别

把 B 地区两种产业的劳动力、资本均衡解对 W_B 求导可得

$$\begin{cases} \dfrac{\partial L_{1B}^*}{\partial W_B} = \dfrac{\partial L_{1B}^*}{\partial \theta} \cdot \dfrac{\partial \theta}{\partial W_B} < 0 \\ \dfrac{\partial L_{2B}^*}{\partial W_B} = \dfrac{\partial L_{2B}^*}{\partial \theta} \cdot \dfrac{\partial \theta}{\partial W_B} > 0 \\ \dfrac{\partial K_{2B}^*}{\partial W_B} = \dfrac{\partial K_{2B}^*}{\partial \theta} \cdot \dfrac{\partial \theta}{\partial W_B} > 0 \end{cases} \quad (5\text{-}29)$$

由式（5-29）可得，当 W_B 上升时，B 地区的产业 1（劳动密集型产业）的劳动力要素投入会减少，产业 2（资本密集型产业）的劳动力要素和资本要素投入会增加，说明 B 地区与 A 地区一样，劳动力成本上升会导致劳动密集型产业的劳动力要素下降，资本密集型产业的劳动力要素及资本要素增加。

总的来看，无论是劳动力资源相对丰富的 A 地区还是劳动力资源相对匮乏的 B 地区，当受到劳动力成本上升的冲击时，即 W_A、W_B 上升时，本地区的相对劳动密集型产业的比重会趋向下降，相对资本密集型产业的比重会趋向上升。

此外，考虑到 B 地区（发达地区）的劳动力成本（W_B）上升对整个经济体的产业结构的影响。分别把 B 地区两种产业的劳动力、资本均衡解对 W_B 求导可得

$$\begin{aligned} &\dfrac{\partial L_{1A}^*}{\partial W_B} = \dfrac{\partial L_{1A}^*}{\partial \theta} \cdot \dfrac{\partial \theta}{\partial W_B} > 0; \quad \dfrac{\partial L_{2A}^*}{\partial W_B} = \dfrac{\partial L_{2A}^*}{\partial \theta} \cdot \dfrac{\partial \theta}{\partial W_B} < 0 \\ &\dfrac{\partial L_{1B}^*}{\partial W_B} = \dfrac{\partial L_{1B}^*}{\partial \theta} \cdot \dfrac{\partial \theta}{\partial W_B} < 0; \quad \dfrac{\partial L_{2B}^*}{\partial W_B} = \dfrac{\partial L_{2B}^*}{\partial \theta} \cdot \dfrac{\partial \theta}{\partial W_B} > 0 \\ &\dfrac{\partial K_{2A}^*}{\partial W_B} = \dfrac{\partial K_{2A}^*}{\partial \theta} \cdot \dfrac{\partial \theta}{\partial W_B} < 0; \quad \dfrac{\partial K_{2B}^*}{\partial W_B} = \dfrac{\partial K_{2B}^*}{\partial \theta} \cdot \dfrac{\partial \theta}{\partial W_B} > 0 \end{aligned} \quad (5\text{-}30)$$

由式（5-30）可得，当 B 地区的劳动力成本上升时，A 地区产业 1 的劳动力要素会增加，A 地区产业 2 的劳动力要素会减少，由于假定劳动力不能跨地区流动，所以 A 地区的劳动力会从产业 2 流动到产业 1；同样地，当 B 地区的劳动力成本上升时，B 地区产业 1 的劳动力要素会减少，B 地区产业 2 的劳动力要素会增加，所以 B 地区的劳动力会从产业 1 流动到产业 2；A 地区产业 2 的资本要素会减少，B 地区产业 2 的资本要素会增加，由于资本能够在 A、B 地区间自由流动，所以 A 地区的资本要素会流动到 B 地区。

随着 W_B 的上升，A、B 两个地区的劳动力要素与资本要素流动情况如图 5-1 所示。在 A 地区，劳动力要素从资本密集型产业流向劳动密集型产业，使得 A 地区的劳动密集型产业的比重相对上升；在 B 地区，劳动力要素从劳动密集型产业流向资本密集型产业，使得 B 地区的劳动密集型产业的比重相对下降；资本要素 K 由 A 地区流向 B 地区，由此导致 A 地区的资本密集型产业比重相对下降，B 地

区的资本密集型产业比重相对上升。

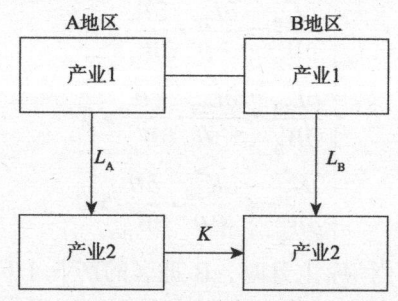

图 5-1　劳动力要素与资本要素流动情况

可见，随着发达地区（B 地区）的工资水平上升，相对而言，发达地区（B 地区）的产业结构会向资本密集型产业的方向发展，而落后地区（A 地区）的产业结构会向劳动密集型产业的方向发展。同样地，也说明了随着发达地区劳动力成本上升，会促进劳动力在区域内流动，而资本跨区域流动，进而有了让发达地区转移部分劳动密集型产业到落后地区以促进两个地区的产业结构调整的动机。

5.3　实证模型、数据与方法

5.3.1　实证模型

为考察中国劳动力成本上升对产业转移和地区产业结构的影响，本章选取国内 280 多个大小城市作为研究样本，利用 1998~2007 年的工业企业数据进行计量分析，主要从劳动力成本上升对城市产业结构调整和地区产业转移的影响两个方面进行实证研究，其中，研究劳动力成本对地区产业转移的影响则分别从劳动力成本对区域间产业转移的影响、劳动力成本对区域内城市间产业转移的影响及劳动力成本对跨区域城市间产业转移的影响三方面进行分析。

5.3.2　劳动力成本对城市产业结构调整的影响

为考察劳动力成本对城市产业结构调整的影响，本章将回归方程设定如下：

$$y_{ijt} = \alpha_i + \mu_j + \delta_t + c_{it}(\beta_1 + \beta_2 k_{ijt}) + x'\varphi + \varepsilon_{ijt} \quad (5-31)$$

其中，下标 i、j、t 分别对应城市、行业、时间。α_i、μ_j 和 δ_t 分别为城市、行业、年份固定效应。y_{ijt} 为产值比重，本章选取城市行业层面的产值比重来衡量城市和地区的行业产值的变化，从而间接度量城市和地区间产业转移的情况。c_{it} 为城市的相对劳动力成本；为了表示地区劳动力资源丰裕程度，本章借鉴了高波等（2012）的方法，提取出相对劳动力成本变量，用同一年某一城市的劳动力人均工资除以所有样本城市的平均值得到。k_{ijt} 为相对资本劳动比，用城市行业层面的劳均实际资本除以城市层面所有行业的平均值得到。x 为控制变量集。

$$\frac{\partial y_{ijt}}{\partial c_{it}} = \beta_1 + \beta_2 k_{ijt} \quad (5\text{-}32)$$

根据5.2节的机制分析，可预期符号：$\beta_1<0$，$\beta_2>0$。其经济含义为，城市的劳动力成本提高，城市内部资本密集型产业的比重会提高，劳动密集型产业的比重会下降。这代表着城市内部的产业结构调整。

5.3.3 劳动力成本对地区产业转移的影响

1. 劳动力成本对区域间产业转移的影响

为研究劳动力成本对区域间产业转移的影响，我们首先将城市分为东部区域和中西部区域两类。其中东部区域包括北京、天津、河北、辽宁、上海、江苏、浙江、福建、山东、广东和海南11个省（市）；其余省（区、市）则属于中西部区域。

东部区域的回归方程为

$$y_{ijt}^{east} = \alpha_i + \mu_j + \delta_t + c_{it}\left(\beta_1 + \beta_2 k_{ijt}\right) + x'_{ijt}\varphi + \varepsilon_{ijt} \quad (5\text{-}33)$$

中西部区域的回归方程为

$$y_{ijt}^{west} = \alpha_i + \mu_j + \delta_t + c_{it}\left(\beta_3 + \beta_4 k_{ijt}\right) \\ + \text{dum}_{it} \times \text{wc}_{it}\left(\beta_5 + \beta_6 k_{ijt}\right) + x'_{ijt}\varphi + \varepsilon_{ijt} \quad (5\text{-}34)$$

其中，wc 表示东部城市的平均劳动力成本；dum 为对应区域虚拟变量。假定产业转移发生在东部向中西部的转移，不存在逆向的转移。对 wc 求导可得

$$\frac{\partial y_{ijt}}{\partial \text{wc}_{it}} = \beta_5 + \beta_6 k_{ijt} \quad (5\text{-}35)$$

预期符号为 $\beta_5>0$，$\beta_6<0$，其经济含义为，东部的劳动力成本提高，中西部城市内部资本密集型产业的比重会下降，劳动密集型产业的比重会上升。这表明中西部区域的产业结构向劳动密集型产业转移，而东部区域的产业结构向资本密集型产业转移。导致这种区域产业结构变动的原因可能是东部城市的劳动力成本提高会使得其转移一部分劳动密集型产业到中西部城市。

2. 劳动力成本对区域内城市间产业转移的影响

为考察劳动力成本对区域内城市间产业转移的影响,再次对城市进行分类,将城市按照省份分为七大区域,并按照规模分为大小两类。划分后的区域分别为华东地区(包括山东、江苏、安徽、浙江、福建、上海),华南地区(包括广东、广西、海南),华中地区(包括湖北、湖南、河南、江西),华北地区(包括北京、天津、河北、山西、内蒙古),西北地区(包括宁夏、新疆、青海、陕西、甘肃),西南地区(包括四川、云南、贵州、西藏、重庆),东北地区(包括辽宁、吉林、黑龙江)。并且设定回归方程如下。

大城市的回归方程为

$$y_{ijt}^{\text{big}} = \alpha_i + \mu_j + \delta_t + c_{it}(\beta_1 + \beta_2 k_{ijt}) + x'_{ijt}\varphi + \varepsilon_{ijt} \tag{5-36}$$

小城市的回归方程为

$$y_{ijt}^{\text{small}} = \alpha_i + \mu_j + \delta_t + c_{it}(\beta_3 + \beta_4 k_{ijt}) + \text{dum}_{it} \times \text{wc}_{it}(\beta_5 + \beta_6 k_{ijt}) + x'_{ijt}\varphi + \varepsilon_{ijt} \tag{5-37}$$

其中,wc 表示城市所处区域内的大城市的平均劳动力成本;dum 为城市虚拟变量。假定产业转移为大城市向小城市的转移,不存在逆向过程。对 wc 求导可得

$$\frac{\partial y_{ijt}}{\partial \text{wc}_{it}} = \beta_5 + \beta_6 k_{ijt} \tag{5-38}$$

预期符号:$\beta_5>0$,$\beta_6<0$,其经济含义为,区域内大城市的劳动力成本提高,同一区域内小城市内部资本密集型产业的比重会下降,劳动密集型产业的比重会上升。这表明区域内小城市的产业结构向劳动密集型产业转移,而大城市的产业结构向资本密集型产业转移。导致这种地区产业结构变动的原因可能是区域内大城市的劳动力成本提高会使得其转移一部分劳动密集型产业到同一区域内的小城市。

3. 劳动力成本对跨区域城市间产业转移的影响

为考察劳动力成本对跨区域城市间产业转移的影响,与上一小节一样,我们将城市按照区域和规模划分类别。并且设定回归方程如下。

大城市的回归方程为

$$y_{ijt}^{\text{big}} = \alpha_i + \mu_j + \delta_t + c_{it}(\beta_1 + \beta_2 k_{ijt}) + x'_{ijt}\varphi + \varepsilon_{ijt} \tag{5-39}$$

小城市的回归方程为

$$\begin{aligned}y_{ijt}^{\text{small}} =\ & \alpha_i + \mu_j + \delta_t + c_{it}(\beta_3 + \beta_4 k_{ijt}) + \text{dum}_{it} \times \text{wc}_{1,it}(\beta_5 + \beta_6 k_{ijt}) \\ & + \text{dum}_{it} \times \text{wc}_{2,it}(\beta_7 + \beta_8 k_{ijt}) + x'_{ijt}\varphi + \varepsilon_{ijt}\end{aligned} \tag{5-40}$$

其中,wc_1 表示城市所在区域内大城市的平均劳动力成本;wc_2 表示城市临近区域大城市的平均劳动力成本。假定产业转移为大城市向小城市的转移,不存在逆向

过程。对 wc_1 和 wc_2 分别求导可得

$$\frac{\partial y_{ijt}}{\partial wc_{1it}} = \beta_5 + \beta_6 k_{ijt} \quad (5\text{-}41)$$

$$\frac{\partial y_{ijt}}{\partial wc_{2it}} = \beta_7 + \beta_8 k_{ijt} \quad (5\text{-}42)$$

预期符号：$\beta_5>0$，$\beta_6<0$；$\beta_7>0$，$\beta_8<0$，其经济含义为，如果产业转移发生在同一区域内，区域内大城市的劳动力成本提高，小城市内部资本密集型产业的比重会下降，劳动密集型产业的比重会上升。如果产业转移发生在不同区域间，临近区域大城市的劳动力成本提高，区域内小城市内部资本密集型产业的比重会下降，劳动密集型产业的比重会上升，表明区域内小城市的产业结构向劳动密集型产业转移，而临近区域大城市的产业结构向资本密集型产业转移，导致这种地区产业结构变动的一种可能是大城市的劳动力成本提高会使得其转移一部分劳动密集型产业到临近区域的小城市。

5.3.4 中国工业企业数据库处理说明

本章所用数据是根据 1998~2007 年中国工业企业数据库整理得到的，包含全部国有工业企业及规模以上的非国有工业企业。鉴于《国民经济行业分类》在 2002 年进行了调整，本章实际使用时已将 1998~2002 年的行业代码统一调整为调整后的行业代码。对应《国民经济行业分类》（GB/T 4754—2002），行业范围选取制造业两位数行业代码为 13~43 的 30 个行业（除去代码 38）。为了消除异常值的影响，本章依次剔除了如下条件的样本：①就业人数、销售收入、补贴金额或职工工资小于 0；②国有资本比重或 FDI 比重超出[0, 1]范围；③企业年龄超出（0, 100）。行业代码 16 及海南、宁夏和新疆的数据很少，直接剔除。为了确保行业指标的合理性，剔除了对应年度、城市和行业内企业数量少于 10 家的样本。

5.3.5 数据说明和描述性统计

本章所使用的数据来源于中国工业企业数据库。其中，城市行业的相对产值比重（y）通过 i 城市 j 行业内企业的实际增加值的总额除以 i 城市所有企业的实际增加值的总额得到；相对劳动力成本（c）用 t 年 i 城市的劳动力人均工资除以所有城市的劳动力人均工资的均值得到，而城市的劳动力人均工资通过该城市工资总和除以城市总劳动力数量得到，城市工资总和通过各个企业的人均工资乘以企

业的劳动力数量再求和得到。

此外,本章还选取了如下控制变量:①行业内企业数量达到一定程度会对工业产值产生影响(连飞,2011),因此选取企业数量的对数(lnum)加入回归进行控制。②资本作为生产要素之一,其投入程度对工业产值起到决定性作用。借鉴连飞(2011)的方法,选择城市的相对劳均资本(k)这一指标来表示城市的资本密集程度,并在回归中加入资本密集程度以控制其效用。该指标用城市行业层面的劳均实际资本除以城市所有行业的劳均实际资本均值得到,而劳均实际资本则是通过行业内企业的实际资本总和除以行业内的劳动力数量得到。③为了控制产业集聚水平对产值比重的影响,回归中加入了城市行业层面的竞争程度(HHI),该指标参照赫芬达尔-赫希曼指数的公式计算得到。④外商投资对产业产值具有明显的促进作用(郭熙保和罗知,2009),为了控制外商投资对产值比重的影响,在回归中加入了外资比重(r_fdi),该指标是通过各企业的外资比重加总再求均值得到。⑤为了控制政府补贴的影响,回归中还加入了政府补贴比重(r_sub),该指标是通过各企业的政府补贴比重加总再求均值得到。

以上主要变量及其描述性统计见表5-1和表5-2。

表5-1 变量的定义说明和数据来源

变量名称	变量说明	数据来源
y	相对产值比重	中国工业企业数据库,行业实际增加值总额/城市实际增加值总额
c	相对劳动力成本	中国工业企业数据库,城市劳动力人均工资/劳动力人均工资均值
lnum	企业数量的对数	中国工业企业数据库,行业内企业数量取对数
k	相对劳均资本	中国工业企业数据库,行业劳均实际资本/劳均实际资本均值
HHI	行业竞争程度	中国工业企业数据库,根据赫芬达尔-赫希曼指数公式计算得到
r_sub	政府补贴比重	中国工业企业数据库,行业内企业的政府补贴比重加总再求均值
r_fdi	外资比重	中国工业企业数据库,行业内企业的外资比重加总再求均值

表5-2 主要变量的描述性统计

变量名称	样本数	均值	方差	最小值	最大值
y	72 264	0.047 0	0.076 2	0.000 0	1.000 0
c	72 264	1.014 2	0.539 8	0.273 7	23.598 1
lnum	72 264	2.027 0	1.453 6	0.000 0	7.750 6
k	72 264	1.000 0	0.784 0	0.005 3	17.304 0
HHI	72 264	0.398 3	0.334 4	0.001 5	1.000 0
r_sub	72 264	0.001 8	0.014 0	0.000 0	1.686 4
r_fdi	72 264	0.052 5	0.122 5	0.000 0	1.000 0

资料来源:作者根据中国工业企业数据库计算所得

5.4 实证结果与经验分析

5.4.1 基准回归

表 5-3 报告了五种模型的回归结果。由表 5-3 可知,模型 1~模型 5 主要变量 c 及其和 k 的交乘项的回归结果均在 1%的显著性水平上显著。首先,相对劳动力成本(c)的系数为负,表明当城市的劳动力成本提高时,该城市内的劳动密集型产业比重会下降;其次,相对劳均资本(k)越大,表示该产业的资本密集程度越大;而相对劳动力成本与相对劳均资本的交乘变量($c\cdot k$)的系数为正,表明当城市的劳动力成本提高时,该城市内的资本密集型产业的比重会提高。这与我们预期的符号相同。可见,城市的相对劳动力成本越高,越不利于该城市的劳动密集型产业的发展;同时,说明劳动力密集型产业对低廉的劳动力成本具有依赖性,且劳动力成本的变动会对其产生较大的冲击。总而言之,城市相对劳动力成本的上升对城市的劳动密集型产业具有"挤出效应",对资本密集型产业具有"促增效应"。这与 5.2 节的机制分析结果相符。

表 5-3 基准回归结果

解释变量	模型 1 全国各城市	模型 2 东部城市	模型 3 中西部城市	模型 4 大城市	模型 5 小城市
c	-0.016 6*** (-29.24)	-0.043 6*** (-35.43)	-0.016 6*** (-22.77)	-0.027 0*** (-27.21)	-0.014 0*** (-21.16)
$c\cdot k$	0.010 0*** (35.38)	0.004 1*** (14.74)	0.012 5*** (29.33)	0.003 6*** (15.89)	0.010 9*** (30.37)
lnum	0.033 2*** (82.89)	0.031 2*** (89.47)	0.045 9*** (62.37)	0.034 6*** (129.08)	0.054 6*** (83.31)
HHI	0.035 8*** (22.04)	0.060 8*** (34.28)	0.062 0*** (23.92)	0.084 7*** (52.39)	0.084 4*** (37.12)
r_sub	-0.017 8 (-0.99)	0.023 8 (0.68)	-0.014 3 (-0.66)	-0.007 08 (-0.50)	-0.025 5 (-1.13)
r_fdi	-0.029 5*** (-13.46)	-0.018 1*** (-10.20)	-0.017 9*** (-4.31)	-0.011 3*** (-7.23)	-0.010 3*** (-3.45)
年度固定效应	YES	YES	YES	YES	YES
城市固定效应	YES	YES	YES	YES	YES
N	72 264	27 456	44 808	18 528	53 680
R^2	0.222 3	0.324 5	0.217 6	0.568 5	0.251 2
Prob>F	0.000 0	0.000 0	0.000 0	0.000 0	0.000 0

***表示在 1%的水平上显著
注:括号内为 t 值
资料来源:作者利用 STATA 计算所得

同时，对于模型1~模型5来说，虽然相对劳动力成本（c）的系数符号是相同的，但其数值大小却不尽相同，可知城市相对劳动力成本对不同地区的影响是有差异的。图5-2为全国、东部和中西部城市的系数比较，根据式（5-32）可知截距为相对劳动力成本（c）的系数，而斜率为相对劳动力成本与相对劳均资本的交乘变量（$c·k$）的系数。由图5-2可知，东部城市的相对劳动力成本（c）的系数最小，这说明城市相对劳动力成本的上升对东部城市的劳动密集型产业的"挤出效应"更大。同理，分析图5-3所示的全国、大城市和小城市的系数比较后可知，相对劳动力成本的上升对大城市的劳动密集型产业的"挤出效应"更大。这与现实相符：东部城市和大城市的劳动力成本相对于中西部城市和小城市而言更大，在劳动力成本不断上升的压力下倾向把劳动密集型产业向外转移。

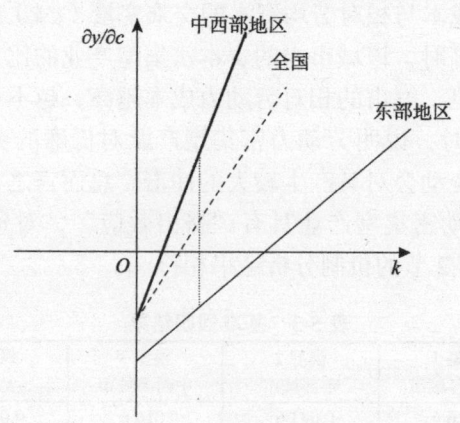

图5-2 全国、东部和中西部城市的系数比较

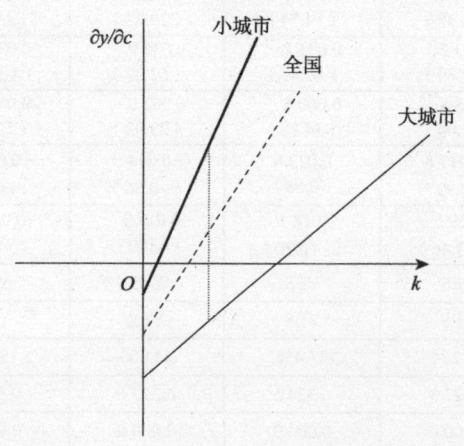

图5-3 全国、大城市和小城市的系数比较

此外，企业数量（lnum）和行业竞争程度（HHI）的系数均在1%的显著性水

平上显著为正，表明当企业数量在增长时，会对行业的产值具有积极的影响；而行业竞争程度越高越能促进该行业产值，这与传统的竞争理论相符，即相对垄断行业而言，竞争行业的产出会更高。政府补贴比重的系数结果均不显著，表明其对行业产值的影响不大。外商投资的结果显示，其占比越高，行业的产值就越小。

为了确保估计结果的稳健性，我们还按照时间段将样本分为两个子样本后再重新估计结果。2002年是中国开始出现"用工荒"的时间拐点，同时，农民工的工资在2000年前增速较缓，但在2002年以后每年以大约两位数的势头增长。于是，我们选择了2002年作为分样本的时间点，具体来说，用1998~2002年及2003~2007年的样本分别进行回归。其估计结果如表5-4所示。

表5-4 分时间段的回归结果

解释变量	全国各城市	
	1998~2002年	2003~2007年
c	−0.013 4*** (−20.64)	−0.050 5*** (−28.33)
$c \cdot k$	0.009 2*** (24.36)	0.011 0*** (26.36)
lnum	0.036 2*** (57.33)	0.033 2*** (63.94)
HHI	0.045 7*** (18.91)	0.033 1*** (14.95)
r_sub	−0.006 0 (−0.27)	0.055 3 (1.8)
r_fdi	−0.028 5*** (−8.62)	−0.023 5*** (−8.38)
年度固定效应	YES	YES
城市固定效应	YES	YES
N	36 138	36 126
R^2	0.202 1	0.259 1
Prob > F	0.000 0	0.000 0

***表示在1%的水平上显著
注：括号内为t值
资料来源：作者利用STATA计算所得

由表5-4的结果可以看出，核心解释变量相对劳动力成本系数（c）仍为负，相对劳动力成本与相对劳均资本的交乘变量（$c \cdot k$）的系数仍为正，且均在1%的水平上显著。该结果表明城市的劳动力成本提高，城市内部劳动密集型产业的比重会下降，资本密集型产业的比重会提高。其他控制变量的估计结果也与基准回归的符号一致。

5.4.2 劳动力成本对东中西区域间产业转移的影响

本小节将城市分为东部城市和中西部城市进行实证分析，其回归方程见式（5-33）和式（5-34）；首先，对于东部城市，我们采用东部城市对应行业的产值比（y）作为被解释变量，而将东部城市的相对劳动力成本与相对资本劳动比的乘积（$c·k$）作为关键解释变量；其次，对于中西部城市，用中西部城市对应行业的产值比（y）作为被解释变量，而将东部城市的平均劳动力成本及其和中西部对应城市对应行业的相对资本劳动比的乘积（wc·k）作为关键解释变量。区域间产业转移的回归结果见表5-5。

表5-5 区域间产业转移的回归结果

解释变量	模型6 东部城市	模型7 中西部城市
c	−0.043 6*** (−35.43)	−0.001 4 (−1.37)
$c·k$	0.004 1*** (14.74)	0.001 7** (2.10)
wc		0.055 7*** (3.08)
wc·k		−0.096 7*** (−6.68)
lnum	0.031 2*** (89.47)	
k		0.126*** (7.65)
HHI	0.060 8*** (34.28)	−0.067 0*** (−56.75)
r_sub	0.023 8 (0.68)	0.047 6** (2.02)
r_fdi	−0.018 1*** (−10.20)	−0.021 0*** (−4.70)
年度固定效应	YES	
城市固定效应	YES	
N	27 456	44 808
R^2	0.324 5	0.286 0
Prob > F	0.000 0	0.000 0

和*分别表示在5%、1%的水平上显著
注：括号内为t值
资料来源：作者利用STATA计算所得

由表5-5可知，回归结果与5.3.3小节的符号预期相同。在模型6中，东部城市相对劳动力成本（c）的系数显著为负，相对劳动力成本与相对劳均资本的交

互项（$c·k$）的系数显著为正，表明东部城市的劳动力成本提高，会促使东部城市内部劳动密集型产业比重下降，资本密集型产业比重上升，东部地区的产业结构向资本密集型产业转移。在模型 7 中，东部城市的平均劳动力成本（wc）的系数显著为正，东部城市的平均劳动力成本与中西部城市相对劳均资本的交互项（wc·k）的系数显著为负，表明东部城市的劳动力成本提高，会促使中西部城市内部劳动密集型产业比重上升，资本密集型产业比重下降。综上可知，中西部地区的产业结构向劳动密集型产业转移。这与 5.2 节的机制分析一致。当东部城市的劳动力成本上升时，中西部城市劳动力要素倾向从资本密集型产业流向劳动密集型产业，资本要素倾向流入东部地区。导致产业结构变动的一种可能是，随着发达地区劳动力成本上升，发达地区转移了一部分劳动密集型产业到落后地区，从而促进地区的产业结构调整，进而促进了劳动力区域内流动及资本跨区域流动。

具体来说，由于劳动力成本上升对东部区域的压力，促使东部城市将部分处于价值链低端环节的劳动密集型产业逐渐转移到中西部区域，并为东部区域处于价值链中高端环节的资本和技术密集型产业腾出空间，在促进了区域内的产业结构升级的同时，也缓解了东部区域劳动力成本上升的压力。对于中西部区域而言，承接了东部区域的产业转移，能够更好地发挥本区域的成本优势，从而加速其城镇化和工业化建设。可见，劳动力成本差异成为影响东中西区域产业转移和产业结构升级的重要因素之一。

同 5.4.1 小节一样，我们也对本节模型重要的中西部城市数据进行分时间段子样本回归分析，以检验其稳健性，其估计结果如表 5-6 所示。从结果可看出，核心解释变量东部城市的平对劳动力成本（wc）的系数仍显著为正，东部城市的平对劳动力成本与中西部城市的相对劳均资本的交互项（wc·k）的系数仍显著为负，且均在 1%的水平下显著。该结果表明了东部城市的劳动力成本提高，中西部城市内的劳动密集型产业比重会上升，资本密集型产业的比重会下降。表 5-6 结果表明，即使按照时间划分子样本也并不会改变本节的结果。

表 5-6　区域间产业转移的稳健性回归结果

解释变量	中西部城市	
	1998~2002 年	2003~2007 年
c	−0.000 9 (−0.79)	−0.007 4[*] (−1.88)
$c·k$	0.000 9 (1.04)	0.013 2[***] (4.28)
wc	0.169 2[***] (4.33)	0.398 6[***] (3.14)
wc·k	−0.144 5[***] (−4.58)	−0.144 5[***] (−4.58)
k	0.178 9[***] (5.13)	0.067 6[**] (2.45)

续表

解释变量	中西部城市	
	1998~2002 年	2003~2007 年
HHI	−0.063 1*** (−37.37)	
r_sub	0.033 1 (1.14)	0.015 2 (0.36)
r_fdi	−0.133 4* (−1.72)	−0.009 9* (−1.76)
年度固定效应	YES	YES
城市固定效应	YES	YES
N	22 571	22 237
R^2	0.181 8	0.191 4
Prob > F	0.000 0	0.000 0

*和***分别表示在 10%、1%的水平上显著
注：括号内为 t 值
资料来源：作者利用 STATA 计算所得

5.4.3 劳动力成本对七大区域内城市间产业转移的影响

  本小节将城市先分为七大区域，再按照规模划分为大城市与小城市进行回归分析，回归方程如式（5-36）和式（5-37）所示。表 5-7 为其回归结果。由表 5-7 可知，回归结果与 5.3.3 小节预期的符号方向一致。具体而言，在模型 8 中，大城市的相对劳动力成本（c）的系数为负，相对劳动力成本与相对劳均资本的交互项（$c·k$）的系数为正，表明大城市的劳动力成本提高，会促使大城市内部劳动密集型产业的比重下降，资本密集型产业的比重上升，大城市的产业结构倾向向资本密集型产业转移；而模型 9 的结果显示，同一区域内的大城市的平均劳动力成本系数（wc）为正，而同一区域内大城市的平均劳动力成本与小城市的相对劳均资本的交互项（wc·k）的系数为负。这表明处于同一区域的大城市的劳动力成本提高会促使同一区域内小城市的劳动密集型产业的比重上升，而资本密集型产业的比重下降，即小城市的产业结构会向劳动密集型产业转移。

表 5-7　区域内大城市和小城市间的产业转移的回归结果

解释变量	模型 8 大城市	模型 9 小城市
c	−0.027 0*** (−27.21)	−0.004 5*** (−4.93)
$c·k$	0.003 6*** (15.89)	0.001 3* (1.86)
wc		0.007 9* (1.66)

续表

解释变量	模型 8 大城市	模型 9 小城市
wc·k		−0.005 4*** (−2.79)
lnum	0.034 6*** (129.08)	0.054 2*** (82.88)
k		0.018 6*** (7.89)
HHI	0.084 7*** (52.39)	0.082 6*** (36.38)
r_sub	−0.007 1 (−0.50)	−0.029 4 (−1.30)
r_fdi	−0.011 3*** (−7.23)	−0.011 8*** (−3.99)
控制变量	YES	YES
年度固定效应	YES	YES
城市固定效应	YES	YES
N	18 528	53 680
R^2	0.568 5	0.254 8
Prob > F	0.000 0	0.000 0

*和***分别表示在 10%、1%的水平上显著
注：括号内为 t 值
资料来源：作者利用 STATA 计算所得

由 5.2 节中的机制分析可知，当同一区域内大城市的劳动力成本上升时，同一区域内小城市的劳动力要素倾向从资本密集型产业流向劳动密集型产业，而资本要素倾向流入同一区域内的大城市。所以，导致本节所证实的区域间的产业结构变动的一种可能是发达地区（大城市）劳动力成本上升，促进了劳动力在区域内流动及资本跨区域流动，进而导致发达地区（大城市）转移部分劳动密集型产业到了落后地区（小城市），体现为两个地区的产业结构调整。具体来说，大城市的劳动力成本提高会迫使大城市将部分劳动密集型产业转移到同一区域内的小城市，而小城市利用其低劳动力成本的比较优势，积极承接大城市的转移产业，从而使得小城市的劳动密集型产业得到大力发展。这与中国国内的劳动密集型产业从大城市转向小城市的现状相一致。

同样地，我们对小城市样本进行分时间段子样本回归分析，以检验其稳健性，其估计结果如表 5-8 所示。可见，其核心解释变量的符号均一致，即改变样本的时间段不会改变本小节的结果。

表 5-8 区域内产业转移的稳健性回归结果

解释变量	小城市	
	1998~2002 年	2003~2007 年
c	−0.000 8 (−0.81)	−0.009 6*** (−3.04)
c·k	0.000 4* (1.75)	0.008 4*** (3.39)
wc	0.060 5** (2.03)	0.030 2*** (3.99)
wc·k	−0.083 0*** (−3.56)	−0.091 7* (−1.78)
lnum	0.055 5*** (51.17)	0.047 0*** (52.81)
k	0.110 7*** (4.07)	0.115 8 (1.61)
HHI	0.097 1*** (27.36)	0.084 7*** (25.92)
r_sub	−0.067 0*** (−2.16)	−0.133 6*** (−3.69)
r_fdi	−0.026 7*** (−5.28)	−0.036 2*** (−9.46)
年度固定效应	YES	YES
城市固定效应	YES	YES
N	26 274	27 406
R^2	0.166 5	0.177 9

*、**和***分别表示在 10%、5%、1%的水平上显著
注：括号内为 t 值
资料来源：作者利用 STATA 计算所得

5.5 小　　结

本章从区域的角度出发研究了劳动力成本上升对城市产业结构调整和地区产业转移的影响，并从理论分析和实证检验两方面尝试揭示区域内与区域间的劳动力、资本、行业转移的规律，深化对中国区域转移和产业结构升级的认识。首先，本章借鉴 H-O 国际贸易模型，构建了一个两地区两个行业两种生产要素的贸易模型，分析劳动力成本上升对区域劳动力和资本的影响。分析结果表明，随着发达地区的工资水平上升，发达地区的产业结构会向资本密集型产业的方向发展，而欠发达地区的产业结构会向劳动密集型产业的方向发展，而资本会从欠发达地区流向发达地区。这种流动模式使区域间产业转移成为可能。

本章利用 1998~2007 年我国各省（自治区、直辖市）280 多个大小城市的行

业企业数据，对理论分析模型进行验证。实证结果表明：①城市的劳动力成本提高，对城市内部资本密集型产业的比重具有促进作用，而对劳动密集型产业的比重具有抑制作用。这就代表着劳动力成本的变化会造成城市的产业结构发生调整。②为分析区域间劳动力成本变化的影响，我们按照区域分样本后回归发现，劳动力成本提高不仅在区域内部存在作用，且东部（发达地区）的劳动力成本的提高会导致中西部（欠发达地区）的产业结构向劳动密集型产业倾斜，而东部（发达地区）则倾向发展资本密集型产业。导致这一变动的原因可能是东部城市的劳动力成本提高会使得其转移部分劳动密集型产业到中西部城市，这也与现实相符。③进一步检验各个区域内是否也存在相对发达地区与相对欠发达地区的产业转移与资源流动情况，我们把各省（自治区、直辖市）分为七大区域，并按照城市规模分为大城市（相对发达地区）与小城市（相对欠发达地区）。结果发现，大城市的劳动力成本提高，同一区域内小城市的资本密集型产业的比重会下降，劳动密集型产业的比重会上升，与大区域的结果一致，即在小区域内发达程度不同的城市之间也存在类似的产业转移和资源流动的情况。

在当前全球产业转移的国际大背景及国内经济新常态的特殊时期下，为了削弱当前劳动力要素成本快速上涨给中国产业发展和产业结构带来的消极影响，正确应对劳动力成本上升对中国产业结构调整和产业转型升级的影响，我们首先要认识到劳动力成本变化对中国区域间产业转移和产业结构调整的作用，而后合理引导中国劳动力在城乡之间、东中西部区域之间、区域内大小城市之间的流动，充分发挥劳动力要素成本变化对中国产业转移和区域产业结构调整的积极影响。为了缓解东部沿海地区和大城市"民工荒"和"招工难"的问题，东部地区和大城市应该适当提高最低工资标准，这将会对城市产业结构升级起到积极的作用，促进劳动密集型产业沿着"劳动密集型产业→资本密集型产业→技术密集型产业"的方向进行产业升级，同时积极引导劳动密集型产业从东部区域向中西部区域转移。

第6章 大城市的生产率优势与资源跨地区流动

6.1 引 言

有关大城市的生产率优势,即大城市比小城市拥有更高的生产率,一直以来都是城市经济学研究的重要问题。大量的研究指出,集聚效应和选择效应是大城市生产率优势的原因所在(Harris, 1954; Duranton and Puga, 2004; Baldwin and Okubo, 2006; Melitz and Ottaviano, 2008; Combes et al., 2012)。然而,如何准确识别城市生产率差异中集聚效应与选择效应的影响与相对重要性在实证分析中仍然存在不完善的地方,特别是,经验研究的结论往往也依赖于回归方程中的控制变量而出现较大的差异,这使得参数回归可能不是一种很好的选择。Combes等(2012)在Melitz和Ottaviano(2008)的异质性企业理论的基础上提出了一种无条件分布特征-参数对应的分析方法,根据生产率的无条件分布特征来测算集聚效应与选择效应对城市生产率的影响。这种分析方法避开了回归结果依赖于不同控制变量的问题,为分析城市生产率差异提供了可能。

大城市的生产率优势在中国同样是存在的。城市的生产率与其规模之间存在着显著的正相关[图6-1(a)],大城市的企业生产率分布也比小城市要更靠右[图6-1(b)]。测算集聚效应与选择效应对城市生产率差异的影响是一个非常有趣也很重要的问题,我们希望通过经验分析来揭开国内城市生产率差异背后的经济机制,并考察异质性企业与城市在这些不同效应下的反应或表现。本章的创新主要包含三个方面:首先,本章改进了Combes等(2012)的测算方法,将其最优化函数映射到直观的回归方法,提出基于格点搜索的非线性最小二乘(non-linear least squares, NLS)回归来识别两种效应;其次,利用工业企业数据对中国城市生产率差异背后的两种效应进行了识别与测算;最后,考察了异质性企业与城市对测算出来的效应的反应。

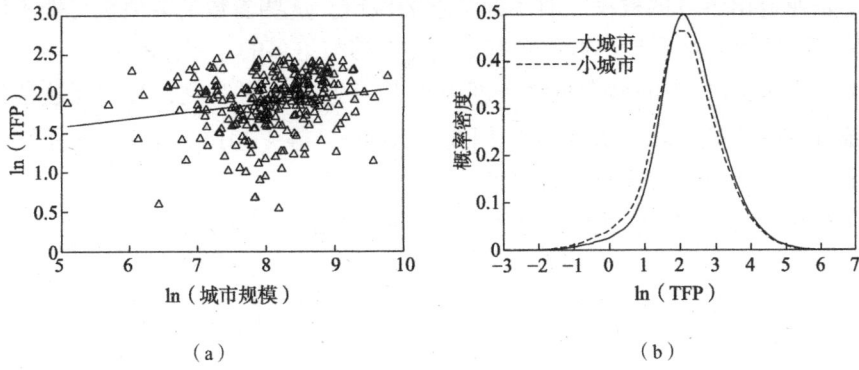

(a)

(b)

图 6-1　中国大城市的生产率优势

本章的结构安排如下：6.2 节介绍 Combes 等（2012）的无条件分布设定及对应的参数最优化的处理；6.3 节对 Combes 等的方法进行改进，依生产率分布分位数特征构建的非线性目标函数转化为回归模型设定，提出基于格点搜索的改良算法；6.4 节报告基于中国工业企业数据对大城市生产率优势两种效应的测算结果；6.5 节进一步考察异质性企业与城市在不同效应下的行为或表现；6.6 节为小结。

6.2　模型设定与计量方法

6.2.1　计量模型设定

记 $\tilde{F}(\phi)$ 为不存在集聚效应与选择效应时企业对数生产率（全要素生产率）的潜在累计密度，其中 ϕ 为企业的对数生产率。由于集聚能够促进企业生产率水平的提高，集聚效应会导致企业生产率分布的右移（通常也伴随着集中度的提高），而低效率企业退出大城市的选择效应则对应城市企业生产率分布在左侧的截断，因此，我们实际观测到的企业对数生产率的累计密度是一个截断的形式，并且较其潜在密度存在一个偏移。

城市 i 实际观测到的企业对数生产率的累计密度为

$$F_i(\phi) = \max\left\{0, \frac{\tilde{F}\left(\dfrac{\phi - A_i}{D_i}\right) - S_i}{1 - S_i}\right\} \tag{6-1}$$

其中，参数 A_i 和 D_i 是由集聚效应引起的累计分布的水平移动和伸缩规模；S_i 为低效率企业退出市场的概率。对不同类型的城市，这些参数的取值也可能不同，特别是，大城市通常要比小城市具有更大的右移与更多的左尾截断①。

由于式（6-1）中的潜在累计密度函数 $\tilde{F}(\cdot)$ 通常不可观测，我们无法估计出每个城市对应的参数 A_i、D_i 和 S_i。因此，Combes 等（2012）建议通过不同城市生产率分布的比较来估计城市间的相对参数。

注意到，城市 j 实际观测到的企业对数生产率的累计密度同样可表示为

$$F_j(\phi) = \max\left\{0, \frac{\tilde{F}\left(\frac{\phi - A_j}{D_j}\right) - S_j}{1 - S_j}\right\} \qquad (6\text{-}2)$$

令 $D = D_i/D_j$，$A = A_i - DA_j$，$S = (S_i - S_j)/(1 - S_j)$，则由式（6-1）与式（6-2）简单变换可以导出不同城市间企业对数生产率的累计密度的关系。不妨记城市 i 为大城市，城市 j 为小城市，则上述定义的参数 D、A 和 S 反映的是大小城市间企业对数生产率分布的相对位置与截尾的情况。参数 D 为城市间企业生产率分布的标准差之比，D 小于 1 意味着大城市的企业生产率的分布比小城市的分布更集中。参数 A 是经过标准差调整后的分布均值之差，A 大于 0 意味着大城市的企业生产率分布右移的幅度更大，即集聚效应更强。参数 S 是城市间企业生产率分布截尾的比较，S 大于 0 意味着大城市淘汰的低效率企业的比重更大。

简单计算可知[证明见 Combes 等（2012）]，如果 $S_i > S_j$，则有

$$F_i(\phi) = \max\left\{0, \frac{F_j\left(\frac{\phi - A}{D}\right) - S}{1 - S}\right\} \qquad (6\text{-}3)$$

这意味着分布 F_i 可由分布 F_j 向右偏移 A，伸展比例 D，且左边截断比例 S 得到。

同样地，如果 $S_i < S_j$，则有

$$F_j(\phi) = \max\left\{0, \frac{F_i(D\phi + A) - \frac{-S}{1-S}}{1 - \frac{-S}{1-S}}\right\} \qquad (6\text{-}4)$$

这意味着分布 F_j 可由分布 F_i 向右偏移 $-A/D$，伸展比例 $1/D$，且左边截断比

---

① 这种方法是允许存在噪声的，因此，我们并不一定能看到明确的截尾特征。

重 $-S/(1-S)$ 得到。

6.2.2 样本转换与估计

式（6-3）和式（6-4）给出了大、小城市生产率分布之间的相互转换关系，为了获得参数的估计，我们还需要在它们的基础上进行两步转换。步骤1：将分布表示转换为分位点表示的矩条件；步骤2：将理论分位点的矩条件转化为样本分位点的矩条件。

对式（6-3）和式（6-4）进行简单变换（见本章附件），我们可以得到如下矩条件：

$$m_\theta(u) \equiv \lambda_i(r_s(u)) - D\lambda_j(S + (1-S)r_s(u)) - A = 0, u \in [0,1] \quad (6\text{-}5)$$

$$\tilde{m}_\theta(u) \equiv \lambda_j(\tilde{r}_s(u)) - \frac{1}{D}\lambda_i\left(\frac{\tilde{r}_s(u) - S}{1 - S}\right) + \frac{A}{D} = 0, u \in [0,1] \quad (6\text{-}6)$$

其中，记 $\lambda_k(v) = F_k^{-1}(v)$ 表示 F_k 在概率为 v 处的分位点，$k = i,j$；$\theta = (A,D,S)$，$r_s(u) = \max\{0, -S/(1-S)\} + [1 - \max\{0, -S/(1-S)\}]u$，$\tilde{r}_s(u) = \max\{0, S\} + [1 - \max\{0, S\}]u$。

在使用式（6-5）和式（6-6）进行估计时，我们需要先找到 λ_i 和 λ_j 对应的样本估计。

以城市 i 为例，将企业的对数生产率从小到大排序，$\Phi_i = [\phi_i(0), \cdots, \phi_i(E_i)]$，其中企业的个数为 $E_i + 1$，$\phi_i(0) < \cdots < \phi_i(E_i)$，构造样本分位数 $\hat{\lambda}_i(k/E_i) = \phi_i(k)$，对所有的 $k \in \{0, \cdots, E_i\}$，对于任意的概率 $u \in (0,1)$，样本分位数估计如下：

$$\hat{\lambda}_i(u) = (k_i^* + 1 - uE_i)\hat{\lambda}_i\left(\frac{k_i^*}{E_i}\right) + (uE_i - k_i^*)\hat{\lambda}_i\left(\frac{k_i^* + 1}{E_i}\right) \quad (6\text{-}7)$$

其中，$k_i^* = \text{int}(uE_i)$。

对于城市 j，只需要将式（6-7）中的下标 i 换成 j 即可。

至此，Combes 等（2012）建议通过最小化如下的目标函数来求解参数的估计。

$$\begin{cases} \hat{\theta} = \arg\min M(\theta) \\ \text{s.t.} \quad M(\theta) = \int_0^1 [\hat{m}_\theta(u)]^2 \, du + \int_0^1 [\hat{\tilde{m}}_\theta(u)]^2 \, du \end{cases} \quad (6\text{-}8)$$

其中，

$$\int_0^1 \left[\hat{m}_\theta(u)\right]^2 du \approx \frac{1}{2}\sum_{k=1}^{K}\left\{\left[\hat{m}_\theta(u_k)\right]^2 + \left[\hat{m}_\theta(u_{k-1})\right]^2\right\}(u_k - u_{k-1})$$

$$\int_0^1 \left[\hat{\tilde{m}}_\theta(u)\right]^2 du \approx \frac{1}{2}\sum_{k=1}^{K}\left\{\left[\hat{\tilde{m}}_\theta(u_k)\right]^2 + \left[\hat{\tilde{m}}_\theta(u_{k-1})\right]^2\right\}(u_k - u_{k-1})$$

具体计算时，取 $K=1\,001$，u 取将 $[0, 1]$ 区间 $1\,000$ 等分的断点，$u_0=0$，$u_K=1$。

就含义而言，式（6-8）对应的最优化目标函数的解可以看作矩条件式（6-5）和式（6-6）的最小距离解。

6.3 混合格点搜索的 NLS 估计

虽然式（6-8）对应的最优化目标函数对积分进行了线性展开，对分位数函数 $\hat{\lambda}_i$ 和 $\hat{\lambda}_j$ 也进行了线性近似，然而其仍然是待估参数 θ 的一个非常复杂的高度非线性函数；特别是近似后的分位数函数 $\hat{\lambda}_i$ 和 $\hat{\lambda}_j$ 仍然是 $r_s(u)$ 和 $\tilde{r}_s(u)$ 的非线性函数，而 $r_s(u)$ 和 $\tilde{r}_s(u)$ 本身已经是参数 S 的非线性函数，这使得即使是经过简化后的目标函数仍然非常的复杂。显然，直接使用 Newton-Raphson 等迭代方法来求解式（6-8）很难保证解的收敛性和正确性。对此，本章提出一种简化的求解方法来获取参数的估计。

注意到对任意的 $k \in [1,\cdots,K]$，$u_k - u_{k-1} = b$，其中 b 为某个固定的常数，则求解式（6-8）的目标函数 $M(\theta)$ 可等价于最优化如下目标函数：

$$N(\theta) = N_1(\theta) + N_2(\theta) \tag{6-9}$$

其中，$N_1(\theta) = \sum_{k=1}^{K}\left[a_k \hat{m}_\theta(u_k)\right]^2$，$N_2(\theta) = \sum_{k=1}^{K}\left[a_k \hat{\tilde{m}}_\theta(u_k)\right]^2$；$a_k = 1$，$k \in [2,\cdots,K]$，$a_1 = a_K = 1/\sqrt{2}$。

不妨记 $y_{1k}(S) = a_k \hat{\lambda}_i(r_s(u_k))$，$x_{1k}(S) = a_k \hat{\lambda}_j(S + (1-S)r_s(u_k))$，$y_{2k}(S) = a_k \hat{\lambda}_j(\tilde{r}_s(u_k))$，$x_{2k}(S) = a_k \hat{\lambda}_i([\tilde{r}_s(u_k) - S]/(1-S))$，则 $a_k \hat{m}_\theta(u_k)$ 和 $a_k \hat{\tilde{m}}_\theta(u_k)$ 可展开为线性函数的形式：$a_k \hat{m}_\theta(u_k) = y_{1k}(S) - D \cdot x_{1k}(S) - A \cdot a_k$，$a_k \hat{\tilde{m}}_\theta(u_k) = y_{2k}(S) - D^{-1} \cdot x_{2k}(S) - D^{-1} A \cdot a_k$。

记 $Y_1(S) = \begin{bmatrix} y_{11}(S) \\ \vdots \\ y_{1K}(S) \end{bmatrix}$，$X_1(S) = \begin{bmatrix} x_{11}(S) \\ \vdots \\ x_{1K}(S) \end{bmatrix}$，$Y_2(S) = \begin{bmatrix} y_{21}(S) \\ \vdots \\ y_{2K}(S) \end{bmatrix}$，$X_2(S) = $

$\begin{bmatrix} x_{21}(S) \\ \vdots \\ x_{2K}(S) \end{bmatrix}$，将函数 $N_1(\theta)$ 和 $N_2(\theta)$ 变换为如下内积的形式：

$$N_1(\theta) = \left[Y_1(S) - DX_1(S) - Aa \right]' \left[Y_1(S) - DX_1(S) - Aa \right]$$

$$N_2(\theta) = \left[Y_2(S) - \frac{1}{D}X_2(S) + \frac{A}{D}a \right]' \left[Y_2(S) - \frac{1}{D}X_2(S) + \frac{A}{D}a \right]$$

其中，$a' = (a_1, \cdots, a_K)$。

又记 $Y(S) = \begin{bmatrix} Y_1(S) \\ Y_2(S) \end{bmatrix}$，$Z_1(S) = \begin{bmatrix} X_1(S) \\ 0_K \end{bmatrix}$，$Z_2(S) = \begin{bmatrix} 0_K \\ X_2(S) \end{bmatrix}$，$d_1 = \begin{bmatrix} a \\ 0_K \end{bmatrix}$，

$d_2 = \begin{bmatrix} 0_K \\ a \end{bmatrix}$，则式（6-9）可等价变换为

$$\begin{cases} N(\theta) = \varepsilon(S)' \varepsilon(S) \\ \text{s.t.} \quad \varepsilon(S) = Y(S) - DZ_1(S) - \frac{1}{D}Z_2(S) - Ad_1 + \frac{A}{D}d_2 \end{cases} \quad (6\text{-}10)$$

可见，给定参数 S 的取值，由式（6-8）定义的最优化过程等价于求解参数 A 和 D 的非线性 LS 估计。此时对应的回归方程的形式是一种很简单的非线性形式，使用普通的 Newton-Raphson 迭代求解基本可以保证数据解的良好性质。注意到，参数 S 衡量的是不同城市的企业对数生产率的分布截断的相对比例，由于不同城市各自的绝对截断比率必定小于1，甚至我们可以相信必定会小于某个比重 a（如0.5），相对比率 S 的取值必定在一个有限的区间内部，因此我们可以对参数 S 进行格点搜索来寻找参数解。

至此，我们建议将对参数 θ 的求解划分为两块，对参数 S 使用格点搜索，而对参数 A 和 D 则使用 NLS 估计，具体过程如下：

步骤 1：给定搜索区间 $[c, d]$，以一定的精度将区间划分成 Q 等分。

步骤 2：参数 S 取上述区间划分的任意断点，计算变量 $Y(S)$、$Z_1(S)$ 和 $Z_2(S)$，估计如下非线性模型：

$$Y(S) = DZ_1(S) + \frac{1}{D}Z_2(S) + Ad_1 - \frac{A}{D}d_2 + \varepsilon(S) \quad (6\text{-}11)$$

计算对应的均方残差 MSR。

步骤 3：根据 MSR 最小找到对应的参数 S 和非线性估计。

实际计算时，本章取 $c=-0.5$，$d=0.5$，$Q=100$。

为了保证最优解搜寻的准确性，我们甚至可以通过放弃部分的矩条件（估计量的有效性会降低）来确保步骤2的准确性。简单而言，我们在构建最优化目标函数

时，只使用式（6-5）对应的矩条件，放弃式（6-6）对应的矩条件，因此目标函数可简化为 $N_1(\theta)$；而对 $N_1(\theta)$ 进行格点搜索时，在给定 S 的条件下，参数 A 和 D 的求解对应的是一个线性回归方程，我们可以直接使用 LS 估计获得参数的估计。

具体，此时步骤 2 对应估计如下的线性方程：

$$Y_1(S) = DX_1(S) + Aa + \varepsilon_1(S) \tag{6-12}$$

其中，$\varepsilon_1(S)$ 为对应的误差项。

这种基于格点搜索的方法相对于 Combes 等（2012）使用直接对非线性函数进行最优化的方法而言具有几个明显的优点。首先，基于格点搜索的方法能够很大地降低最优化目标函数的非线性程度，在迭代求解时能更有效地找到最优解，特别是使用部分矩条件的 LS 估计的格点搜索，我们可以确定在搜索精度足够小时，所找到的最优解一定是模型的最优解。其次，这种基于格点搜索的方法在寻找最优解的同时，可以直接获得参数 A 和 D 的方差估计，从而进行相关的检验，而不需要再通过 Bootstrap 的方法计算方差，极大地提高了整个估计过程的运算速度。

6.4 效应识别：集聚与选择

6.4.1 数据与全要素生产率测算

本章使用的企业数据来自中国工业企业数据库，时间为 1998~2007 年。对应年度的城市与省（区、市）数据分别来自《中国城市统计年鉴》和《中国统计年鉴》。工业增加值和固定资产投入分别使用各省（区、市）的 PPI 和 API 转化为实际可比价格（1998 年价格）。为了控制生产函数中要素投入可能存在的内生性问题，我们使用 Levinsohn 和 Petrin（2003）的方法（LP 法）来测算企业的全要素生产率，生产函数设定如下：

$$\ln Y_{\tau t} = \beta_{0,t} + \beta_1 \ln K_{\tau t} + \beta_2 \ln L_{\tau t} + d'_{\tau t}\alpha + \varepsilon_{\tau t} \tag{6-13}$$

其中，下标 τ 和 t 分别为不同的个体和年度；Y、K 和 L 分别为企业的实际工业增加值、实际固定资产投入和劳动力投入[①]。借鉴 Combes 等（2012）的处理，我

[①] 本章采用了中国工业企业数据库中的"实际固定资产投入"这一指标作为企业资本存量的代理变量。未采用"固定资产净值年平均余额"的原因是，固定资产净值为除去折旧和生产投入后的资本存量，若采用这一指标，将会严重低估真实的企业资本存量。未采用永续盘存法对资本存量进行估计的原因是，当我们采用永续盘存法对企业资本存量进行测算时发现，大约有 10% 的企业资本存量小于等于零，这不仅会损失大量的观测样本，同时也让我们产生了永续盘存法对中国工业企业数据库适用性的质疑。因此综合多方面的考虑，我们参考了鲁晓东和连玉君（2012）的处理方法，用中国工业企业数据库中的"实际固定资产投入"这一指标作为企业资本存量的代理变量。

们在生产函数中引入时期虚拟变量来反映技术的变动趋势，而且在测算时删除了劳动力投入少于 6 人的企业数据。另外，我们在生产函数中增加了省（区、市）虚拟变量和行业虚拟变量，前者用于捕捉实际价格折算时不可识别的省际差异[①]，后者则用于刻画生产函数的行业差异。

利用 LP 法估计上述生产函数的系数，可以得到对应的残差 $e_{\tau t}$，即企业全要素生产率的对数，我们使用相同企业在不同年度的平均来度量企业的对数生产率：

$$e_\tau = \frac{1}{T_\tau} \sum_{t=1}^{T_\tau} e_{\tau t} \qquad (6\text{-}14)$$

其中，T_τ 为企业 τ 的样本长度。

6.4.2 识别结果与分析

从表 6-1 的估计结果来看，无论是整体还是分行业处理，利用格点搜索技术寻找出来的参数 S 基本为 0 或者处于 0 附近，其中报告的 29 个分行业的估计结果只有 3 个行业搜寻出来的 S 值不为 0，但都只偏离一个步长，最优的结果仍然很靠近 0。这表明中国的大城市生产率优势背后基本不存在选择效应。参数 D 显著异于 1，参数 A 显著异于 0 且大部分的估计结果都大于 0；说明大城市的生产率优势主要来自集聚效应，集聚效应使得大城市企业生产率的分布落在小城市的分布右边，且更集中。分行业的结果也基本支持了整体的结论，29 个分行业的估计中，只有 4 个行业估计的 D 大于 1，1 个行业估计的 A 小于 0。

表 6-1　所有矩条件估计结果（大城市对小城市）

行业	所有矩条件的 NLS						R^2	样本
	S	D		A				
13	−0.01	0.868	（0.001）	0.448	（0.002）		0.934	27 891
14	−0.01	0.898	（0.001）	0.495	（0.002）		0.958	11 408
15	0	0.974	（0.001）	0.332	（0.004）		0.934	7 282
17	0	0.978	（0.001）	0.156	（0.002）		0.919	41 358
18	0	0.975	（0.001）	0.077	（0.001）		0.803	26 217
19	0	1.003	（0.001）	0.137	（0.002）		0.928	11 952
20	0	0.973	（0.001）	0.177	（0.002）		0.899	10 709

[①] 我们使用省级的 CPI、PPI 和 API 来消除企业投入产出数据的价格波动，这些价格指数都只能找到省级的定基或年度环比数据。实际计算时，我们把各个省（区、市）的价格指数全部折算成 1998 年的定基数据（1998 年=100），由于不同省（区、市）之间价格不可比，在对数据取对数时，省（区、市）的差异会表现为省（区、市）的虚拟变量，因此，我们在生产函数中加入省（区、市）的虚拟变量。

续表

行业	所有矩条件的 NLS						样本
	S	D		A		R^2	
21	0	0.940	(0.002)	0.193	(0.004)	0.566	6 242
22	0	0.953	(0.001)	0.208	(0.003)	0.842	13 659
23	−0.01	0.862	(0.002)	0.567	(0.003)	0.934	9 065
24	0	0.910	(0.001)	0.106	(0.002)	0.786	6 444
25	0	0.969	(0.001)	0.146	(0.002)	0.776	3 016
26	0	0.967	(0.001)	0.222	(0.003)	0.906	33 737
27	0	0.960	(0.001)	0.257	(0.002)	0.957	7 806
28	0	0.953	(0.002)	0.144	(0.005)	0.332	2 512
29	0	0.908	(0.001)	0.283	(0.002)	0.881	5 704
30	0	0.943	(0.001)	0.221	(0.001)	0.950	23 626
31	0	0.977	(0.001)	0.269	(0.002)	0.967	39 090
32	0	1.042	(0.001)	0.029	(0.003)	0.883	10 283
33	0	1.006	(0.001)	0.107	(0.003)	0.860	8 709
34	0	0.983	(0.001)	0.112	(0.001)	0.913	30 443
35	0	0.953	(0.001)	0.276	(0.003)	0.934	37 082
36	0	0.935	(0.001)	0.295	(0.003)	0.910	21 171
37	0	0.902	(0.001)	0.343	(0.003)	0.898	20 254
39	0	0.979	(0.001)	0.056	(0.002)	0.276	15 897
40	0	1.037	(0.001)	−0.049	(0.002)	0.790	21 934
41	0	0.996	(0.001)	0.042	(0.003)	0.242	10 284
42	0	0.945	(0.001)	0.197	(0.003)	0.801	8 199
43	0	0.915	(0.001)	0.332	(0.003)	0.904	7 119
所有行业	0	0.943	(0.001)	0.246	(0.002)	0.922	479 353

注：括号内为标准误

资料来源：作者利用 STATA 计算得出

为了保证最优值搜寻的准确性，避免非线性模型最优化可能出现的局部解，我们也在格点搜索的框架下使用基于部分矩条件下的 LS 估计来计算参数，表 6-2 给出了对应的参数估计结果。对比表 6-1 和表 6-2 的结果，可知两种方法下搜寻出来的最优解非常接近，这说明 NLS 估计基于普通 Newton-Raphson 迭代找到的解就是模型的最优解。图 6-2 报告了两种矩条件下利用整体数据估计格点搜索的情况，可以发现 $S=0$ 是 MSR 唯一的最小解，且两种方法下都指向了相同的最小解，这进一步说明估计方法的稳健性。

表 6-2 部分矩条件估计结果（大城市对小城市）

行业	部分矩条件的 LS					样本
	S	D		A		
13	−0.01	0.867	(0.001)	0.450	(0.003)	27 891
14	−0.01	0.897	(0.001)	0.497	(0.003)	11 408
15	0	0.972	(0.002)	0.337	(0.005)	7 282
17	0	0.977	(0.001)	0.159	(0.003)	41 358
18	0	0.974	(0.001)	0.078	(0.001)	26 217
19	0	1.002	(0.002)	0.139	(0.003)	11 952
20	0	0.972	(0.001)	0.179	(0.003)	10 709
21	0	0.936	(0.002)	0.202	(0.006)	6 242
22	0	0.951	(0.002)	0.213	(0.004)	13 659
23	−0.02	0.833	(0.002)	0.636	(0.005)	9 065
24	0	0.909	(0.001)	0.108	(0.002)	6 444
25	0	0.968	(0.001)	0.149	(0.003)	3 016
26	0	0.965	(0.001)	0.226	(0.004)	33 737
27	0	0.960	(0.001)	0.259	(0.003)	7 806
28	0	0.949	(0.003)	0.153	(0.007)	2 512
29	0	0.907	(0.002)	0.285	(0.003)	5 704
30	0	0.942	(0.001)	0.223	(0.002)	23 626
31	0	0.977	(0.001)	0.271	(0.003)	39 090
32	0	1.040	(0.002)	0.033	(0.004)	10 283
33	0	1.005	(0.002)	0.109	(0.004)	8 709
34	0	0.983	(0.001)	0.113	(0.002)	30 443
35	0	0.951	(0.002)	0.280	(0.004)	37 082
36	0	0.933	(0.002)	0.299	(0.004)	21 171
37	0	0.900	(0.002)	0.347	(0.004)	20 254
39	0	0.978	(0.001)	0.058	(0.003)	15 897
40	0	1.036	(0.001)	−0.048	(0.002)	21 934
41	0	0.993	(0.002)	0.049	(0.004)	10 284
42	0	0.944	(0.002)	0.199	(0.004)	8 199
43	0	0.913	(0.002)	0.337	(0.004)	7 119
所有行业	0	0.941	(0.001)	0.249	(0.003)	479 353

注：行业代码所对应的具体行业见本章附件 1

资料来源：作者利用 STATA 计算得出

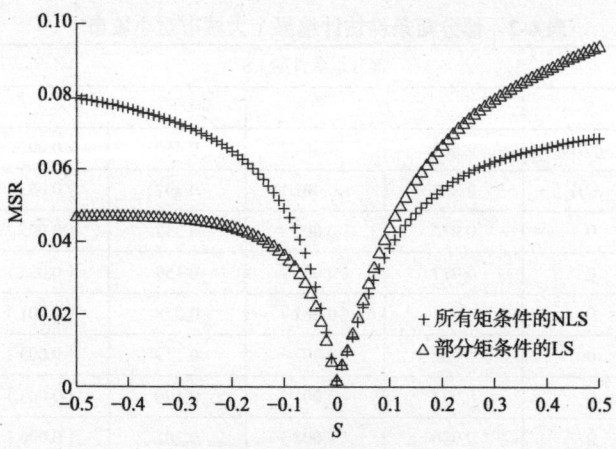

图 6-2 格点搜索的 MSR

作为一种直观的展现,我们利用模拟数据简单呈现出大城市与小城市的企业生产率分布的比较(图 6-3),其中小城市的对数生产率分布设定为简单的标准正态分布 $N(0,1)$,而大城市的对数生产率分布设定为 $0.5+0.9N(0,1)$,右移与方差的参数参照估计结果近似取值,对应此时大城市生产率优势来源于集聚效应所带来的平移和集中化。可以看到,图 6-3 和图 6-1(b)的基本形状非常接近,在集聚效应的作用下,大城市的企业生产率分布出现了相对较大的右移,并且更加集中。

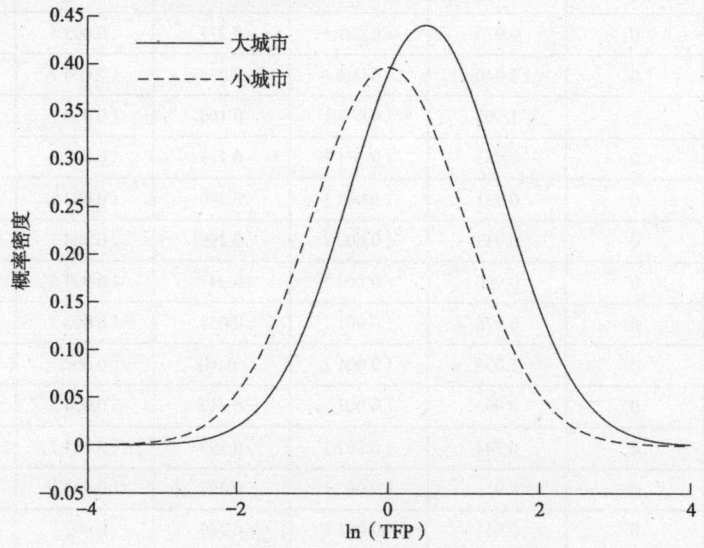

图 6-3 不同城市对数生产率分布的对比

6.5 集聚效应的进一步分析

6.5.1 城市分组：大城市对小城市

前文基于城市人口规模将样本的 270 个城市平均划分为大、小城市两种，这种划分在进行细致的分析时可能是比较粗糙的。为了进一步了解在不同的城市规模下集聚效应的大小与差异，我们对城市的规模进行了更细致的划分。我们将所有 270 个城市根据城市包含的企业数量从大到小排序，前 100 名的城市每 10 个城市分为 1 组，100 名后的城市每 20 个城市分为 1 组，220 名后的所有 50 个城市合并为 1 组，总共划分为 17 组。由于不同的城市包含的企业数量相差太大，从几万家企业到几家企业不等，直接根据城市个数平均分组会导致不同组之间的企业数量相差太大，有些组样本太少不足以计算对应的分位点（每一组需要计算 1 000 个分位点）；相对而言，这种划分方法可以尽可能地保证每一组的企业数量都比较多，且各组之间企业数量相对平衡。

表 6-3 报告了这 17 组城市从小到大依次两两比较得到的测算结果（为了节省篇幅，我们只报告基于所有矩条件的 NLS 回归的结果，部分矩条件的 LS 回归结果类似，略去备索）。从估计结果来看，参数 S 的取值基本停留在 0 处或附近，这说明在城市分组比较中，城市的生产率差异基本不存在选择效应；在总共的 16 对分组比较中得到的参数 A 大部分为正，且高度显著，这说明集聚效应是解释大城市生产率优势的主要原因。随着城市规模的增大，参数 A 的累计系数 sum（A）基本呈现上升的趋势，可见，城市规模越大，由集聚效应所带来的生产率优势也越强。

表 6-3 城市分组

城市分组	估计系数			sum（A）	R^2	样本	
	S	D	A			小城市	大城市
组 17 对组 16	0	0.908 （0.001）	0.348 （0.003）	0.348	0.897	6 080	5 008
组 16 对组 15	0	1.018 （0.001）	−0.032 （0.001）	0.315	0.274	5 008	6 645
组 15 对组 14	−0.01	0.976 （0.001）	0.182 （0.002）	0.497	0.845	6 645	8 804
组 14 对组 13	0	0.971 （0.001）	0.036 （0.002）	0.532	0.507	8 804	11 664
组 13 对组 12	0	0.950 （0.001）	0.247 （0.001）	0.780	0.963	11 664	15 730
组 12 对组 11	0	0.977 （0.000）	0.067 （0.001）	0.847	0.692	15 730	20 984

续表

城市分组	估计系数			sum(A)	R^2	样本	
	S	D	A			小城市	大城市
组11 对组10	0	0.990 (0.001)	−0.046 (0.001)	0.801	0.894	20 984	11 905
组10 对组9	0	0.895 (0.001)	0.287 (0.002)	1.088	0.873	11 905	13 909
组9 对组8	0	1.191 (0.002)	−0.373 (0.004)	0.716	0.846	13 909	15 568
组8 对组7	0	0.929 (0.001)	0.246 (0.002)	0.962	0.937	15 568	17 897
组7 对组6	0	1.009 (0.001)	−0.093 (0.002)	0.869	0.721	17 897	21 633
组6 对组5	0	0.963 (0.001)	0.187 (0.003)	1.056	0.819	21 633	28 781
组5 对组4	0	0.973 (0.001)	0.205 (0.001)	1.261	0.968	28 781	37 733
组4 对组3	0	0.990 (0.001)	−0.059 (0.002)	1.202	0.826	37 733	50 457
组3 对组2	0	0.919 (0.001)	0.209 (0.003)	1.412	0.719	50 457	74 140
组2 对组1	0	1.058 (0.001)	−0.161 (0.003)	1.250	0.632	74 140	132 415

资料来源：作者利用STATA计算得出。

图6-4给出了表6-3中系数sum(A)基本趋势的一个直观表示，我们同时报告了sum(A)与城市规模的散点图及其3次函数的预测线，其中横坐标为城市规模，从1~16分别对应最小规模的两组城市的比较到最大规模的两组城市的比较。如图6-4所示，随着城市规模的增大，由集聚效应所带来的累计的生产率优势具有明显上升的趋势，城市越大，其相对于小城市的生产率优势也越强。特别是，从3次函数的预测结果可知，随着城市规模的增大，累计集聚效应的系数的上升并不是简单的线性形式，而是表现出明显的倒S形特征[①]。当城市规模还比较小时，城市规模的扩大所带来的边际集聚效应非常大，即这种状态下的城市会从集聚中获得很大的效益；当城市规模到达一个较高的水平时，城市规模的扩大所带来的边际集聚效应很小，此时集聚为城市带来的效益并不高；而当城市的规模继续增大超过某个水平时，城市规模的扩大又会给城市带来较大的边际集聚效应。

[①] 陆铭和向宽虎（2012）在考察生产率与空间距离的关系中也发现了类似的倒S形关系。他们发现中国第三产业劳动生产率与到大港口（特大城市：北京、上海、香港）的空间距离之间也呈现三次型的倒S形曲线关系。注意到，前文的结论也可以表述为，企业生产率到特大城市的规模距离之间呈现倒S形关系。从中国城市经济增长的情况来看，城市规模与到大港口的距离明显存在负相关。可见，本章的研究与陆铭和向宽虎的工作是相互佐证的。

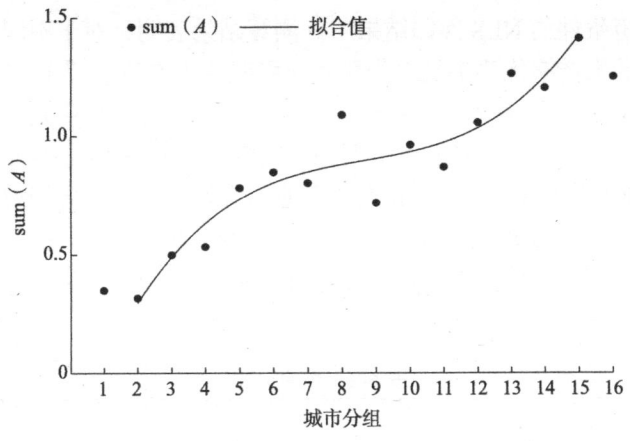

图 6-4 城市规模与集聚效应的累计系数

不妨根据城市规模将其从小到大划分为 5 种类型：小城镇、小城市、中等城市、大城市和特大城市。累计集聚效应随城市规模的扩大所呈现的这种倒 S 形上升的趋势表明，"小城镇向小城市扩张"与"大城市向特大城市扩张"这两个阶段可以获得更大的边际集聚效益，从而可以得到更快的增长。中国改革开放 40 多年来，经历了资源向特大城市的高度集聚的过程，大城市向特大城市的扩张过程成就了中国 40 多年来经济的快速增长。当前，特大城市的发展也面临一些问题，如房价过高、医疗资源过度拥挤等。在这种背景下，政府将经济增长的方向暂时转向发展新型城镇化，给大城市一定的时间消化当前的问题，正好符合小城镇向小城市扩张的这样一个阶段。经济发展方向从"大城市向特大城市扩张"向"小城镇向小城市扩张"的转变，从边际集聚效应的一个峰点转向另一个峰点，较大的集聚效应将推动中国经济的持续快速发展。当然，从发达国家经济发展的现代史来看，经济集聚是经济发展的长期方向，这也是中国未来长期发展的基本方向。

6.5.2 企业分组：大企业对小企业

不同规模的企业在集聚中所获得的收益是不同的，为了考虑不同规模企业得到的集聚效应的异质性，我们根据企业的从业人员对企业进行了细致的划分，依次划分为 30 人及以下、31~40 人、41~55 人、56~70 人、71~90 人、91~120 人、121~160 人、161~250 人、251~500 人、501 人及以上总共 10 类企业，划分的标准除了尽可能接近 5 或 10 的整倍数，也兼顾各组样本的相对平衡，确保不同分组下测算结果的可靠性。

表 6-4 给出了上述 10 组数据中大城市生产率优势的测算结果（同样地，本章

只报告了全部矩条件的 NLS 回归结果）。测算结果表明，对于不同规模的每一类企业，大城市的生产率优势都是由集聚效应引起的（参数 A 为正），选择效应并不存在（参数 S 为 0）。从参数 A 的估计值大小来看，对于从业人员数量小于等于 30 人的企业，大城市的资源集聚使得企业的对数生产率相比小城市而言提升了 0.26，对于就业人员数量为 31~120 人的企业，大城市的资源集聚效应更强，能够促进企业对数生产率的提升达到 0.28 左右。随着企业就业规模的进一步扩大，集聚效应的影响迅速下降，对于就业人员超过 250 人的企业，集聚效应的影响只有 0.15 左右。

表 6-4 企业分组

企业规模	估计系数			R^2	样本	
	S	D	A		小城市	大城市
30 人及以下	0	0.945 (0.001)	0.258 (0.002)	0.917	11 361	43 212
31~40 人	0	0.923 (0.002)	0.286 (0.003)	0.832	8 560	32 825
41~55 人	0	0.932 (0.002)	0.283 (0.003)	0.861	12 539	46 899
56~70 人	0	0.936 (0.001)	0.274 (0.003)	0.880	9 483	35 887
71~90 人	0	0.936 (0.001)	0.282 (0.003)	0.888	10 371	39 412
91~120 人	0	0.950 (0.001)	0.299 (0.003)	0.929	10 100	37 534
121~160 人	0	0.958 (0.001)	0.267 (0.003)	0.934	11 131	38 290
161~250 人	0	0.965 (0.001)	0.249 (0.002)	0.952	11 534	39 908
251~500 人	0	0.992 (0.000)	0.152 (0.001)	0.981	11 210	38 853
501 人及以上	0	0.992 (0.001)	0.141 (0.002)	0.935	6 670	23 574

资料来源：作者利用 STATA 计算得出

图 6-5 给出了不同企业规模分组下集聚效应的趋势图，图中同时报告了集聚效应与企业分组规模的散点图及其二次函数预测线，其中横坐标从 1 至 10 依次表示按照企业人口规模从小到大划分的 10 组样本。可以看到，随着企业雇员规模的增大，集聚效应的大小呈现明显的倒 U 形特征，小企业要比大企业从资源的集聚中获得更大的好处。这一结论与经济常识是相符的，小企业更依赖所处的市场环境，资源的集聚很大地降低了小企业在产品销售、原材料购买及雇用劳动力等方面的成本，可以有效提高其整个营运效率；相反，大企业具有较强经济实力，可以对抗市场的冲击，虽然集聚也能为其带来一定的效益，但整体程度远不及小企业。

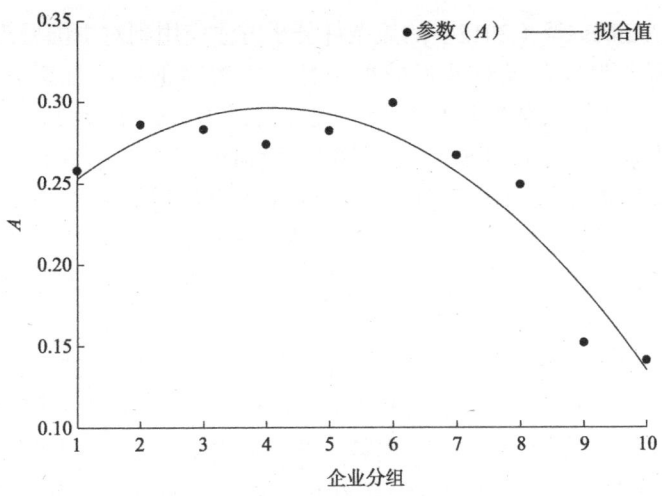

图 6-5　企业规模与集聚效应

6.6　小　　结

经济活动高度集聚的大城市具有更高的企业生产率。以往的研究常将这一现象归因于经济活动的集聚效应；从企业生产的角度来说，经济活动在地理范围内的集聚可以通过"共享、匹配和学习"三种机制提高企业的生产效率（Duranton and Puga，2004）。除了集聚效应，新经济地理学和国际贸易理论的最新研究表明，选择效应也是影响地区生产率差异的重要因素：一方面，大城市具有更激烈的竞争，市场通过"优胜劣汰"将低效率的企业清除出大城市；另一方面，高效率的企业更倾向选择大城市以获得更大的市场，低效率的企业则倾向选择小城市以避免过于激烈的市场竞争。

如何准确识别集聚效应和选择效应这两种不同的机制对城市生产率的影响是经济学当前研究的重要问题。Combes 等（2012）在异质性企业理论的基础上提出了一种无条件分布特征-参数对应分析方法。他们指出，集聚会促进企业生产率水平的提高，集聚效应会导致城市企业生产率分布右移，而低效率企业退出大城市的选择效应对应城市企业生产率分布在左侧的截断。因此，可以通过比较不同城市企业生产率的相对分布特征来识别集聚效应与选择效应的影响。他们基于法国企业微观数据的实证研究表明，大城市的生产率优势主要由集聚效应引致，而选择效应并不存在。

本章将 Combes 等（2012）的无条件分析方法应用到对中国城市生产率差异的分析中。为了改进最优解搜索的准确性，本章对他们的分析方法进行了改进，将生产率分布分位数特征构建的非线性目标函数转化为回归模型设定，提出基于格点搜索的 NLS（LS）回归求解最优值的方法。本章利用中国工业企业数据对中国城市生产率差异背后的这两种效应进行了识别与测算，结果表明：无论是使用全国还是分行业的数据，集聚效应都是解释中国大城市生产率优势的基本原因，选择效应并不存在，经济集聚仍然是中国城市经济增长的主要动力。

进一步的分析发现，异质性企业与城市对集聚效应的吸收与反应是截然不同的。从城市宏观层面来看，随着城市规模（企业数量）的增大，资源集聚带来的累计集聚效应呈现出倒 S 形的上升趋势，城市的规模越大，资源集聚带来的企业生产率的提升越高。当城市处于规模较小的阶段时，城市规模的扩大会获得较大的边际集聚效应，企业生产率的提升幅度较大；当城市规模扩大到一定的程度时，城市规模的进一步扩大所带来的边际集聚效应会变小，企业生产率的提升幅度较低；当着城市规模超过某个临界值后，城市规模的扩大又会带来企业生产率的大幅提升。总的来看，"小城镇向小城市扩张"与"大城市向特大城市扩张"的过程都会导致企业生产率的大幅提升，从而获得较快的经济增长。中国近 30 年来的发展模式验证了"大城市向特大城市扩张"能带来快速发展。当前特大城市的发展在房价、医疗资源等方面面临一些严峻的考验，我们认为，政府将发展方向暂时调整到"小城镇向小城市扩张"的方向[①]，在一定的程度上符合当前经济发展的现状，为大城市解决当前的问题争取时间，以实现通过获取较大集聚效应促进经济的持续快速增长。

从企业微观层面来看，集聚效应与企业规模（就业人员）之间呈现倒 U 形特征，随着企业规模的逐步增大，资源集聚所带来的企业生产率的提升幅度先上升再下降。这一结论与经济常识是相符的：小企业更依赖于所处的市场环境，资源的集聚很大地降低了小企业在产品销售、原材料购买及雇用劳动力等方面的成本；而大企业具有较强的市场势力与抗波动能力，使得其在吸收集聚所带来的好处时要弱于中小企业。从城市经济发展的角度来讲，为了促进城市经济的发展，中小企业的健康成长是非常重要的一环，鼓励并扶持中小企业的发展与壮大，可以释放更多的由集聚带来的红利，促进整个城市生产率的大幅提升，推动经济的快速持续发展。

---

① 从发达国家经济发展的现代史来看，集聚是经济长期发展的基本方向，本书也倾向支持这一观点。新型城镇化是否可能作为中国经济持续发展的长期方向，这一点还需要市场的检验。

本章附件 1

行业对照表

序号	行业名称	序号	行业名称
13	农副食品加工业	28	化学纤维制造业
14	食品制造业	29	橡胶制品业
15	饮料制造业	30	塑料制品业
16	烟草制品业	31	非金属矿物制品业
17	纺织业	32	黑色金属冶炼及压延加工业
18	纺织服装、鞋、帽制造业	33	有色金属冶炼及压延加工业
19	皮革、毛皮、羽毛（绒）及其制品业	34	金属制品业
20	木材加工及木、竹、藤、棕、草制品业	35	通用设备制造业
21	家具制造业	36	专用设备制造业
22	造纸及纸制品业	37	交通运输设备制造业
23	印刷业和记录媒介的复制	39	电气机械及器材制造业
24	文教体育用品制造业	40	通信设备、计算机及其他电子设备制造业
25	石油加工、炼焦及核燃料加工业	41	仪器仪表及文化、办公用机械制造业
26	化学原料及化学制品制造业	42	工艺品及其他制造业
27	医疗制造业	43	废弃资源和废旧材料回收加工业

资料来源：作者根据《国民经济行业分类》（GB/T4754—2002）绘制

本章附件 2 分位数矩条件的推导

不妨假定函数 $\tilde{F}$ 可逆，则 F_i 和 F_j 也可逆。记 $\lambda_i(u)=F_i^{-1}(u)$ 表示 F_i 在概率为 u 处的分位点，$\lambda_j(u)=F_j^{-1}(u)$ 表示 F_j 在概率为 u 处的分位点。

如果 $S>0$，式（6-3）可表示为

$$\lambda_i(u)=D\lambda_j(S+(1-S)u)+A,\quad u\in[0,1] \quad (A6\text{-}1)$$

如果 $S<0$，式（6-4）可表示为

$$\lambda_j(u)=\frac{1}{D}\lambda_i\left(\frac{u-S}{1-S}\right)-\frac{A}{D},\quad u\in[0,1] \quad (A6\text{-}2)$$

对式（A6-2）进行变换 $u\to S+(1-S)u$，可得

$$\lambda_j\left(S+(1-S)u\right)=\frac{1}{D}\lambda_i(u)-\frac{A}{D}, \quad u \in \left[\frac{-S}{1-S},1\right] \quad \text{(A6-3)}$$

至此，式（A6-1）和（A6-3）可合并为

$$\lambda_i(u)=D\lambda_j\left(S+(1-S)u\right)+A, \quad u \in \left[\max\left\{0,\frac{-S}{1-S}\right\},1\right] \quad \text{(A6-4)}$$

由于式（A6-4）中概率 u 中含有未知参数 S，无法直接估计，我们对其又进行了如下的变量变换，并将新得到的矩条件记为 $m_\theta(u)$：

$$m_\theta(u) \equiv \lambda_i\left(r_s(u)\right)-D\lambda_j\left(S+(1-S)r_s(u)\right)-A=0, \quad u \in [0,1] \quad \text{(A6-5)}$$

其中，$r_s(u)=\max\{0,-S/(1-S)\}+\left[1-\max\{0,-S/(1-S)\}\right]u$，$\theta=(A,D,S)$。

由上述的整个变换合并过程可知，式（A6-5）是在合并式（A6-1）和式（A6-2）时对式（A6-2）进行变量变换再合并得到的，同样地，我们也可以对式（A6-1）进行变量变换来得到合并的结果。不妨对式（A6-1）进行变换 $u \to (u-S)/(1-S)$，则式（A6-1）可变换为

$$\lambda_j(u)=\frac{1}{D}\lambda_i\left(\frac{u-S}{1-S}\right)-\frac{A}{D}, \quad u \in [S,1] \quad \text{(A6-6)}$$

式（A6-2）和式（A6-6）可合并为

$$\lambda_j(u)=\frac{1}{D}\lambda_i\left(\frac{u-S}{1-S}\right)-\frac{A}{D}, \quad u \in \left[\max\{0,S\},1\right] \quad \text{(A6-7)}$$

令 $\tilde{r}_s(u)=\max\{0,S\}+\left[1-\max\{0,S\}\right]u$，式（A6-7）可变换为

$$\tilde{m}_\theta(u) \equiv \lambda_j\left(\tilde{r}_s(u)\right)-\frac{1}{D}\lambda_i\left(\frac{\tilde{r}_s(u)-S}{1-S}\right)+\frac{A}{D}=0, u \in [0,1] \quad \text{(A6-8)}$$

式（A6-5）和式（A6-8）对应的矩条件反映了不同城市 i 和 j 之间企业对数生产率分布之间的关系，是用于数据拟合的核心方程。

第7章 资源配置的跷跷板
——中国的城镇化进程

7.1 引 言

　　一直以来，关于中国城镇化问题的讨论，在持续提高城镇化水平这一点上是达成共识的，争论的焦点在于城市发展模式的方向（陆铭等，2011），即中国应该走以发展大城市为主的城镇化道路还是应该走以发展小城市为主的城镇化道路。改革开放以来，中国的城市发展战略经历了多次调整（王小鲁，2010），在不同时期，政府所提出的城市发展方针存在不同的侧重点，一方面是政府对市场经济与城市规划的认识的改变与调整，另一方面也是对当时的经济发展状况及所处的发展阶段的一种接受，但从总体上来看，中国的城镇化道路的推进模式具有很强的政府主导性（李强等，2012）。

　　改革开放初期，中央提出"严格控制大城市规模，合理发展中小城市，积极发展小城镇"的城市发展方针，将中小城市与小城镇（最优先）作为当时城镇化的主要方向，虽然推动了城镇化水平的大幅提升，但同时也带来了城市规模普遍偏小的问题（王小鲁，2010）。进入21世纪后，中央对此前的城市发展方针进行了修正，提出"坚持大中小城市和小城镇协调发展"的思路，允许人口向大城市流动，推动了大中型城市规模与数量的显著提升。时至今日，人口不断向大城市集聚，在某些特大城市，人口拥挤与社会治安等问题已越来越突出[1]。当前，政府在城市发展方面再次表现出对大城市规模的担忧，在新型城镇化规划中再次提出"严格控制大城市规模，积极发展中小城市"的思路。学术界对此褒贬不一，是否需要重新控制大城市的发展成为争论的焦点。

---

[1] Henderson（2007）指出，财政政策与资本市场向特大城市的倾斜可能会导致人口向大城市的过度迁移，从而催生出过度拥挤的超大城市。

中国未来城镇化进程的方向是在大城市还是小城市？不同类型城市在国家新型城镇化进程中处于怎样的位置？当前的国家城市发展战略又会引发怎样的市场反应？这些问题在当前无疑都非常重要并且有待研究。在此，本章从新增企业选址及企业生产率的视角考察中国城镇化进程所引发的资源配置结果及不同类型城市城镇化的效率差异，进而基于城镇化效率的城市差异来推断城市发展的市场方向，以此评价当前中国城市发展政策的合理性。

7.2 理论机制与实证设计

7.2.1 城镇化引发资源流动的机制分析

中国的城镇化进程是各个时期国家城市发展战略经过市场经济的洗礼所呈现出来的城市发展模式，在这种进程中，大城市与小城市处于经济发展的"跷跷板"的两端，两者在全国城镇化进程中所处的相对地位决定了市场发展的倾斜方向，并引发了资源在城市间的流动（图7-1）。一方面，大、小城市城镇化效率的差异决定了其各自城镇化进程的相对速度与规模，城镇化发展更快的城市在全国的城镇化进程中会处于主导的地位，这种相对地位的差异最终形成了全国城市发展模式的基本方向；另一方面，不同城市间城镇化进程的差异会转化为不同类型城市各自的城市发展优势，促使市场向具有发展优势的城市倾斜，从而导致资源在不同城市间流动。

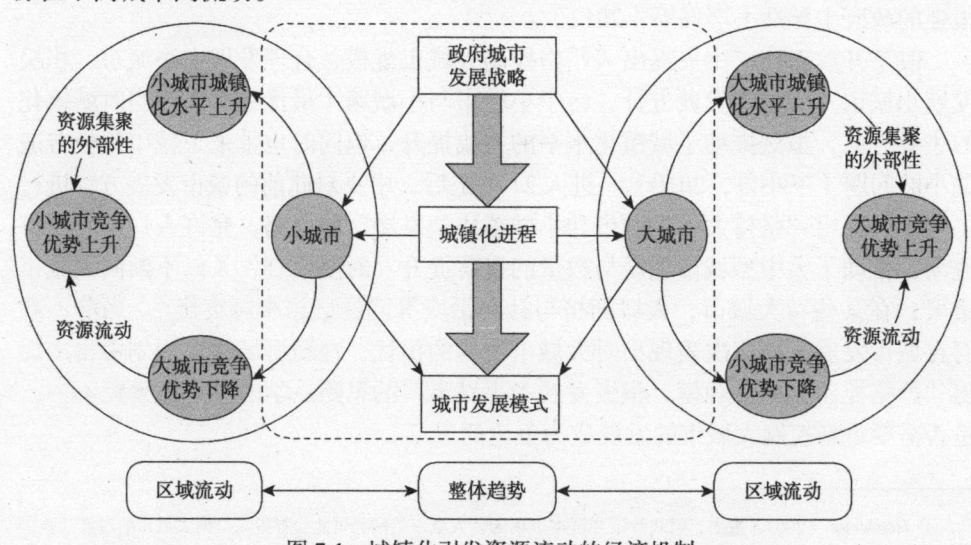

图7-1　城镇化引发资源流动的经济机制

从城镇化对地区资源配置的效果来看,城镇化水平的上升会转化为城市的发展优势,进而吸引资源从其他类别的城市流入,如图7-1的两侧部分。具体而言,当大城市的城镇化水平上升时,人口与资源集聚的外部性会从共享、匹配与学习等多个角度对大城市的经济发展产生有利的促进作用(Duranton and Puga, 2004),推动城市内部企业生产率的提升,进而转化为城市的发展优势;伴随着大城市的城市发展优势的上升,小城市在城市竞争中会处于劣势地位,其发展优势相对下降;在市场机制的作用下,大城市的发展优势会转化为其对资源的牵引力,促使有限的资源从小城市流向大城市。同样地,当小城市的城镇化水平上升时,其城市发展优势也会相应上升,在城市竞争中处于相对有利的位置,从而引发资源从大城市向小城市流动。

从城市发展模式的整体趋势来看,城市发展模式的方向是政府城市发展战略与市场力量相互作用所形成的结果;政府基于工程学的角度试图引导市场经济往特定的方向发展,然而政策的效果还需由市场的反应共同决定,两种力量的抗衡决定了不同类型城市的城镇化效率,也决定了不同城市城镇化进程的相对速度,在总体上表现为特定的城市发展模式,如图7-1的中间部分。具体而言,如果小城市的城镇化相对于大城市具有更高的效率,意味着资源向小城市集聚比流向大城市能够带来更高的效益,此时所呈现的城市发展模式应该是以小城市为主导;反之,如果大城市的城镇化具有更高的效率,城市发展模式将是以大城市主导。

城市资源流动的整体趋势与其区域流动的内在机制是城镇化资源配置效应的构成主体,也是我们理解城镇化进程中资源在特定区域与全国范围内流动方向的理论基础。以每个城市单元作为独立个体来看,给定每个城市对地区资源流动的引力范围,某个城市城镇化水平的上升会引发资源从区域内其他类型的城市流向该城市;将所有城市作为一个系统整体来看,不同城市对应的资源流动区域相互交叉、重叠,使得全国各个城市之间的资源流动非常复杂,流动方向存在多变与多样的特征;总的来看,不同城市之间资源流动方向的汇总反映了城镇化竞争中资源与人口的基本流动方向,即国家城市发展模式的基本方向。纵观其内在机制,资源与人口的流动方向由不同类型城市的城镇化效率所决定,虽然不同城市的城镇化水平上升都会引发资源从区域内的另类城市流向自身,但是城镇化效率更高的城市所吸引的资源的强度同样也要高于城镇化效率较低的城市,因此,城市之间的资源流动会向城镇化效率更高的城市倾斜。

7.2.2 模型设定与实证设计

与理论机制的分析对应,经验分析将从城镇化对地区资源流动的影响及城镇化效率的城市差异两个角度展开,前者的目的在于从经验数据的角度验证城镇引发区域内资源流动的机制,后者则是为了揭示城镇化进程中资源在不同类型城市中流动的基本方向。

实证分析的设计思路如下:

(1)本章从新增企业选址的角度来分析城镇化所引发的地区资源流动的问题。利用零膨胀Poisson回归模型(用来捕捉大量的0数据)估计城镇化水平对城市新增企业数量的影响;参考《国家新型城镇化规划(2014—2020年)》①的做法,将市辖区当年常住人口超过100万的城市划分为大城市,反之则为小城市;为了捕捉城镇化所带来的"跷跷板"效应,Poisson回归的均值方程中引入了区域内另类城市(其他类别城市)城镇化的影响。模型设定如下:

$$\begin{cases} \Pr(\text{Add}_{kt} = 0 | w_{kt}) = e^{\theta} \\ \Pr(\text{Add}_{kt} = j | w_{kt}) = (1-e^{\theta}) \cdot e^{-\lambda_{kt}} \lambda_{kt}^{j}/(j!), \ j=1,2,\cdots \end{cases} \quad (7\text{-}1)$$

$$\text{s.t.} \quad \ln(\lambda_{kt}) = \alpha_1 \cdot \text{Urban}_{kt} + \alpha_2 \cdot \text{Urban\_other}_{kt} + x'_{kt}\beta + d'_{kt}\delta$$

其中,下标 k 和 t 分别对应不同的城市与年度;Add 为城市年度新增企业数量;$\{\theta, \alpha_1, \alpha_2, \beta, \delta\}$ 为待估参数;λ 为城市新增企业数量的均值;w 为解释变量;变量 Urban 和 Urban_other 分别对应城市的城镇化水平与区域内另类城市的平均城镇化水平;x 为其他控制变量;d 为控制的虚拟变量。城镇化对地区资源配置存在"跷跷板"效应意味着参数 α_1 和 α_2 满足条件:$\alpha_1 > 0$,$\alpha_2 < 0$,即城镇化水平上升会增加城市新增企业数量,同时降低区域内另类城市的新增企业数量。

划定资源流动的区域范围是研究资源配置的关键。由于本章研究的地理单位是城市,对城市之间资源流动的区域范围的一个自然选择是其所在省(区、市),鉴于各省(区、市)之间的利益竞争,资源在一省内部的流动比跨省流动显然更容易。但是,使用省(区、市)作为资源流动的区域存在几点不足:首先,对于直辖市而言,找不到区域内的另类城市;其次,某些城市在距离上更接近邻省的其他城市,只考虑资源的省内流动无法很好地刻画真实情形;最后,某些省内部大、小城市的比例非常悬殊,使得区域内另类城市城镇化指标的构建不够稳健。因此,本章使用城市所在省(区、市)及其相邻省(区、市)所构成的区域来定义企业流动的区域范围。

(2)本章从城市企业生产率的视角来讨论城镇化效率的异质性问题。通过分析不同城市城镇化对企业生产率的影响的异质性来考察城镇化效率的城市差异,使用LS回归估计城镇化对生产率的边际影响;为了捕捉城市发展模式对不同类别城市的倾向性,回归方程中引入城镇化与城市规模特征变量的交叉结构来

---

① 中共中央 国务院印发《国家新型城镇化规划(2014—2020年)》. http://www.gov.cn/gongbao/content/2014/content_2644805.htm,2014-03-16.

刻画城镇化影响的城市异质性。模型设定如下：

$$\ln \text{TFP}_{it} = \sum_{j=1}^{J} \alpha_j \cdot \text{Urban}_{kt} \times \text{Dum}_{j,kt} + x'_{it}\beta + \varepsilon_{it} \qquad (7\text{-}2)$$

其中，下标 i 和 t 分别对应不同的企业和年度，k 对应不同的城市；Dum 表示城市分类虚拟变量；x 为其他控制变量；$\{\alpha_1,\cdots,\alpha_j,\beta\}$ 为待估参数；ε 为误差项。实际分析时考虑如下两种城市分类设定：一是根据市辖区常住人口是否超过 100 万将城市划分为大、小两类城市，对应的分类虚拟变量为 Big 和 Small；二是根据市辖区常住人口从小到大将城市划分为四类城市[①]：人口小于 50 万的迷你城市、人口大于 50 万小于 100 万的中小城市、人口大于 100 万小于 200 万的中大城市和人口大于 200 万的特大城市，对应的虚拟变量分别为 C_1、C_2、C_3 和 C_4。

7.2.3 数据来源与变量说明

城市的城镇化水平是本章关注的核心变量。城镇化一方面反映的是人口从农村向城市集聚的过程，另一方面也反映了城市的中心区向外扩张的过程（李子联，2013），两者互为表里。以往基于省级以上层面的实证分析基本使用人口城镇化（城镇人口占城镇与农村总人口的比重）的指标，遗憾的是，该指标相关的城镇与农村人口不存在地级市层面的官方统计指标，因此，本章从土地城镇化的角度来定义城市的城镇化水平，具体而言，城镇化水平使用城市建成区的面积占市辖区面积的比重来衡量。

为了反映城市发展的异质性，本章在考察资源流动效应时考虑了如下控制变量：城市人口规模 lnSize（市辖区人口的对数）、人口密度 lnDenp（市辖区人口的对数－市辖区面积的对数）、劳动力成本 Laborcost（职工工资总额／GDP）、非农人口比重 R_fn（市辖区非农人口／总人口）、城市到北上广三大增长极的最短距离 Min3dis[②]（单位：1 000 千米）。在考察城镇化效率时除了使用上述部分城市特征变量，还考虑如下反映企业异质性的特征变量：企业是否国有的虚拟变量 Stateowned、政府资本占企业实收资本的比重 Gov、企业是否有出口行为的虚拟变量 Expo、劳均资本的对数 lnKL、企业的资本负债比 Lev。

本章使用的城市数据来自《中国城市统计年鉴》，时间为 1998~2007 年，涵盖我国 287 个地级以上的城市数据；企业数据来自中国工业企业数据库，根据企

[①] 该划分标准与王小鲁（2010）的方法相同，但其将四类城市从小到大依次称为小城市、中型城市、大城市、特大城市。考虑到本章前面已经使用了大城市和小城市的二分法定义，为了避免混淆，本章将城市划分为迷你城市、中小城市、中大城市和特大城市。

[②] 城市间距离为使用谷歌地图查找的最短行车距离，城市内部的距离则以城市面积的半径计算。

业的地理位置与开工时间等信息计算各个城市每年的新增企业数量；对应年度的省区价格数据来自《中国统计年鉴》，工业增加值和固定资产投入分别使用各省的 PPI 和 API 转化为 1998 年可比价格，企业的全要素生产率使用 LP 法（Levinsohn and Petrin, 2003）测算。为了消除缺失值与异常值的影响，我们剔除了非农人口比重大于 1 和劳动力成本超过 0.59 的样本，并删除工业总产值等非负指标小于 0 的数据，删除企业政府资本与 FDI 比重超过[0，1]、企业年龄超出（0，100）及劳动人数小于 6 人的数据。

7.3 城镇化对地区资源配置的影响

7.3.1 城镇化对新增企业选址的影响

基于新增企业选址的表现估计城镇化对地区资源配置的作用机制，基本结果见表 7-1。作为比较，表 7-1 中同时报告了关注变量只包含城市的城镇化水平与同时还包含区域内另类城市的平均城镇化水平的情形[表 7-1 结果的第（1）列与第（2）列]。如表 7-1 所示，如果不考虑城市间的资源流动，城镇化对城市新增企业数量具有显著的正向影响；引入资源流动的设定，城镇化对城市新增企业数量同样具有显著的正向影响，但估计系数有所增大，同时，城镇化对区域内另类城市的新增企业数量存在显著的负向影响。这一结论表明，城镇化对地区资源配置存在"跷跷板"效应，某个城市城镇化水平的提高会引导资源从区域内的另类城市流向该城市。对比两种情形下城镇化系数的大小可知，城镇化水平对城市新增企业数量的影响一部分可以归结为城镇化水平的提高对新企业进入市场的刺激，一部分则是来自资源的流动。

表 7-1 城镇化对新增企业选址的影响（因变量：Add）

解释变量	（1）		（2）		（3）	
	系数	t 值	系数	t 值	系数	t 值
Urban	1.768 7***	23.746 4	1.822 8***	24.535 0		
Urban_other			-2.871 3***	-9.083 1		
Urban×Big					1.520 8***	13.010 5
Urban×Small					1.880 5***	23.539 5
Urban_other×Big					-3.197 7***	-9.502 8
Urban_other×Small					-3.016 6***	-5.983 1
lnSize	0.337 7***	46.496 6	0.343 9***	47.223 4	0.245 1***	20.638 9

续表

解释变量	（1）		（2）		（3）	
	系数	t 值	系数	t 值	系数	t 值
lnDenp	0.629 6***	27.559 2	0.643 4***	28.081 6	0.609 2***	25.998 3
（lnDenp）^{2}	−0.427 1***	−26.525 1	−0.441 2***	−27.158 8	−0.433 5***	−26.515 5
Laborcost	−1.739 8***	−16.255 8	−1.745 9***	−16.337 6	−1.542 0***	−14.342 4
Min3dis	−3.517 9***	−30.393 5	−3.441 8***	−29.684 3	−3.497 0***	−30.587 7
（Min3dis）^{2}	3.027 9***	17.508 5	2.951 3***	17.039 6	2.843 2***	16.938 1
（Min3dis）^{3}	−0.758 2***	−11.182 6	−0.729 4***	−10.730 8	−0.661 4***	−10.151 0
R_fn	0.355 0***	10.664 0	0.317 9***	9.481 3	0.378 3***	11.121 4
城市分类虚拟变量	NO		NO		YES	
年度虚拟变量	YES		YES		YES	
地区虚拟变量	YES		YES		YES	
观测值个数	2 026		2 026		2 026	
Vuong 检验 P 值	0.000 0		0.000 0		0.000 0	

***表示在 0.1%的水平上显著

资料来源：作者基于 STATA 软件估计

为了捕捉城镇化影响的城市异质性，表 7-1 中还报告了城镇化水平与城市分类虚拟变量交乘设定下的估计结果[表 7-1 结果的第（3）列]；可以看到，引入城市异质性设定并没有改变回归的基本结果，城镇化对城市新增企业数量的影响仍然显著为正，对区域内另类城市的新增企业数量的影响显著为负。城镇化对大城市的影响略低于对小城市的影响，其引发的资源流动也更小，这一点与它们对应的城市规模相符。回归结果对不同设定表现出很强的稳定性，关注变量在不同设定下的估计结果保持了一致并且相互佐证，各个控制变量的估计系数大小与显著性也高度一致，且每种设定下所报告的 Vuong 检验（零膨胀对普通 Possion 回归）也都一致支持零膨胀 Possion 回归。鉴于第（3）列的设定所对应的模型嵌套了前面两列对应的设定情形，后文的分析以其作为基准设定。

由控制变量的系数的估计结果可知，城市人口规模 lnSize 的估计系数显著为正，凸显了大城市所带来的经济优势，更大的市场为企业带来更大的存活空间，也可以容纳更多的企业，因此有更多的新企业愿意选址于大城市；城市的人口密度 lnDenp 显著为正，其二次项的系数显著为负，呈现倒 U 形结构，说明当城市的人口密度较低时，人口密度的上升能够产生集聚效应，促进新企业的进入，而当人口密度较高时，其上升反而会带来严重的拥挤效应，抑制新企业的进入；劳动力成本 Laborcost 显著为负，表明高劳动力成本会限制新企业进入该城市的意愿；非农人口比重 R_fn 显著为正，意味着产业结构从农业向二、三产业的转移能够带来正的结构红利，二、三产业比农业能够容纳更高密度的企业数量。城市到北上广三大增长极的最短距离 Min3dis 及其二、三次项的系数分别显著为负、正、负，呈现"∽形"结构①，符合新地理经济学的理论预测。

7.3.2 城市划分的稳健性分析

城市分类标准是地区资源配置分析的核心，也是估计结果可信度的重要支撑。为了考察估计结果对城市分类的稳健性，本章也尝试了如下城市分类处理：一是将市辖区当年常住人口超过 150 万的城市划分为大城市；二是将市辖区当年常住人口超过所有城市市辖区年均常住人口均值的城市划分为大城市。如表 7-2 所示，各个控制变量的估计系数方向与显著性在不同的划分下保持了高度一致，城镇化估计系数的方向与显著性也基本保持了一致，只有在以常住人口 150 万作为城市分类标准时小城市对应的另类城市城镇化水平不显著，原因可能是此时大、小城市的比重相差太多，大城市的数量太少。但总的来看，关于大、小城市的分类标准基本不影响我们的实证分析结果，城镇化所引起的城市资源配置的"跷跷板"效应对于不同的城市分类标准是稳健的，估计结果具有良好的可信度。

表 7-2 城市分类的稳健性分析（因变量：Add）

解释变量	（1）		（2）		（3）	
	系数	t 值	系数	t 值	系数	t 值
Urban×Big	1.520 8***	13.010 5	2.151 1***	17.103 9	1.553 6***	13.269 1
Urban×Small	1.880 5***	23.539 5	1.651 3***	20.709 0	1.799 6***	22.712 3
Urban_other×Big	-3.197 7***	-9.502 8	-3.403 1***	-10.468 8	-4.045 8***	-12.534 7
Urban_other×Small	-3.016 6***	-5.983 1	0.563 6	1.604 6	-5.959 2***	-12.266 7
lnSize	0.245 1***	20.638 9	0.333 7***	27.110 4	0.128 9***	10.150 5
lnDenp	0.609 2***	25.998 3	0.651 7***	28.179 3	0.622 6***	26.821 1
（lnDenp）^{2}	-0.433 5***	-26.515 5	-0.446 0***	-27.218 0	-0.447 0***	-27.246 6
Laborcost	-1.542 0***	-14.342 4	-1.777 9***	-16.553 5	-1.347 3***	-12.495 3
Min3dis	-3.497 0***	-30.587 7	-3.484 8***	-29.449 2	-3.672 8***	-32.042 9
（Min3dis）^{2}	2.843 2***	16.938 1	3.043 1***	17.189 8	2.824 8***	16.989 7
（Min3dis）^{3}	-0.661 4***	-10.151 0	-0.764 0***	-11.016 7	-0.657 5***	-10.289 7
R_fn	0.378 3***	11.121 4	0.345 6***	10.317 8	0.369 9***	11.034 1
城市分类虚拟变量	YES		YES		YES	
年度虚拟变量	YES		YES		YES	
地区虚拟变量	YES		YES		YES	

---

① 一些经典的城市经济学文献，如 Fujita 和 Krugman（1995），证明了经济体内部距离与市场潜力之间存在"∽形"结构；国内的相关文献也得到了类似的结论（陆铭和向宽虎，2012）。

续表

解释变量	（1）		（2）		（3）	
	系数	t 值	系数	t 值	系数	t 值
大城市的划分条件	Pop > 100		Pop > 150		Pop > Pop_mt	
大城市的比例	0.413 6		0.237 3		0.352 6	
观测值个数	2 026		2 026		2 026	
Vuong 检验 P 值	0.000 0		0.000 0		0.000 0	

***表示在 0.1%的水平上显著

注：Pop 表示城市当年的市辖区常住人口；Pop_mt 表示所有城市年均市辖区常住人口的平均值

资料来源：作者基于 STATA 软件估计

7.3.3 城市扩张对城镇化的对冲作用

当城市的市辖区范围发生变动时，（土地）城镇化水平会偏离真实的城镇化程度，向与真实水平相反的方向变动，此时如果忽略对市辖区范围调整的考虑可能会导致回归结论出现偏差，得到不准确的判断。为了了解城市市辖区调整的情况，我们对样本进行了差分，得到有效观测值 2 399 个，其中市辖区发生调整的样本有 437 个，占总样本的比重高达 18.2%。图 7-2 报告了城市市辖区面积调整的强度与其对应的频率，其中城市市辖区面积的对数差分（D.lnArea）的绝对值在 0.1 内的数据占了大部分，这种微小调整可能主要是由土地的测绘或计算方式调整等引起的，一般不对应较大的行政规划调整；在 D.lnArea 的绝对值超过 0.1 的样本中，由城市拆分导致面积大幅下降的样本比较少，而由行政规划的调整导致市辖区面积扩大的数据则相对要多很多；总的来看，城市市辖区调整的情况反映了城市扩张的趋势。

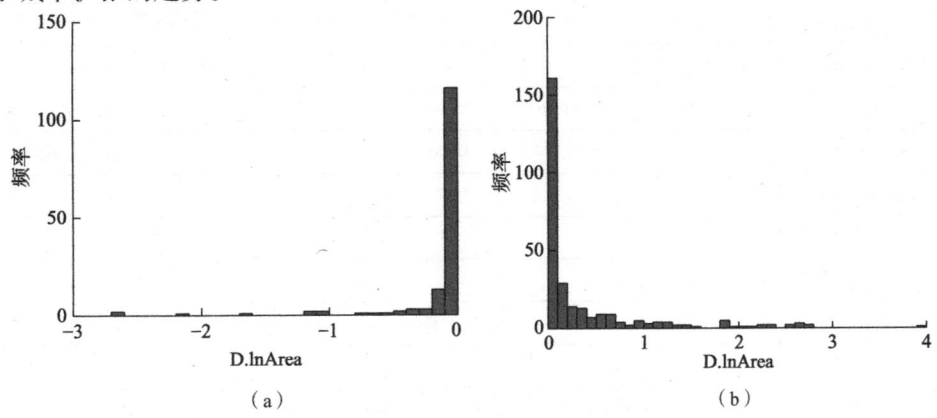

图 7-2 城市市辖区面积的变动情况

D.lnArea 表示城市市辖区面积的对数差分

为了控制城市市辖区扩张对回归模型估计结果的影响，本章对城市市辖区面积调整范围逐步扩大（D.lnArea 的单侧变动步长为 0.1）所对应的不同样本分别重新估计模型。表 7-3 报告了其中的部分估计结果（更详细的结果备索）。如表 7-3 所示，对不同城市市辖区调整范围对应的不同样本，回归模型的估计结果都保持了很好的一致性，各个变量的估计系数的方向与显著性基本一致，但从系数的大小看，随着样本集的扩大，城镇化的边际影响的规模存在下降的趋势，特别是，不包含市辖区调整样本时的边际影响规模要明显高于包含这部分样本下的估计结果，这意味着由于包含了城市扩张的样本，城镇化的资源配置效应被低估了，或者说，城市扩张对城镇化的边际影响存在对冲作用。当然，从系数的方向与显著性来看，虽然城市市辖区的扩张对城镇化的影响具有对冲作用，但并不改变模型估计的基本结论。

表 7-3 城市扩张对城镇化影响的对冲作用（因变量：Add）

解释变量	（1）		（2）		（3）	
	系数	t 值	系数	t 值	系数	t 值
Urban×Big	1.480 6***	11.786 4	1.741 4***	13.650 3	2.089 8***	15.610 5
Urban×Small	1.934 0***	22.273 7	1.949 3***	21.864 3	2.073 8***	22.882 5
Urban_other×Big	-4.319 7***	-11.651 6	-4.905 4***	-12.244 2	-8.443 4***	-20.289 0
Urban_other×Small	-4.386 7***	-8.075 9	-4.658 3***	-8.351 6	-10.138 0***	-16.557 0
lnSize	0.277 1***	22.089 6	0.297 0***	23.292 6	0.304 6***	22.049 9
lnDenp	0.640 3***	25.584 8	0.679 6***	26.477 7	0.686 9***	24.071 1
（lnDenp）^{2}	-0.447 8***	-24.848 7	-0.471 5***	-25.671 0	-0.516 7***	-25.572 4
Laborcost	-1.055 2***	-8.091 2	-1.654 1***	-11.797 7	-1.572 3***	-10.373 5
Min3dis	-3.773 7***	-28.610 4	-3.788 5***	-28.618 8	-3.614 4***	-26.103 5
（Min3dis）^{2}	3.370 0***	16.567 0	3.477 8***	17.117 3	3.000 4***	14.275 3
（Min3dis）^{3}	-0.926 2***	-11.067 5	-0.966 5***	-11.609 6	-0.794 1***	-9.313 8
R_fn	0.371 3***	10.347 7	0.334 1***	9.202 1	0.096 5*	2.450 5
城市分类虚拟变量	YES		YES		YES	
年度虚拟变量	YES		YES		YES	
地区虚拟变量	YES		YES		YES	
样本条件	|D.lnArea| <= 0.5		|D.lnArea| <= 0.1		|D.lnArea| = 0	
观测值个数	1 735		1 667		1 454	
Vuong 检验 P 值	0.000 0		0.000 0		0.000 0	

*和***分别表示在 5%和 0.1%的水平上显著

资料来源：作者基于 STATA 软件估计

7.4 城市发展战略的效率分析

在全国的城镇化进程中,不同城市之间的城镇化竞争将驱使资源流向更有优势的城市,这种资源流动的整体方向便呈现为特定的城市发展模式。21世纪以来中国的城镇化进程无疑是资源向大城市集聚的过程,大中城市的规模与数量得到了极大的提升(王小鲁,2010),大城市借助城镇化对资源配置的"跷跷板"作用集聚了庞大的资源与人口。未来中国的城镇化进程将主要往哪个方向走?仅依靠资源配置效应的分析显然是不够的,我们需要进一步解释城镇化所带来的资源配置背后的驱动力量,即不同城市城镇化对生产率影响的差异。

7.4.1 城镇化效率的城市异质性

由城镇化对所在城市企业全要素生产率影响效应的估计结果[表7-4结果的第(1)列]可知,城镇化对城市企业的全要素生产率具有显著的促进作用,城镇化水平的提升能够提高城市内部企业的生产率,这意味着从长期来看城镇化水平的上升能够促进城市经济增长,提升城市的发展优势。引入城市异质性的设定,将城市划分为大、小两类[表7-4结果的第(2)列],结果表明,大、小城市的城镇化水平对企业的全要素生产率分别存在显著的正向与负向影响;这意味着,由于大城市在城镇化进程中能够带来更高的效率提升作用,在市场机制的作用下资源会向大城市流动,这一结果与中国近十几年来资源集聚的基本方向是一致的。进一步地,将城市按规模从小到大划分为四类城市[表7-4结果的第(3)列],结果显示,城镇化对企业生产率的边际影响随着城市规模的扩大呈现正、负、负、正的U形结构,城镇化进程所带来的效益呈现两极分散的特征,特大城市与迷你城市在全国的城镇化进程中具有更强的发展优势[①],相对而言,中型城市在城镇化进程处于弱势的一方。

表7-4 城镇化对企业生产率影响的地区差异(因变量:lnTFP)

解释变量	(1)		(2)		(3)	
	系数	t值	系数	t值	系数	t值
Urban	0.042 8***	3.543 2				
Urban×Small			−0.090 6***	−5.428 2		

[①] 城镇化效率的这种U形结构在余壮雄和杨扬(2014a)的研究中也被发现,他们基于企业生产率无条件分布的分析表明,与其他城市相比,特大城市与小城镇(迷你城市)的扩大能带来更大的边际集聚效应。

续表

解释变量	(1)		(2)		(3)	
	系数	t值	系数	t值	系数	t值
Urban×Big			0.171 3***	11.449 2		
Urban×C_1					0.276 6***	13.937 1
Urban×C_2					-0.363 1***	-16.692 1
Urban×C_3					-0.105 0***	-5.315 4
Urban×C_4					0.272 3***	12.424 6
Stateowned	-0.439 4***	-91.086 4	-0.439 7***	-91.135 0	-0.438 4***	-90.890 6
Gov	-0.134 1***	-26.684 9	-0.134 6***	-26.791 4	-0.133 3***	-26.528 1
Expo	0.290 6***	155.797 7	0.291 3***	156.023 8	0.290 4***	155.423 7
lnKL	0.048 2***	73.182 3	0.048 2***	73.186 9	0.048 1***	73.000 5
Lev	-0.227 1***	-80.117 8	-0.227 2***	-80.148 4	-0.226 9***	-80.075 8
lnSize	0.037 5***	29.721 2	0.046 4***	21.856 7	0.010 5**	3.096 9
R_fn	0.167 4***	29.814 1	0.159 1***	27.797 9	0.198 1***	33.557 7
Min3dis	-0.269 7***	-16.043 2	-0.249 7***	-14.788 9	-0.244 4***	-14.279 8
(Min3dis)^2	0.435 8***	19.110 7	0.421 8***	18.471 8	0.375 5***	16.361 7
(Min3dis)^3	-0.095 6***	-13.516 2	-0.096 6***	-13.651 1	-0.080 0***	-11.242 8
城市分类虚拟变量	NO		YES		YES	
年度虚拟变量	YES		YES		YES	
地区虚拟变量	YES		YES		YES	
行业虚拟变量	YES		YES		YES	
观测值个数	1 558 645		1 558 645		1 558 645	
R^2	0.096 1		0.096 2		0.096 5	

和*分别表示在1%和0.1%的水平上显著

资料来源：作者基于STATA软件估计

由控制变量的估计结果可知，不同设定下各个控制变量的估计系数与显著性保持了良好的一致性，引入城镇化影响的城市异质性并没有改变模型的基本结果。各个变量的系数的估计结果也基本符合经济学理论与经济现实。从企业个体特征来看，国有企业及国有资本的比重越高，企业的生产率越低，参与出口①和资本密集程度较高的企业拥有更高的生产率，资本负债率太高则会对企业的生产率不利。从城市宏观环境来看，大城市存在资源集聚的优势，集聚所带来的外部性溢出能够提高企业的生产率；二、三产业比重越高，企业的生产率越高，体现了产业结构红利的影响；城市到北上广三大增长极的距离及其二、三次项的估计系数分别为负、正、负，呈现"∽形"结构，与新地理经济学的研究一致。

---

① 新新贸易理论（Melitz，2003）指出，企业要进入国际市场需要克服更大的固定成本，只有更高效率的企业才会出口。

7.4.2 城镇化进程与城市竞争优势的转移

城镇化效率的城市差异是资源在不同城市之间流动的风向标,在城镇化进程中这种城市之间的效率差异往往会发生变动,进而导致资源流动方向的改变。城市序贯增长理论(Cuberes,2011)认为,随着城市规模的扩大,资源集聚效应会呈现倒 U 形结构,当城市规模处于较低水平时,城市规模越大资源集聚所带来的效益越大,而当城市规模超过一定水平后,城市规模的增大反而会导致其资源集聚效应下降,使得具有最高集聚效应的城市的排序(城市按规模从大到小排序)增大,即以城市规模从大到小排序的城镇化效率的峰值随时间的推移呈现右移的趋势。为了考察城市竞争优势的变动情况,本章以三年为滚动窗口,对样本期间的每一个三年窗口重新估计模型,表 7-5 报告了其中的部分估计结果(详细的结果备索)。

表 7-5 不同样本时期的城镇化边际影响(因变量:lnTFP)

解释变量	样本年度					
	1998~2000 年	1999~2001 年	2001~2003 年	2002~2004 年	2004~2006 年	2005~2007 年
Urban×C_1	0.445 0*** (12.019 4)	0.384 3*** (10.767 7)	0.178 3*** (5.041 9)	0.207 0*** (5.757 3)	0.070 2 (1.656 1)	−0.062 4 (−1.397 2)
Urban×C_2	−0.393 7*** (−8.829 7)	−0.529 6*** (−11.147 0)	−0.535 5*** (−11.369 6)	−0.361 2*** (−8.437 3)	−0.085 4* (−2.217 5)	0.074 1* (2.108 7)
Urban×C_3	0.287 2*** (6.312 8)	0.157 1*** (3.382 8)	−0.216 7*** (−4.235 3)	−0.456 5*** (−11.510 0)	−0.084 9** (−3.033 9)	−0.092 1** (−3.128 1)
Urban×C_4	0.899 0*** (8.986 9)	0.575 3*** (5.829 6)	0.626 9*** (9.163 9)	0.571 6*** (11.558 7)	0.556 4*** (15.453 1)	0.173 2*** (6.415 5)

*、**和***分别表示在5%、1%和0.1%的水平上显著。
注:括号中为 t 值;为了节省篇幅,其他变量的估计结果不再报告
资料来源:作者基于 STATA 软件估计

如表 7-5 所示,不同样本区间关注变量的系数基本都很显著,只有在样本期最后部分迷你城市的城镇化系数不显著,但直接使用估计结果还是用 0 代替都不改变以下的分析结果。从各类城市对应的估计系数来看,对于迷你城市与特大城市两类城市,城镇化对企业生产率的边际效应表现出明显的下降趋势,而对于中小城市与中大城市两类城市,城镇化边际效应则表现出先降后升的趋势。对比不同城市估计系数的大小可知,城镇化边际效应与城市规模之间存在明显的 U 形特征,在 2006 年(中间样本年度)之前,规模从小到大的4类城市对应的城镇化效应都呈现正、负、正的结构,但是,从趋势上看,不同城市之间这种系数的 U 形结构趋于平滑化并呈现翻转的趋势,在最后一个样本窗口这种 U 形特征已经

消失。

图 7-3 报告了滚动窗口分析所得到的各类城市城镇化边际效应的趋势。图 7-3 计算了滚动样本下关注变量估计系数经样本插值平滑后的时间趋势，横坐标对应样本的中间年份，样本插值的方法为 5 次迭代的样本插值，具体计算如下：$x_t^{(s+1)} = 0.25 \cdot x_{t-1}^{(s)} + 0.5 \cdot x_t^{(s)} + 0.25 \cdot x_{t+1}^{(s)}$，其中 x 为对应的样本点，t 为年度，s 为迭代的次数，s 为 0 对应真实取值。图 7-4 把估计结果纵向表示为城镇化边际效应在不同类型城市下所呈现的结构，为了更直观地捕捉城镇化效率结构的变动趋势，我们对某些样本窗口下的估计系数曲线进行垂直平移，中间样本年度为 2002 年、2004 年、2005 年和 2006 年时①的估计系数曲线分别向下平移 0.2 个、0.6 个、0.8 个和 1 个单位。

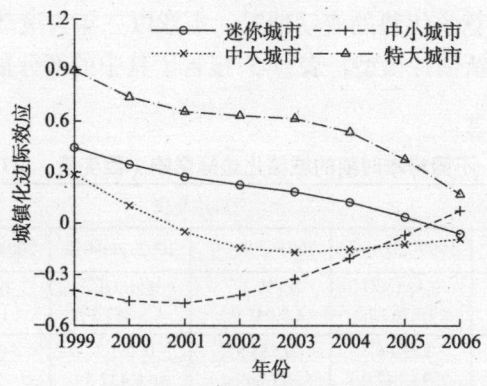

图 7-3　各类城市城镇化边际效应的趋势

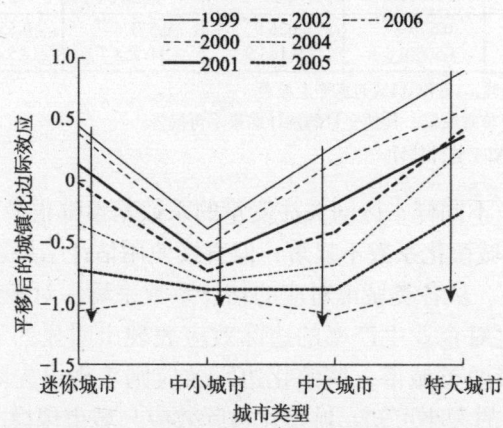

图 7-4　不同年度城镇化边际效应的结构

---

① 中间样本年度为 2003 年时的估计系数曲线也呈现 U 形结构，但其谷点在中大城市，平移后会和下一期的估计系数曲线相交，为了让图形更为简化直观，故没有画出该期的估计系数曲线。

由图 7-3 中城镇化边际效应的时间趋势可知，特大城市与迷你城市的城镇化效应呈明显的下降趋势，特别是特大城市的下滑很大，中小城市与中大城市的城镇化效应则呈现先降后升的趋势，尤其是中小城市有明显的上升。由图 7-4 不同类别城市估计系数的大小可知，在 2006 年（中间样本年度）之前城镇化效应与城市规模都呈现出明显的 U 形结构①，并且随着样本期的向后推移，城镇化效应与城市规模所呈现的 U 形结构正在逐渐趋于平滑，并向倒 U 形结构翻转，2006 年之前各个样本窗口下的估计结果所呈现的 U 形结构呈现平滑化的趋势，而到了 2006 年这一 U 形特征已经消失；对比各类城市城镇化系数的变动趋势可知，城镇化效率结构存在向倒 U 形翻转②的趋势，2006 年是城镇化效率结构出现根本性变动的时点。

总的来看，在我们考察的样本期间，城镇化效应的最优规模正在开始从原来的特大城市向中型城市转移，这意味着中国未来的城市发展模式的基本方向将逐步转向中型城市。近十几年来人口与资源不断向大城市集聚，特大城市的城镇化效应已明显下降，其城市优势已慢慢向中型城市转移。从这一点看，中国的城市发展正在按照城市序贯增长理论（Henderson and Venables，2009；Cuberes，2011）的预期方向前进。

7.5 小　　结

本章使用中国 1998~2007 年城市与企业数据从城镇化影响新增企业选址及企业生产率的角度考察了城镇化进程所引发的资源流动及城市发展优势的转移。基于城镇化对新增企业选址的影响的实证分析表明，城镇化水平对地区资源配置存在"跷跷板"效应，即城镇化水平上升会增加城市新增企业数量，同时降低区域内另类城市的新增企业数量；稳健性分析表明，不同的城市分类标准不会改变城镇化对资源配置的流动方向，而控制了城市扩张所带来的对冲作用，城镇化对地区资源配置的"跷跷板"效应甚至会更强。基于城镇化对城市企业生产率的影响的实证分析表明，城镇化对企业生产率的促进作用与城市规模之间存在 U 形结构，特大城市与迷你城市的城镇化对企业生产率具有正的促进作用。但是，从趋势上看，城镇化效率与城市规模之间的 U 形结构正在逐渐向倒 U 形转变，城市发

---

① 事实上，为了避免人为设定城镇化效应的非线性结构可能导致的误判，本章的模型设定只一般性地设定不同类型城市的城镇化效应存在异质性，然而图 7-4 的结果表明，在最后一个样本窗口之前的所有估计结果都一致地指向城镇化效应与城市规模的 U 形结构，这显示了该结果的稳定性和稳健性。

② 由于样本长度不够，这里还无法刻画城镇化效应的倒 U 形结构，只能留待后续研究。

展优势正在从特大城市向中型城市（中小与中大城市）转移，中国的城镇化道路正在按照城市序贯增长理论预期的方向前进。

基于上述研究结论，我们有如下政策建议：

（1）政府的城市发展战略应该与城市发展的市场效率方向保持一致，更明确地定位于中型城市。本章的实证结果支持了中国的城市发展模式的效率方向正在从特大城市向中型城市（50万~200万人）转移，这肯定了中国当前城市发展战略从特大城市向中型城市转移的必要性与合理性。经过40多年的发展，特别是近十几年来人口与资源向大城市的高速集聚，中国当前特大城市的规模已经非常巨大，人口与资源的集聚带来了严重的拥挤效应，这种负面影响抵消了集聚所带来的正外部性，引发了大量的社会问题。适当控制特大城市的发展规模、鼓励中型城市的发展，符合中国当前所处的经济发展阶段与城市发展现状，能够产生更高的经济与社会效益。一方面，可以为特大城市解决当前面临的一系列的社会问题、推进这些社会制度的改革腾出充裕的时间；另一方面，积极发展规模较大的中型城市，能够有效利用资源集聚的规模效应，避免资源过度分散所带来的效率损失。

（2）政府在制定城市发展战略时有必要进一步拓宽中型城市的界定范围，避免陷入城市规模过小的低效率陷阱。中国当前的城市发展路线与40多年前的路线存在关键的差异，与40多年前不同，当前的城市发展战略将中型城市与小城市共同作为城镇化的基本方向（小城镇没有再单独提出），这种调整是对城市规模效应的认可与对市场效率的接受。不过，从本章的角度来看，当前国家的城市发展战略对中型城市的定位过于保守，政府在《国家新型城镇化规划（2014—2020年）》中虽然明确提出了积极发展中、小城市的思路，确定了中型城市与小城市的同等发展地位，但按照规划中的定义，其中的中型城市仅相当于本章四级城市分类的中小城市（50万~100万人），不包含本章所说的中大城市；可见，政府的城市发展战略存在过度回调的情况，对城市发展最优规模的判断过于保守。中国的人口规模有能力形成一大批中型城市（中小与中大型城市），将人口分散到太多的小城市与小城镇，压缩中型城市的发展空间，将难以发挥人口与资源集聚的规模经济，对城市经济的长期发展也是不利的。

（3）政府在制定城市发展战略时应该动态地从发展的角度来评估政策的影响与作用，结合经济发展所处的不同阶段及城市发展的不同水平制定相应的城市发展思路。本章的研究从经验数据上揭示，城镇化的市场效率方向在我们考察的样本期间经历了从特大城市向中型城市转移的过程，在不同的经济发展阶段，各类城市的城镇化效率存在着显著的变动，甚至不同类型城市的城镇化效率出现排序上的反转。这就要求政府在制定相关的城市发展战略时必须基于最新的经济与城市发展状况，只有准确把握每个时期城镇化的市场效率方向所在，才能制定合适的政策达到引导市场、配合市场的效果。特别是,随着中国未来城镇化进程的加快,城市的平均规模将会逐步扩大,对于大、中、小型城市的划分也会相应调整,这种城市分类标准的调整将会影响对城镇化效率的分析,从而影响城镇化的效率方向,只有动态地基于最新信息来制定相应的城市发展战略,才能实现预期的政策效果。

第8章 中国城镇化进程中的城市序贯增长

8.1 引　言

伴随着市场化改革的推进，中国的城市发展战略经历了多次调整，其效率与方向一直是学界关注的重要问题（陆铭等，2011）。20世纪80年代初，为了扭转此前工业赶超策略引致的诸多城市问题，中央提出"严格控制大城市规模，合理发展中小城市，积极发展小城镇"的战略，推动了中小城市与小城镇的迅速发展，但同时也带来了城市规模普遍偏小的问题（王小鲁和夏小林，1999；Au and Henderson，2006）。2002年中央对城市发展战略进行修正，确立了"坚持大中小城市和小城镇协调发展"的思路，鼓励各级城市平等、自由地竞争与发展，有效地推动了大中型城市规模与数量的显著提升。十几年来，人口不断向大城市集聚，在某些特大型城市，人口拥挤与资源分配不均等问题已日益突出。此时，中央在《国家新型城镇化规划（2014—2020年）》中再次提出严格控制大城市规模，积极发展中小城市的思路，将城镇化的发展方向重新转向中小城市。新型城镇化的效率及基于市场规律的城市化战略应该遵循怎样的发展方向，成为当前学界研究的焦点。

近年来，有关城市演化的一些特征事实（Cuberes，2011）越发引起经济学者的关注，特别是城市序贯增长理论的兴起为城市规模结构的演进提供了一种动态的解释。城市序贯增长的理论与中国城市发展战略的调整不谋而合，为研究城镇化路径的演变提供了新颖的理论工具。党的十六大提出的"大中小城市和小城镇协调发展"的城市发展战略也为当前新型城镇化的效率分析提供了一个合适的社会实验。在2003~2012年[①]，中国各级城市处于一种由市场主导的

[①] 当前的新型城镇化中也存在各级城市协调发展的表述，但由于明确说明了城镇化的发展方向，协调发展的提法已不再具有早期平等、自由发展的实际意义与作用。

相对①自由与公平的竞争状态，中央政府不再从全国城市发展战略的角度干预资源在各级城市之间的流动。在市场力量的作用下，城市之间的相对发展优势决定了资源在城市间的流动方向，而随着城镇化进程的推进，城市系统演化的内在规律将促使城镇化的相对优势在各级城市之间转移。当前，中国的城镇化进程正处于比较关键的时期，城镇化水平的整体落后（简新华和黄锟，2010）和某些超大城市资源的过度集中（Henderson，2007；魏后凯，2014）并存，中央的新型城镇化战略重新提出控制大城市规模是否符合城市发展的背景与市场演变的需求？这极需要我们从理论和实证方面阐述并验证中国城镇化进程中城市发展优势在城市系统中的转移②路径与表现。

8.2 城市序贯增长的理论机制

本章立足于中国城市经济发展的特点，对 Henderson 和 Venables（2009）的城市序贯增长框架进行了拓展，引入了一些更符合经济现实与中国经济运行特征的设定。首先，引入了产品异质性的问题，设定不同城市生产不同的产品，并且在城市内部引入服务业的设定；其次，假定城市系统同时存在若干个不同的城市，各个城市在每个时期都在发展；最后，对人口从农村向城市迁移的设定给出了一个合理的解释，假定城市与农村之间存在一个足够大的迁移成本（如户籍制度）使得两者之间存在收入差异，迁移成本的下降会引起农村人口向城市迁移。

8.2.1 生产者

经济系统由农村和 m 个城市组成，农村的人口记为 n_0，城市 i（$i=1,\cdots,m$）的人口记为 n_i，总人口标准化为 1，$n_0 + \sum n_i = 1$。城市内部存在工业和服务业两个部门，$n_i = n_{i,I} + n_{i,S}$，其中，$n_{i,I}$ 和 $n_{i,S}$ 分别表示城市 i 内部从事工业品生产的工人数量与从事服务业的工人数量；工业部门负责生产工业品用于消费，而服务业部门则为工业部门的工人提供住房和交通设施。

---

① 除了全国意义上的城市发展战略，各级政府不可避免地都在影响着资源在城市间的流动，财政与金融的支持等都在影响各级政府的相对竞争优势。

② 余壮雄和李莹莹（2014）基于中国 1998~2007 年的城市与企业数据研究发现，城镇化效率与城市规模之间的 U 形关系随着样本的后推趋于扁平化，并指出中国的城市发展优势正在向中型城市转移；遗憾的是，受制于企业数据的可获得性，他们未能完整呈现城市系统在"城市自由竞争"时期的演化过程，也没有基于中国城镇化进程的特征提出相应的理论解释。

(1)城市工业工人。不同城市的工业企业生产不同的异质性产品,同一个城市的工业企业只生产同一种工业品,企业的内部规模收益不变,但受到全市规模外部性的影响。鉴于企业不变的收益水平,假设每个工人也是一个企业。在城市规模经济下,工人们受益于彼此的交互活动,每个工人的产出水平都随着城市规模的增长而增长,工业品的生产函数设定如下:

$$x_i = n_{i,I}^{\beta}, \quad \beta > 0 \qquad (8-1)$$

其中,参数 β 表示产出对城市人口规模的弹性,衡量城市规模经济的强度。为了防止城市规模无限扩大,Henderson 和 Venables(2009)令城市规模经济的强度 β 满足条件 $0<\beta<1$;由于本章引入了异质性产品的设定,产品的异质性会抵消一定的生产外部性,因此,这里并不需要约束城市规模外部性的强度。

假定所有的工业品生产都发生在城市的商业中心区,工人从住所到市中心上下班需要支付一定的通勤成本,住房也需要支付相应的租金。工人的自由流动要求城市里所有的工人在支付房租和通勤成本以后具有相同的可支配收入;因此,房租会由城市中心到边缘递减。不妨设城市边缘的房租为零,则住在城市内部的工人所支付的租金加上通勤成本会等于住在城市边缘的工人的通勤成本,这意味着我们不需要单独去考察租金的问题。

不失一般性,假定城市的人口规模按其序号的递增从大到小排序,借鉴 Henderson 和 Venables(2009)的设定,住在城市 i 边缘的工业工人所支付的通勤成本 TC 设定如下:

$$TC_i = c_{0i} + c(\tau)n_{i,I}^{\delta} \equiv \alpha_i n_{1,I}^{\delta} + c(\tau)n_{i,I}^{\delta} \qquad (8-2)$$

工人的通勤成本由两部分组成:第一部分为反映城市异质性的固定通勤成本,假定大城市比小城市拥有更高的固定通勤成本,对任意的 $i>j$ 有 $c_{0i}<c_{0j}$,不妨将城市固定通勤成本标准化[①]为 $\alpha_i n_{1,I}^{\delta}$,则有 $\alpha_1 > \cdots > \alpha_i > \cdots > \alpha_m > 0$;第二部分为随城市人口变动的可变通勤成本[②],其中,$c(\tau)$ 为工人的单位通勤成本,设定为迁移成本 τ 的函数,满足条件 $c'(\cdot)>0$ 和 $c''(\cdot)<0$,参数 $\delta>0$。

简单比较可知,住在大城市边缘的工人到市中心上班所支付的通勤成本要高于住在小城市边缘的工人到市中心上班的通勤成本。注意到,住在城市边缘的工人所支付的通勤成本等于市中心的房租,上述条件也意味着,大城市市中心的房租要高于小城市市中心的房租,这一结论与我们所观测到的现实情况是吻合的。

城市 i 的工业部门工人的真实收入为

[①] 这种标准化处理意味着随着人口不断从农村向城市流动,整个城市系统的固定通勤成本会同步上升,但不影响我们分析城市系统内部不同城市相对人口的变化。

[②] Henderson 和 Venables(2009)证明了在线性和环形城市设定下,城市的可变通勤成本都是城市人口规模的幂函数。

$$w_i = p_i x_i - \mathrm{TC}_i = p_i x_i - \left[c(\tau) n_{i,I}^{\delta} + \alpha_i n_{1,I}^{\delta} \right] \tag{8-3}$$

其中，p_i 为城市 i 所生产的工业品的价格。

（2）城市服务业工人。城市工业工人支付的通勤成本与房租构成了城市服务业的收入。为了简化模型，假定服务业的工人不会带来城市的拥挤成本，因此，我们不再需要考虑其住房及通勤成本的问题。工人在城市内不同部门间的自由流动意味着不同部门工人的收入是相同的，由此可算出城市 i 内部从事服务业的工人数量为

$$n_{i,S} = \frac{n_{i,I} \left[c(\tau) n_{i,I}^{\delta} + \alpha_i n_{1,I}^{\delta} \right]}{w_i} \tag{8-4}$$

工人在不同地区之间流动的均衡状态决定了均衡收入水平 w_i^*。

由 $\dfrac{n_{i,S}}{n_{i,I}} = \dfrac{c(\tau) n_{i,I}^{\delta} + \alpha_i n_{1,I}^{\delta}}{w_i^*}$，有 $\partial \left(\dfrac{n_{i,S}}{n_{i,I}} \right) \Big/ \partial n_{i,I} = \dfrac{c(\tau) \delta n_{i,I}^{\delta-1}}{w_i^*} > 0$。

可见，通勤成本关于城市人口的单调递增性质决定了城市的规模越大，城市的服务业相对于工业的比重越高。这一性质也与现实是吻合的。

（3）农村工人。农村工人只生产一种单一的农产品，假设生产过程不存在外部性，并且生产活动是分散的，这意味着农村的工人不需要支付通勤成本，则农村工人的真实收入为

$$w_0 = x_0 \tag{8-5}$$

其中，农产品的价格标准化为 1。

8.2.2 需求方

每个工人同时也是消费者，效用函数设定为如下 CES 函数（余壮雄和李莹莹，2014）：

$$\begin{cases} u = \varphi \cdot \ln\left(x_0^{(c)}\right) + \ln\left[\sum_i \left(x_i^{(c)}\right)^{\rho} \right]^{1/\rho} \\ \mathrm{s.t.} \quad x_0^{(c)} + \sum_j p_j x_j^{(c)} = R_i \end{cases} \tag{8-6}$$

其中，$i,j=1,\cdots,m$；$\varphi > 0$，$\rho \in (0,1)$，上标（c）表示消费量；R 为工人的收入。

假定产品可以在不同地区自由流动，因此同一种产品对不同城市或农村的消费者具有相同的价格。消费者的最优化行为意味着任意两种产品之间的边际效用的比值会等于这两种产品对应价格的比值，则对任意的 $i,j=1,\cdots,m$，有

$$\frac{p_i}{p_j} = \frac{\partial u/\partial x_i^{(c)}}{\partial u/\partial x_j^{(c)}} = \left(\frac{x_i^{(c)}}{x_j^{(c)}}\right)^{\rho-1} \quad (8\text{-}7)$$

$$p_i = \frac{\partial u/\partial x_i^{(c)}}{\partial u/\partial x_0^{(c)}} = \frac{\left(x_i^{(c)}\right)^{\rho-1}}{\sum_j \left(x_j^{(c)}\right)^{\rho}} \cdot \frac{x_0^{(c)}}{\varphi} \quad (8\text{-}8)$$

每一个工人都是价格的接受者，任意两种产品的实际消费数量之比由两种产品的相对价格之比决定；当然，从机制上来讲，工人并不是直接选择消费各种产品的数量，而是由选择进入哪个城市决定市场上各种产品的供应数量。

8.2.3 静态均衡与城市结构

市场达到均衡的条件有两组：一是产品市场的出清，即每一种产品的总消费量必须等于其总供给；二是劳动力市场的均衡，即在考虑了工人的迁移成本后，工人在农村与城市之间的收入达到相同的水平。

由产品市场的出清可知，每个作为价格接受者的个体所实际消费的任意两种产品的比例等于这两种产品的市场供给之比，则有如下均衡条件：

$$\frac{p_i}{p_j} = \left(\frac{n_{i,I} x_i}{n_{j,I} x_k}\right)^{\rho-1} = \left(\frac{n_{i,I}}{n_{j,I}}\right)^{(\rho-1)(1+\beta)} \quad (8\text{-}9)$$

$$p_i = \frac{\left(n_{i,I} x_i\right)^{\rho-1}}{\sum_j \left(n_{j,I} x_j\right)^{\rho}} \cdot \frac{n_0 x_0}{\varphi} = \frac{n_{i,I}^{(\rho-1)(1+\beta)}}{\sum_j n_{j,I}^{\rho(1+\beta)}} \cdot \frac{n_0 x_0}{\varphi} \quad (8\text{-}10)$$

假设工人可以在不同城市之间自由流动，不同城市的工人收入水平相等；又假设工人从农村迁移到城市系统存在一个固定的迁移成本，使得当城市的工人收入达到农村工人收入的 $1+\tau$ 倍时迁移停止。劳动力的转移不存在时间黏性，一旦地区间的收益差距超过迁移成本，劳动力会瞬间迁移到收益更高的城市，达到新的均衡。至此，可有如下另一组均衡条件：

$$(1+\tau)x_0 = p_i x_i - \text{TC}_i = \frac{n_{i,I}^{\rho(1+\beta)-1}}{\sum_j n_{j,I}^{\rho(1+\beta)}} \cdot \frac{n_0 x_0}{\varphi} - \left[c(\tau)n_{i,I}^{\delta} + \alpha_i n_{1,I}^{\delta}\right]$$

$$\equiv A \cdot n_{i,I}^{\rho(1+\beta)-1} - c(\tau)n_{i,I}^{\delta} - \alpha_i n_{1,I}^{\delta} \quad (8\text{-}11)$$

其中，$A = \left[\varphi \cdot \sum_j n_{j,I}^{\rho(1+\beta)}\right]$。注意到，如果只关注静态下城市系统内各个城市之间的比较，即不考虑人口从农村向城市的流动时，式（8-11）中参数 A 可以看作与

城市 i 无关的常数。

由式（8-4）可有

$$\frac{(1+\tau)x_0 + c(\tau)n_{i,I}^{\delta} + \alpha_i n_{1,I}^{\delta}}{(1+\tau)x_0 + c(\tau)n_{j,I}^{\delta} + \alpha_j n_{1,I}^{\delta}} = \frac{p_i x_i}{p_j x_j} = \left(\frac{n_{i,I}}{n_{j,I}}\right)^{\rho(1+\beta)-1} \quad (8\text{-}12)$$

易知，此时必有条件 $\rho(1+\beta)-1 > 0$ 成立。

参数 ρ 是反映工业品替代弹性 $\sigma = 1/(1-\rho)$ 的正向指标，ρ 的取值越大意味着工业品之间的替代性越高；参数 β 反映工业品的生产外部性强度，β 的取值越大意味着工业品的生产外部性越强。为了刻画大城市具有更高的人均边缘通勤成本或更高的中心房价，城市人口集聚所带来的外部性相对于工业品的替代性必须足够高；工业品之间的替代性越高，保证大城市具有更高边缘通勤成本所需要的集聚外部性就越小；直观上看，工业品的替代性越高，小城市所生产的工业品的相对价格会越低，由于生产过程具有外部性，此时拥有更多人口的大城市会更具有优势。

8.2.4　劳动力迁移的比较静态分析

考虑一个初始的均衡状态：存在一个较大的迁移成本 τ 刚好使得人口在农村与城市或者不同城市间的迁移过程停止。

记 $\omega = [\rho(1+\beta)-1]/\delta$，$k_0 = (1+\tau)x_0 > 0$，则由式（8-5）可有

$$\frac{k_0 + c(\tau)n_{i,I}^{\delta} + \alpha_i n_{1,I}^{\delta}}{k_0 + c(\tau)n_{1,I}^{\delta} + \alpha_1 n_{1,I}^{\delta}} = \left(\frac{n_{i,I}^{\delta}}{n_{1,I}^{\delta}}\right)^{\omega} \quad (8\text{-}13)$$

简单变换，可得

$$f \equiv \left[\frac{k_0}{n_{1,I}^{\delta}} + c(\tau) + \alpha_1\right]\left(\frac{n_{i,I}^{\delta}}{n_{1,I}^{\delta}}\right)^{\omega} - \frac{k_0}{n_{1,I}^{\delta}} - c(\tau)\frac{n_{i,I}^{\delta}}{n_{1,I}^{\delta}} - \alpha_i = 0 \quad (8\text{-}14)$$

易知，随着迁移成本 τ 的下降，人口不断从农村进入城市，当参数 $0 < \omega < 1$ 时，$k_0/n_{1,I}^{\delta}$ 会逐步下降，即此时 $k_0/n_{1,I}^{\delta}$ 是迁移成本 τ 的单调增函数（证明见本章附件）。

为了便于分析，不妨把单位通勤成本设定如下：

$$c(\tau) = c\left(\frac{k_0}{n_{1,I}^{\delta}}\right), \quad c'(\cdot) > 0, c''(\cdot) < 0 \quad (8\text{-}15)$$

则式（8-14）可变换为

$$f \equiv \left[\frac{k_0}{n_{1,I}^{\delta}} + c\left(\frac{k_0}{n_{1,I}^{\delta}}\right) + \alpha_1\right]\left(\frac{n_{i,I}^{\delta}}{n_{1,I}^{\delta}}\right)^{\omega} - \frac{k_0}{n_{1,I}^{\delta}} - c\left(\frac{k_0}{n_{1,I}^{\delta}}\right)\frac{n_{i,I}^{\delta}}{n_{1,I}^{\delta}} - \alpha_i = 0 \quad (8\text{-}16)$$

由隐函数求导法则,可解得

$$\frac{\partial\left(\frac{n_{i,I}^{\delta}}{n_{1,I}^{\delta}}\right)}{\partial\left(\frac{k_0}{n_{1,I}^{\delta}}\right)} = -\frac{\partial f \Big/ \partial\left(\frac{k_0}{n_{1,I}^{\delta}}\right)}{\partial f \Big/ \partial\left(\frac{n_{i,I}^{\delta}}{n_{1,I}^{\delta}}\right)} = \frac{c'\cdot\left[\left(\frac{n_{i,I}^{\delta}}{n_{1,I}^{\delta}}\right) - \left(\frac{n_{i,I}^{\delta}}{n_{1,I}^{\delta}}\right)^{\omega}\right] + 1 - \left(\frac{n_{i,I}^{\delta}}{n_{1,I}^{\delta}}\right)^{\omega}}{\omega\left[\frac{k_0}{n_{1,I}^{\delta}} + c + \alpha_1\right]\left(\frac{n_{i,I}^{\delta}}{n_{1,I}^{\delta}}\right)^{\omega-1} - c} \quad (8\text{-}17)$$

不妨记 $z = \left(\frac{n_{i,I}^{\delta}}{n_{1,I}^{\delta}}\right)$,$b = \frac{k_0}{n_{1,I}^{\delta}}$,则式(8-9)可表示为

$$f(z) = (b+c+\alpha_1)\cdot z - b - \left(c\cdot z^{1/\omega} + \alpha_i\right) \equiv f_1(z) - f_2(z)$$

其中,$f_1(z) = (b+c+\alpha_1)\cdot z - b$;$f_2(z) = c\cdot z^{1/\omega} + \alpha_i$。

令 z_* 为 $f_1(z) = f_2(z)$ 所解得的解,z_{**} 为 $\partial f(z)/\partial z = 0$ 所解得的解,则由函数 $f_1(z)$ 和 $f_2(z)$ 的性质(图 8-1)可知,此时必有 $z_* < z_{**}$,且对于所有的 $z < z_{**}$ 有 $\partial f(z)/\partial z > 0$,这意味着式(8-10)的分母必定为正,所以 $n_{i,I}^{\delta}/n_{1,I}^{\delta}$ 关于 $k_0/n_{1,I}^{\delta}$ 的偏导的符号将由式(8-10)的分子决定。又已知 $c' > 0$,如果参数 $\omega > 1$,则式(8-10)的分子必定为正,这意味着,随着迁移成本 τ 的下降(人口从农村流入城市以及从小城市流向大城市),$k_0/n_{1,I}^{\delta}$ 逐步下降,将导致 $n_{i,I}^{\delta}/n_{1,I}^{\delta}$ 不断下降,人口不断向最大的城市集中,城市之间的规模差异将会越来越大;如果参数 $\omega = 1$,则式(8-10)的导数将恒等于 0,即随着迁移成本的下降,城市的规模结构将保持不变。

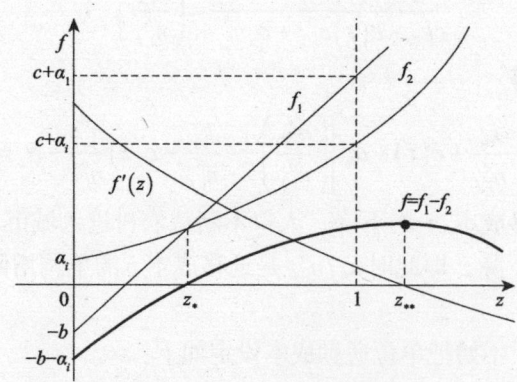

图 8-1 $f(z)$ 函数的性质

为了防止城市规模无限扩大并避免城市结构的僵化,假定如下条件成立:

$$\omega = [\rho(1+\beta)-1]/\delta,\ 0 < \omega < 1 \quad (8\text{-}18)$$

式(8-18)意味着,为了保证城市不会无限制扩大,城市人口集聚的外部性相对于工业品的替代性不能太高;直观上理解,当工业品之间的替代性较高时,

给定拥挤成本的强度，集聚的外部性如果太强就会导致人口无限制地向大城市集中，因为此时集聚所带来的生产溢出作用要高于产品差异化所带来的分散作用。

注意到 c' 会随着 $k_0/n_{1,I}^\delta$ 的下降而上升（$c''<0$），如果参数 $\omega<1$，则当迁移成本 τ 比较大时（$k_0/n_{1,I}^\delta$ 的取值也比较大），c' 的取值会比较小，此时式（8-10）将大于 0，即此时迁移成本的下降会扩大城市规模的差异，而当迁移成本降低到足够低的水平时（$k_0/n_{1,I}^\delta$ 的取值比较小），c' 的取值会比较大，则式（8-10）的偏导符号将小于 0。这意味着，随着迁移成本的继续下降，劳动力不断从农村流向城市，城市之间的规模差异会逐步缩小，继最大的城市之后，第二大、第三大等城市相继获得更快的发展；整个城市系统的发展呈现出序贯增长的结果。

假定劳动力的迁移成本是一个外生的时变过程，随着时间的推移逐步下降。现实生活中，迁移成本取决于很多方面的因素，但整体的趋势是下降的，地区间劳动力流动限制的放开，户籍制度的放松，社保、医疗等的联网，地区间交通的发展，网络技术的普及，等等，都会导致迁移成本不断下降，使不同地区间的迁移变得越来越容易。

8.3 城市系统演变的数值模拟

为了给出上述城市序贯增长的一个直观呈现，这一部分将在给定各个参数的具体取值下对城市序贯增长的过程进行数值模拟。

8.3.1 模拟设定

由均衡分析可知，城市系统的人口结构由如下方程组决定：

$$\begin{cases} \left[\dfrac{k_{0,t}}{n_{1,I}^\delta}+c(\cdot)+\alpha_1\right]\left(\dfrac{n_{i,I}^\delta}{n_{1,I}^\delta}\right)^\omega - \dfrac{k_{0,t}}{n_{1,I}^\delta}=c(\cdot)\dfrac{n_{i,I}^\delta}{n_{1,I}^\delta}+\alpha_i, \quad i=2,\cdots,m \\ n_{i,S}=\dfrac{n_{i,I}\left[c(\cdot)n_{i,I}^\delta+\alpha_i n_{1,I}^\delta\right]}{k_{0,t}}, \quad i=1,\cdots,m \\ n_{1,I}^\delta=\dfrac{A\cdot n_{1,I}^{\delta\omega}-k_{0,t}}{c(\cdot)+\alpha_1} \end{cases} \quad (8\text{-}19)$$

其中，$k_{0,t}=(1+\tau_t)x_0$；$n_0=1-\sum_{i=1}^{m}(n_{i,I}+n_{i,S})$；$A=\left[\varphi\cdot\sum_i n_{i,I}^{\delta\omega+1}\right]^{-1}n_0 x_0$；$c(\cdot)$ 为 $k_0/n_{1,I}^{\delta}$ 的函数，满足式（8-8）的条件。该方程组是一个非常复杂的非线性系统，不存在简单的解析解，因此，本节将通过数值模拟的方法来求解其对应参数设定下的数据解。

在以下模拟中，单位迁移成本简单设定为

$$c(\cdot)=\theta^{-1}\cdot\left(\frac{k_{0,t}}{n_{1,I}^{\delta}}\right)^{\theta}, \quad 0<\theta<1$$

各个参数的取值如下：城市数量 m 取 51；$\alpha_i=1+0.04\times(i-1)$，$\forall i=1,\cdots,51$，并且从大到小排序；$\rho=0.9$，$\delta=1$，$\omega=0.35$，$\theta=0.5$；$x_0=0.001$，$\varphi=100\cdot x_0$；$\tau_t$ 的取值从 40 开始，每期以下降 10%的速度级数递减，$\tau_t=40\times 0.9^t$，$t=0,1,\cdots$。

数值模拟的计算过程如下：

步骤 1：给定所有参数的取值，设定某个初始的 $n_{i,I}^{\text{old}}$，利用上述方程组中的第一组和第二组方程计算所有城市的人口；利用上述方程组中的第三组方程求解新的 $n_{i,I}^{\text{new}}$，计算新解得的 $n_{1,I}$ 与初始的 $n_{1,I}$ 两者之差的绝对值。

步骤 2：给定 $n_{1,I}$ 的取值范围，具体取（0，0.2），以一定的精度 0.000 1，搜索所有可能的 $n_{1,I}$ 的初始解，根据准则函数挑选出最优的解。其中，最优解挑选的准则函数为 $Q=\left[\left(n_{1,I}^{\text{new}}-n_{1,I}^{\text{old}}\right)/n_{1,I}^{\text{old}}\right]^2$。

需要强调的是，给定 $n_{1,I}$ 的初始值利用式（8-12）中的第一组方程求解 $n_{1,I}$ 的过程同样也是一个复杂的非线性函数求解的问题，在绝大多数情况下同样无法算出解析解[当 ω^{-1} 为比较小的自然数时，式（8-12）也可以通过一元高次方程求解，但同样存在需要识别目标解的问题，这种处理反而不如蛛网模型搜索的速度更快]，所以实际操作时，我们是在上述的搜索过程中嵌套了另一层搜索的过程。幸运的是，式（8-12）的求解存在比较简单的迭代搜索过程，而不需要使用运算巨大的格点搜索。

由前文的定义可知，式（8-12）的解也是 $f_1(z)=f_2(z)$ 的解，如图 8-2 所示，函数 $f_1(z)$ 和 $f_2(z)$ 的左下夹角小于 90 度，我们可以使用蛛网模型来求解它们的交点。具体地，令 $f_1(z)=0$ 可解得某个初始的 z_0，将 z_0 代入函数 $f_2(z)$ 又可解得某个 $y_0=f_2(z)$，再令 $f_1(z)=y_0$ 又解得新的解 z_1，将 z_1 代入函数 $f_2(z)$ 解得某个 $y_1=f_2(z)$，以此类推直至收敛。具体而言，若迭代到第 k 步的 $|z_k-z_{k-1}|$ 的取值小于 0.000 001，则认为迭代收敛。后文的模拟结果也显示，蛛网模型迭代到收敛的速度都非常快。

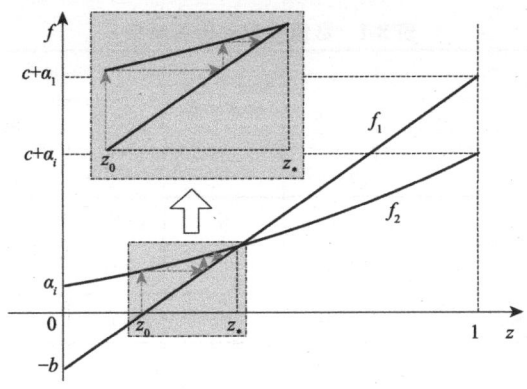

图 8-2　$f(z)$ 函数的迭代收敛过程

8.3.2 模拟结果

图 8-3 报告了随着迁移成本的下降整个城市系统的演化趋势。初始状态的迁移成本参数设定为 40，并按每期下降 10% 的趋势递减。如图 8-3 所示，随着迁移成本的逐步下降，大量的人口从农村流入城市系统，其中绝大部分的人口都流向了大城市，小城市在这种人口的流动中获益很小。在演化的早期，越大的城市对人口具有越大的吸引力，城市之间的规模差距会随着演化的进行趋于扩大，从图形上看，城市按规模从大到小排序的人口曲线弯曲的程度会越来越大（衡量城市人口集中度的 HHI 指数会呈上升趋势，见表 8-1）；当演化达到某个阶段，城市对人口的吸引力的峰值会从原来的最大城市逐步向下移动，依次转移到第二大城市、第三大城市等，城市之间的规模差距随着演化的进行会趋于缩小，从图形上看，城市按规模从大到小排序的人口曲线弯曲的程度会越来越小（城市规模的 HHI 会不断下降）。

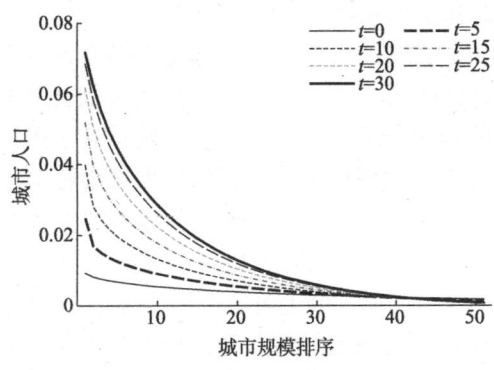

图 8-3　城市人口分布的演化

表 8-1 数值模拟的相关结果

演化期数	迭代次数			农村人口比重	偏导为正的城市个数	城市人口			HHI
	最小值	均值	最大值			最小值	均值	最大值	
0	7	8.8800	21	0.8048	0	0.0018	0.0038	0.0092	2.3926%
2	7	8.5300	21	0.7698	0	0.0016	0.0045	0.0150	2.7483%
4	7	8.2490	21	0.7306	0	0.0014	0.0053	0.0216	3.1212%
6	7	8.0180	21	0.6915	0	0.0013	0.0060	0.0277	3.4431%
8	7	7.8320	21	0.6479	3	0.0011	0.0069	0.0338	3.7138%
10	7	7.6860	21	0.5979	7	0.0011	0.0079	0.0399	3.9340%
12	6	7.5220	21	0.5529	11	0.0010	0.0088	0.0450	4.0941%
14	6	7.2550	21	0.5043	15	0.0010	0.0097	0.0499	4.2167%
16	6	7.0410	21	0.4556	18	0.0009	0.0107	0.0544	4.3052%
18	6	6.8650	21	0.4118	22	0.0009	0.0115	0.0582	4.3651%
20	6	6.7220	21	0.3648	24	0.0009	0.0125	0.0620	4.4055%
22	6	6.6070	21	0.3319	27	0.0008	0.0131	0.0644	4.4280%
24	6	6.5150	21	0.3030	29	0.0008	0.0137	0.0663	4.4399%
26	6	6.4410	21	0.2609	31	0.0008	0.0145	0.0693	4.4443%
28	6	6.3800	21	0.2451	33	0.0008	0.0148	0.0700	4.4429%
30	6	6.3300	21	0.2168	34	0.0008	0.0154	0.0717	4.4376%

资料来源：作者基于 STATA 软件统计结果估计

图 8-4 报告了城市系统演化中的序贯特征。可以看到，第二大城市相对于第一大城市的人口规模比重呈现先降后升的 U 形特征，在演化的早期，最大的城市拥有更大的优势，吸引了更多的人口流入，这使得第二大城市相对于第一大城市的规模比重不断下降，到了第 7 期，第一大城市的发展优势相对下降，拥挤效应部分抵消了规模经济的作用，此时第二大城市开始具有了最大的发展优势，人口的相对流入数量会超过第一大城市，因此，第二大城市相对于第一大城市的规模比重会开始不断上升。随着人口的流入，拥挤效应对第二大城市的影响也越来越大，城市发展优势又进一步转移到第三大城市，在第 16 期之后，第三大城市相对于第二大城市的规模比重也开始不断上升。此后，在第 18 期之后，第四大城市相对于第三大城市的规模比重也开始不断上升，最优城市发展规模的排序以此不断向下转移，呈现序贯增长的特征。

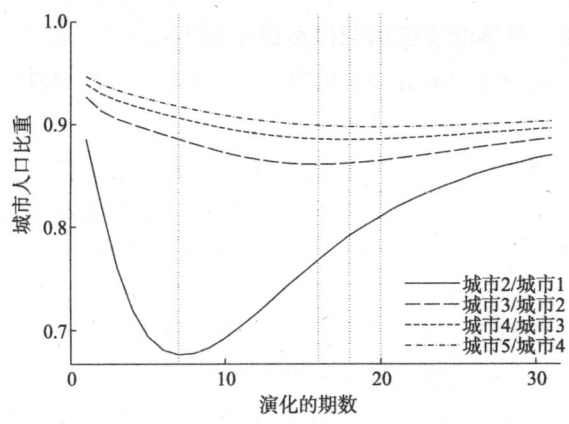

图 8-4　城市系统演化中的序贯特征

数值模拟的部分结果见表 8-1。首先，蛛网模型迭代收敛的次数都比较小，虽然最大的迭代次数达到 21 次，但平均收敛的迭代次数都在 9 次以下，可见收敛的速度比较快，迭代的效果还是比较好的。其次，可以看到，随着演化的推进，农村人口的比重呈现明显下降的趋势，城市的平均规模及最大城市的规模呈现明显的上升趋势，但最小城市的规模却存在轻微的下降，这说明随着迁移成本的下降，大城市生产的规模效应不仅吸引了很多农村人口的流入，也掠夺了小城市的部分人口，小城市在城市演化中处于劣势。最后，伴随着演化的推进，式（8-10）定义的偏导为正的城市个数也越来越多，即随着迁移成本的下降，人口比重相对第一大城市而言出现上升的城市个数在不断增加，这体现了城市序贯增长的特征；而从城市人口的集中度来看，城市人口的 HHI 在一开始的快速上升之后，增加的速度不断下降，并在第 27 期后开始出现下降。

8.4　实证模型、结果与分析

8.4.1　模型、变量与数据

城镇化进程所呈现的城市序贯增长机制意味着在城镇化进程中不同规模城市的城镇化效率是存在差异的，并且这种差异结构会随着城镇化进程的推进发生变化；以中国近年来城镇化发展的具体情况，验证城市序贯增长机制的作用及其演化所处的阶段是很有必要的，也是分析当前城镇化发展路线效率与定位的重要依据。借鉴 Au 和 Henderson（2006）、范剑勇（2006）、陆铭和向宽虎（2012）的处理，本章采用劳动生产率作为分析对象，考察中国城镇化进程中不同城市城镇化效率的演变路径。具体的实证回归模型设定如下：

$$\ln \text{YL}_{it} = \alpha_1 \text{Urban}_{it} + \alpha_2 \text{Urban}_{it} \times \ln \text{SIZE}_{it} + \alpha_3 \text{Urban}_{it} \times \left(\ln \text{SIZE}_{it}\right)^2 + X'_{it}\beta + \varepsilon_{it}$$

(8-20)

其中，下标 i 和 t 对应不同的城市和年度；lnYL 为城市的劳动生产率，使用对应城市的劳均实际 GDP 的对数度量；Urban 为城市的土地城镇化水平[①]，使用城市建成区面积占市辖区面积的比重度量；lnSIZE 为城市规模，使用城市市辖区人口的对数度量；X 为其他控制变量（如无说明，后文所有指标皆为市辖区指标），用于捕捉城市的异质性；ε 为误差项。为了反映不同城市城镇化效率的差异特征，这里在方程中加入了城镇化与城市规模（去均值处理）及其平方的交乘项。

本章使用的城市数据来自 2003~2016 年的《中国城市统计年鉴》，涵盖中国 285 个地级以上的城市（拉萨、毕节、铜仁和三沙未包括）；年度覆盖中国城市发展路线对应"大中小城市与小城镇协调发展"的整个政策时期（2003~2012年），2013~2016 年作为稳健性比较。FDI 使用美元汇率换算为人民币计价，名义指标统一折算为 2012 年计价的实际价格，实际 GDP 根据名义 GDP 与 GDP 指数的数据换算得到，投资[②]使用各省（区、市）的固定资产投资价格指数换算为实际价格。

为了反映城市发展的异质性，我们考虑了如下几类控制变量。

（1）城市的产业结构。产业结构优化的实质是生产要素由低生产率部门向高生产率部门的转移，由此带来的"结构红利"是促进经济持续增长的重要原因；刘伟和张辉（2008）、干春晖等（2011）的研究表明，中国产业结构变迁对经济增长有积极的影响，产业结构的优化是经济持续发展的重要保障。本章分别从工业结构、要素结构、成本结构和投资结构四个维度引入相关的控制变量；使用二产的比重 $r2$ 刻画工业化程度，使用劳均资本的对数 lnKL 刻画城市的资本密集程度，使用职工工资支出（职工平均工资×总从业人员）占 GDP 的比重 Laborcost 刻画劳动力的成本，使用固定资产总投资占 GDP 的比重 r_INV 衡量城市的投资结构。

（2）外资进入与政府干预。城市与外部经济的交流会有利于城市的经济发展，外资的进入带来了新的技术与资本，与当地资本的竞争能够激发地区经济活力，而通过国际贸易也可以拓展国内产品的销售空间，促进本地企业的发展与壮

[①] 由于地级市的统计数据没有区分城镇与农村人口，无法根据城市人口的比重计算城市的人口城镇化程度，参照余壮雄和李莹莹（2014）的处理，我们使用城市的土地城镇化程度来衡量城镇化水平。

[②] 资本存量的测算使用永续盘存法。借鉴张军等（2004）的处理，资本折旧率取 9.6%，使用各个城市 1996 年的实际投资额乘以 10 作为初始资本存量；由于实际使用的数据是 2003~2013 年的数据，初始资本存量对资本存量的影响基本可以忽略。部分城市缺失 1996 年后的部分年度数据，我们使用该城市的对数化实际投资额对常数项与时间趋势进行回归，用拟合值补充缺失的数据。

大。另外,政府对经济的过度干预会降低经济运行的效率,政府目标的多元化及实际执行中存在的寻租等问题会阻碍资源流向最有效率的部门,导致资源错配与效率损失(邵帅和杨莉莉,2010)。参照许政等(2010)的做法,本章使用 FDI 占总投资的比重 r_FDI 衡量城市经济的外向程度,使用政府预算内支出占 GDP 的比重 r_FEXP 度量政府干预经济的程度。

(3)经济集聚。资源在大城市的集聚对周边地区存在显著的正外部性,推动城市生产率的提升,促进城市经济增长。国内外的经验证据表明,地区到增长极的距离会影响地区人均收入水平与增长。Gallup 等(1999)基于 83 个国家的实证分析表明:样本国与三大经济中心(纽约、鹿特丹和东京)之一的距离增加一倍,人均收入将降低约 25%。参照陆铭和向宽虎(2012)的研究,本章使用城市到北上广三大增长极的最短距离[①]Mindis 来刻画经济集聚的空间特征;为了捕捉空间集聚的"∽形"特征,回归方程中使用该变量的 1~3 次方。同时,为了控制资源集聚对经济发展的正外部性,捕捉大城市的生产率优势,参照许政等(2010)的处理,本章除了控制城市规模 lnSIZE,还使用了城市市辖区非农人口的密度 lnDENP 及其平方项来控制城市内部经济集聚的影响。

变量的描述性统计见表 8-2。

表 8-2 变量的描述性统计

变量	样本	均值	标准差	最小值	最大值
lnYL	3 803	11.936 4	0.602 0	9.567 9	13.946 9
lnSIZE	3 975	4.567 9	0.771 1	2.644 8	7.803 4
Urban	3 929	0.084 6	0.095 4	0.002 7	0.953 1
lnKL	3 808	3.708 1	0.763 7	1.315 1	5.976 9
r2	3 978	0.501 2	0.123 9	0.080 5	0.909 7
Laborcost	3 770	0.226 7	0.093 4	0.000 2	0.904 3
r_INV	3 447	0.049 5	0.059 8	0.000 0	0.615 5
r_FDI	3 979	0.146 7	0.098 7	0.000 1	2.702 4
r_FEXP	3 978	0.660 5	0.315 9	0.000 0	6.224 9
lnDENP	3 957	-2.760 2	0.985 6	-6.865 9	0.337 2
Mindis	3 972	0.821 3	0.540 9	0.016 4	3.476 0

资料来源:作者根据 STATA 软件统计结果估计

8.4.2 估计结果

为了考察城镇化进程中不同城市城镇化效率结构的变动趋势,本章使用了递归窗口分析对不同的样本进行回归分析。表 8-3 中(2)~(6)报告了城市在"城

[①] 城市距离为使用谷歌地图查找的最短行车距离,内部距离则以城市面积的半径计算。

市自由竞争"时期的递归窗口分析的部分结果，对应的时间跨度分别为2003~2016年、2003~2013年、2003~2012年、2003~2010年、2003~2008年和2003~2006年。可以看到，不同城市城镇化的效率结构在城镇化进程中呈现比较明确的变动趋势；随着样本期的扩大，城镇化与城市规模1~2次方的交乘项的影响系数呈现单调下降的趋势。列（1）报告了2003~2016年的估计结果，虽然在2013年政府已经调整了城市发展战略，但市场仍然起到较强的引导作用，可以看到，城镇化变量对应的估计系数随样本后推下降的趋势是比较稳定的。

表8-3 基本估计结果

解释变量	被解释变量：lnYL					
	（1）	（2）	（3）	（4）	（5）	（6）
Urban	0.249 2** (2.432 3)	0.298 3*** (3.263 6)	0.320 0*** (3.241 2)	0.390 5*** (3.054 2)	0.504 2*** (3.144 4)	0.539 5** (2.334 0)
Urban*lnSIZE	0.134 5* (1.801 0)	0.273 0*** (4.177 7)	0.296 6*** (4.144 9)	0.375 5*** (3.829 0)	0.491 0*** (4.320 0)	0.510 4*** (3.118 0)
Urban*(lnSIZE)^2	0.141 3** (2.106 0)	0.009 9 (0.127 4)	0.008 3 (0.097 0)	0.024 4 (0.202 1)	0.115 8 (0.715 1)	0.190 3 (0.865 4)
lnSIZE	−0.141 0* (−1.737 6)	−0.272 9*** (−2.891 2)	−0.287 3*** (−2.839 8)	−0.321 7** (−2.455 5)	−0.348 8** (−2.245 8)	−0.345 9* (−1.811 6)
(lnSIZE)^2	0.018 3** (2.152 0)	0.031 9*** (3.174 2)	0.033 6*** (3.109 0)	0.037 5*** (2.646 0)	0.039 9** (2.364 8)	0.040 1* (1.924 3)
lnKL	0.504 9*** (29.994 9)	0.514 5*** (28.025 1)	0.510 5*** (26.436 0)	0.505 5*** (22.401 7)	0.478 2*** (18.114 6)	0.443 4*** (12.718 9)
$r2$	0.277 3*** (7.344 4)	0.291 6*** (7.475 6)	0.300 8*** (7.197 1)	0.321 1*** (6.509 4)	0.334 0*** (5.421 7)	0.321 6*** (3.992 0)
Laborcost	−1.881 2*** (−22.691 3)	−1.746 2*** (−21.244 1)	−1.775 5*** (−19.811 9)	−1.859 8*** (−16.567 6)	−1.964 1*** (−13.712 5)	−1.987 7*** (−9.881 3)
r_FDI	0.407 7*** (4.625 0)	0.280 2*** (3.157 0)	0.267 9*** (2.954 6)	0.230 0** (2.236 6)	0.170 7 (1.510 8)	0.116 3 (0.836 7)
r_FEXP	−0.198 6*** (−2.610 8)	−0.126 5 (−1.535 5)	−0.141 0 (−1.566 1)	−0.038 7 (−0.361 7)	0.005 5 (0.039 5)	0.134 5 (0.529 5)
r_INV	−0.351 3*** (−15.699 0)	−0.422 0*** (−15.847 8)	−0.416 5*** (−14.346 7)	−0.401 6*** (−11.574 7)	−0.381 4*** (−8.478 0)	−0.347 7*** (−5.679 6)
lnDENP	−0.088 1*** (−2.773 1)	−0.084 8*** (−2.710 8)	−0.091 9*** (−2.839 9)	−0.094 5** (−2.405 7)	−0.110 2** (−2.356 4)	−0.103 2* (−1.740 1)
(lnDENP)^2	−0.013 1*** (−2.741 7)	−0.012 7*** (−2.597 1)	−0.013 7*** (−2.727 5)	−0.013 3** (−2.131 8)	−0.015 3** (−2.040 1)	−0.014 1 (−1.503 9)
Mindis	−0.565 7*** (−5.141 1)	−0.748 8*** (−6.112 1)	−0.800 4*** (−6.135 0)	−0.907 8*** (−5.838 4)	−1.074 0*** (−5.734 7)	−1.231 9*** (−4.960 2)
(Mindis)^2	0.569 6*** (4.313 9)	0.737 6*** (5.045 3)	0.776 4*** (4.977 8)	0.860 9*** (4.637 1)	1.043 6*** (4.614 8)	1.174 8*** (3.933 1)
(Mindis)^3	−0.179 3*** (−4.298 1)	−0.230 0*** (−4.968 4)	−0.238 7*** (−4.823 0)	−0.258 6*** (−4.418 0)	−0.309 7*** (−4.359 0)	−0.341 5*** (−3.698 8)
年度范围	2003~2016年	2003~2013年	2003~2012年	2003~2010年	2003~2008年	2003~2006年

续表

解释变量	被解释变量：lnYL					
	（1）	（2）	（3）	（4）	（5）	（6）
观测值个数	3 240	2 623	2 396	1 914	1 429	956
R^2	0.912	0.872	0.866	0.848	0.823	0.795

*、**和***分别表示在10%、5%和1%的水平上显著。

注：回归方程控制了省区虚拟变量、年度虚拟变量和趋势省区虚拟变量；为了降低共线性可能带来的影响，与Urban交乘时lnSIZE为去均值的变量。

资料来源：作者利用STATA软件绘制。

图 8-5 报告了递归分析下城镇化的效率结构变化趋势，其中图 8-5（a）给出了不同样本窗口下城镇化边际影响相对于城市规模的拟合效果，图 8-5（b）则报告了城镇化变量对应的估计系数及其线性预测。如图 8-5（a）所示，在样本前期，城镇化效率与城市规模呈现明显的 U 形结构，大城市[①]甚至特大城市拥有最高的城镇化效率，集聚了大量的资源，而小城市与小城镇的城镇化效率则略高于中型城市，这可能得益于此前中国城镇化政策偏向小城市与小城镇的结果。但随着样本的扩大，城镇化效率的这种 U 形结构不断扁平化。在样本期间，大城市仍然拥有最高的城镇化效率，资源向大城市的集聚是有效的，但大城市的这种相对发展优势正在快速下降。这一结论显然与城市序贯增长理论的预测结果是相一致的。

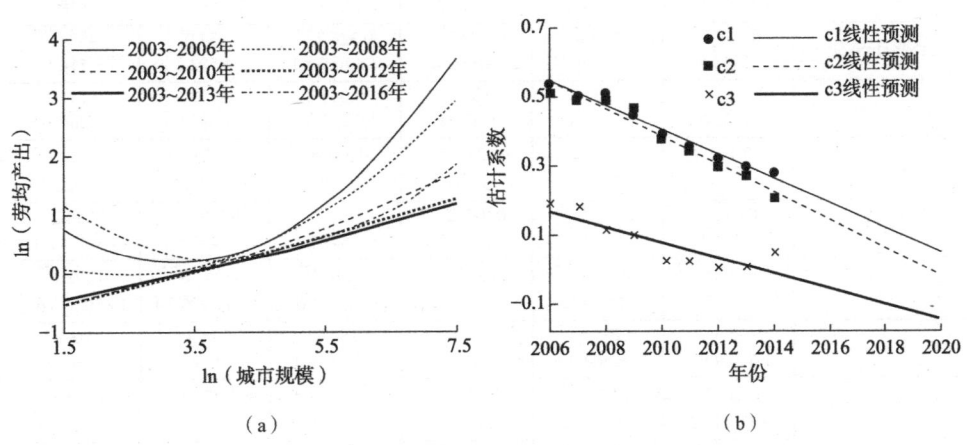

图 8-5　递归分析下城镇化的效率结构变化

资料来源：作者利用STATA软件绘制。

---

① 《国家新型城镇化规划（2014—2020 年）》根据城市人口规模将所有城市划分为 6 类，从大到小依次如下：1 000 万以上、500 万~1 000 万、300 万~500 万、100 万~300 万、50 万~100 万和 50 万以下，这 6 类城市在本章的称谓分别对应特大城市、大城市、中大型城市、中型城市、小城市和小城镇。

控制变量的估计结果在不同设定下表现出很高的稳定性,系数的大小只发生较小的变化,系数方向基本不变。以表 8-3 列(1)的全样本回归的结果来看,劳均资本 lnKL 和二产比重 r2 的系数显著为正,说明资本密度与工业化有利于城市的经济发展;劳动力成本 Laborcost 和投资比重 r_INV 显著为负,反映了比较高的劳动力成本与低效率的社会投资对生产效率的抑制作用;外商投资比重 r_FDI 显著为正,政府支出比重 r_FEXP 显著为负,说明外资的进入对地区经济的发展具有促进作用,但政府的过度干预不利于经济效率;城市到北上广三大增长极的最短距离 Mindis 的 1~3 次方对应的系数分别为负、正、负,呈现明显的"∽形"结构,与新地理经济学的研究结果一致;人口密度 lnDENP 及其平方项的系数都为负,意味着人口集聚反而不利于生产效率,这可能是因为城市规模已经捕捉了集聚对规模经济的效用,人口密度更多刻画的是拥挤效应。

为了考察实证结果的稳健性,本章也尝试使用索洛剩余法以全要素生产率作为生产率的度量指标进行估计,实证结果如表 8-4 所示。其结果与表 8-3 基本一致,表明基本的回归结果是稳健的。

表 8-4 稳健性估计结果

解释变量	被解释变量:lnTFP					
	(1)	(2)	(3)	(4)	(5)	(6)
Urban	0.1348^{*} (1.6513)	0.1844^{**} (2.1346)	0.2053^{**} (2.1922)	0.2701^{**} (2.2895)	0.3690^{**} (2.3875)	0.3944^{*} (1.8480)
Urban*lnSIZE	0.0893^{*} (1.8386)	0.2261^{***} (4.4100)	0.2492^{***} (4.4583)	0.3262^{***} (4.6854)	0.4340^{***} (4.5822)	0.4576^{***} (3.5141)
Urban*(lnSIZE)^2	0.1680^{***} (2.7330)	0.0355 (0.5364)	0.0315 (0.4338)	0.0534 (0.5552)	0.1376 (1.0839)	0.2113 (1.2691)
lnSIZE	-0.1059 (-1.3963)	-0.2403^{***} (-3.0272)	-0.2599^{***} (-3.0653)	-0.2858^{***} (-2.7064)	-0.3230^{**} (-2.5007)	-0.3231^{**} (-2.0224)
(lnSIZE)^2	0.0111 (1.3611)	0.0250^{***} (2.9248)	0.0272^{***} (2.9796)	0.0302^{***} (2.6422)	0.0337^{**} (2.4025)	0.0342^{**} (1.9743)
lnKL	-0.2295^{***} (-17.0376)	-0.2208^{***} (-15.4628)	-0.2251^{***} (-14.7574)	-0.2304^{***} (-12.8320)	-0.2578^{***} (-11.9703)	-0.2928^{***} (-10.5386)
r2	0.2220^{***} (6.3899)	0.2346^{***} (6.5649)	0.2434^{***} (6.3635)	0.2616^{***} (5.7958)	0.2744^{***} (4.9181)	0.2621^{***} (3.5456)
Laborcost	-1.9813^{***} (-32.9472)	-1.8439^{***} (-30.5856)	-1.8766^{***} (-28.5910)	-1.9661^{***} (-24.3845)	-2.0722^{***} (-20.4248)	-2.1038^{***} (-15.5135)
r_FDI	0.3503^{***} (4.5607)	0.2230^{***} (2.9525)	0.2121^{***} (2.7003)	0.1784^{**} (1.9824)	0.1276 (1.2466)	0.0745 (0.5853)
r_FEXP	-0.1472^{**} (-2.1120)	-0.0777 (-0.9800)	-0.0935 (-1.0942)	0.0064 (0.0619)	0.0513 (0.3747)	0.1928 (0.9044)
r_INV	-0.3467^{***} (-18.4899)	-0.4172^{***} (-19.5497)	-0.4119^{***} (-17.8451)	-0.3957^{***} (-14.3241)	-0.3733^{***} (-10.0928)	-0.3389^{***} (-6.7322)
lnDENP	-0.0717^{***} (-2.8134)	-0.0677^{**} (-2.5731)	-0.0752^{***} (-2.7133)	-0.0787^{**} (-2.4116)	-0.0934^{**} (-2.3965)	-0.0839^{*} (-1.6745)

续表

解释变量	被解释变量：lnTFP					
	（1）	（2）	（3）	（4）	（5）	（6）
$(\ln\text{DENP})^2$	-0.010 7*** (-2.820 6)	-0.010 2*** (-2.600 4)	-0.011 3*** (-2.750 8)	-0.011 0** (-2.264 3)	-0.012 9** (-2.236 5)	-0.011 4 (-1.535 1)
Mindis	-0.494 1*** (-4.747 3)	-0.680 3*** (-6.200 3)	-0.732 2*** (-6.232 9)	-0.841 2*** (-6.014 8)	-1.009 0*** (-5.937 4)	-1.174 4*** (-5.236 8)
$(\text{Mindis})^2$	0.494 0*** (3.864 9)	0.665 3*** (4.942 4)	0.704 8*** (4.884 6)	0.789 9*** (4.601 5)	0.973 6*** (4.649 8)	1.110 6*** (4.033 2)
$(\text{Mindis})^3$	-0.156 4*** (-3.757 5)	-0.207 9*** (-4.731 6)	-0.217 0*** (-4.598 2)	-0.236 6*** (-4.205 0)	-0.288 0*** (-4.178 1)	-0.320 7*** (-3.562 2)
年度范围	2003~2016年	2003~2013年	2003~2012年	2003~2010年	2003~2008年	2003~2006年
观测值个数	3 240	2 623	2 396	1 914	1 429	956
R^2	0.625	0.661	0.644	0.615	0.599	0.591

*、**和***分别表示在10%、5%和1%的水平上显著

注：回归方程控制了省区虚拟变量、年度虚拟变量和趋势省区虚拟变量；为了降低共线性可能带来的影响，与Urban交乘时lnSIZE为去均值的变量

资料来源：作者利用STATA软件绘制

8.4.3 趋势预测

以2003~2006年的样本为起点，每期向后扩大一年，直至2020年；对各种样本设定下城镇化的效率结构进行估计，得到城镇化变量及其与城市规模1~2次方交乘项对应系数的三组数据[图8-5（b）]；将每一组数据对常数项与时间趋势项进行LS回归，根据估计结果进行样本内与样本外预测。图8-6报告了不同样本时期下基于系数预测拟合得到的城镇化效率结构曲线。从形状上看，截至2012年的拟合结果与图8-5基于实际估计系数拟合的结果非常接近，城镇化效率与城市规模的U形特征随着样本的扩大不断扁平化，并于2012年后开始进入倒U形的时期（算入峰值太高的情况，发展优势的转移要滞后几年）；从样本外预测的结果来看，随着样本的进一步扩大，城镇化效率与城市规模的倒U形结构会进一步加强，曲线的两端进一步压低，城市发展的优势从最大的城市逐步向规模次之的城市转移。从预测的结果看，截至2020年，最优城市规模（倒U形曲线的峰值）的预测值lnSIZE=4.51，概率为90%的预测区间为（4.27，4.75），对应的市辖区人口处于72万~116万人，以2016年的城市规模数据为参照，这个最优城市规模落在分布分位点30%~55%的区间，以2倍计算城市总人口，对应的最优城市规模为143万~232万人，主要落在中型城市区间。

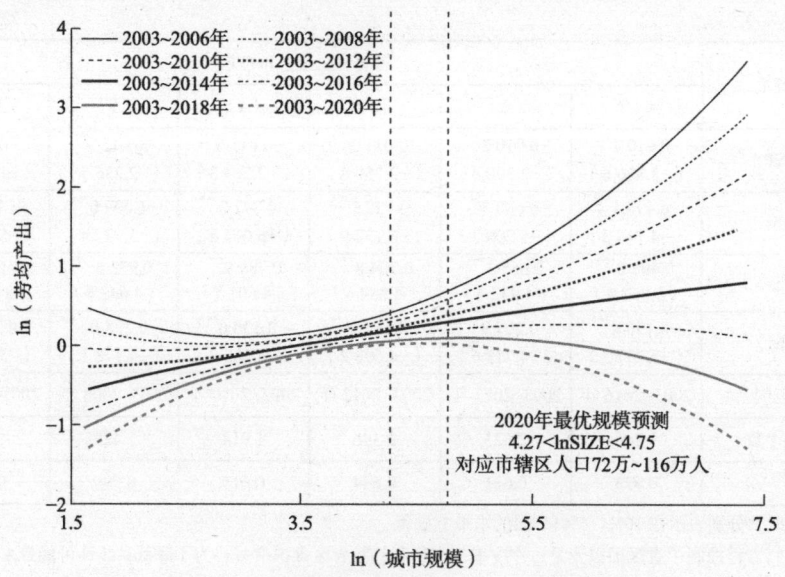

图 8-6　城镇化效率结构演变的递归预测
资料来源：作者利用 STATA 软件绘制

上述预测结果包含了如下三方面的含义：一是反映了城市发展优势从最大型城市逐步向规模次之的城市转移的趋势，当特大城市人口的集聚超过某个临界的水平，集聚带来的拥挤效应将使得继续发展特大型城市不再具有最高的效率（其效率仍然要高于小城市）；二是规模经济对城市发展优势起到非常关键的作用，如果政府让市场自由发展，小城市基本不具有发展的优势，人口的过度分散导致了严重的效率损失；三是从预测的结果看，在未来一段时期内，发展中型城市对中国将仍然具有更高的城镇化效率，过快地将城镇化的方向转向中小型城市，将不利于城市经济的发展，也将拉低经济整体的增长速度。

需要强调的是，城市最优规模的存在并不否定其他规模城市存在的必要性；虽然当前的预测结果显示，城市人口规模处于 72 万~116 万人的城市具有最高的发展优势，但随着城镇化的进一步推进，即使那些城市规模已超过最优规模区间的大城市与特大型城市也仍然会继续发展，只不过其扩张的速度会不断下降且低于最优规模区间的城市。上文关于城镇化效率与城市规模的 U 形结构随着样本扩大不断扁平化并反转的结论与余壮雄和李莹莹（2014）的研究基本是一致的，都支持了城市发展优势向中大型城市转移的观点；但本章基于城市劳动生产率计算的城镇化效率的反转时间在 2012 年之后，显然晚于他们基于城市企业生产率计算的效率反转时间（2007 年）；这说明城市劳动生产率的调整要滞后于企业生产率的调整，资源在大城市的集聚所带来的外部性减缓了城市整体生产率的下降。

8.5 小　　结

本章以城镇化进程中的城市序贯增长机制为切入点，从城市系统演变的视角展开对当前新型城镇化的效率分析。结合现实经济与中国经济运行的特征，本章对 Henderson 和 Venables（2009）的城市序贯增长框架进行了拓展，构建了一个城市增长的一般均衡模型，从理论上刻画了城市序贯增长所呈现的"接力赛"特征。模型结果显示，随着迁移成本的逐步下降，劳动力从农村不断流向城市，生产外部性与集聚拥挤成本之间的较量将使得城市的发展优势从最大城市逐步向规模次之的城市转移；在市场力量的作用下，规模排序靠后的城市相对于靠前的城市的人口比重在时间维上会呈现 U 形结构，其中的波谷也对应城市发展优势转移的"交接"时点。

利用中国 2003~2016 年"城市自由竞争"时期的城市数据对城镇化进程中的城市序贯增长机制进行实证分析，并使用递归窗口分析的技术捕捉城市序贯增长的特征；实证的结果验证了理论分析的结论，支持了城市序贯增长机制的存在。实证结果显示，伴随着中国城镇化进程的推进，城镇化效率与城市规模之间的关系从早期左低右高的 U 形结构不断扁平化，并表现出向倒 U 形结构反转的明显趋势；这意味着在样本期间，城市发展优势正在从规模最大的城市不断向规模次之的城市转移。预测结果显示，截至 2020 年，最高发展优势的城市规模落在城市市辖区人口 72 万~116 万人（城市总人口 143 万~232 万人）的城市区间。这意味着，中国城市发展优势将从特大城市转移至规模较小的中型城市。

本章的研究从理论与实证两方面肯定了城镇化进程中城市发展优势从最大城市不断向规模次之的城市转移的路径，该结论在一定程度上肯定了当前中国新型城镇化战略中控制特大城市的思路的合理性。当前国内的特大城市的人口规模已非常庞大，人口的过度集聚带来了严重的"城市病"，社会治安问题突出，城市的医疗、教育等资源面临巨大的压力，这些问题的出现凸显了当前城市公共服务与资源的供给无法跟上人口集聚速度的现状，迫切需要大城市在城市公共服务与资源供给方面进行适当的变革以提升服务的质量与供给的数量。适当控制特大城市的规模（发展速度），可以为特大城市与大城市进行公共服务体制方面的改革腾出足够的时间，也可降低其改制过程中的人口压力，提升改革成功的概率。

从发展优势转移的情况来看，当前城市发展的最优规模处于市辖区人口 72 万~116 万人的区间，主要处于中型城市区间。这意味着，政府基于区域平衡等考虑将大型城市作为新型城镇化的主要方向将存在效率损失；大型城市由于规模大且内部规划暂时无法成就有效的绿色循环，造成资源浪费和重叠，资源集聚的外部性降低；政府对特大城市的过度扶持会扭曲资源在地区间的有效配置，降低经济运行的整体效率。当前，政府应该适当调整新型城镇化的发展方向，鼓励中型城市的发展，充分发挥人口集聚的生产外部性，避免特大型城市和因政策导向型的小城市过度发展带来经济增长率的下滑。

本章附件　有关 $k_0/n_{1,I}^{\delta}$ 是迁移成本 τ 的单调增函数的证明

记 $\theta = n_{i,I}^{\delta}/n_{1,I}^{\delta}$，式（8-7）可变形如下：

$$f \equiv \left[\frac{(1+\tau)x_0}{n_{1,I}^{\delta}} + c(\tau) + \alpha_1\right]\theta^{\omega} - \frac{(1+\tau)x_0}{n_{1,I}^{\delta}} - c(\tau)\theta - \alpha_i = 0$$

由隐函数求导法则可有

$$\frac{\partial\left(n_{1,I}^{\delta}\right)}{\partial(\tau)} = -\frac{\partial f/\partial(\tau)}{\partial f/\partial\left(n_{1,I}^{\delta}\right)} = -\frac{\left(\dfrac{x_0}{n_{1,I}^{\delta}} + c'\right)\cdot\theta^{\omega} - \dfrac{x_0}{n_{1,I}^{\delta}} - c'\cdot\theta}{\dfrac{(1+\tau)x_0}{\left(n_{1,I}^{\delta}\right)^2}\left[1-\theta^{\omega}\right]}$$

所以有

$$\frac{\partial\left(\dfrac{k_0}{n_{1,I}^{\delta}}\right)}{\partial(\tau)} = \frac{x_0 n_{1,I}^{\delta} - (1+\tau)x_0 \dfrac{\partial\left(n_{1,I}^{\delta}\right)}{\partial(\tau)}}{\left(n_{1,I}^{\delta}\right)^2} = \frac{x_0}{n_{1,I}^{\delta}} + \frac{\left(\dfrac{x_0}{n_{1,I}^{\delta}} + c'\right)\cdot\theta^{\omega} - \dfrac{x_0}{n_{1,I}^{\delta}} - c'\cdot\theta}{1-\theta^{\omega}}$$

$$= \frac{1}{1-\theta^{\omega}}\left[\frac{x_0}{n_{1,I}^{\delta}}(1-\theta^{\omega}) + \left(\frac{x_0}{n_{1,I}^{\delta}} + c'\right)\cdot\theta^{\omega} - \frac{x_0}{n_{1,I}^{\delta}} - c'\cdot\theta\right]$$

$$= \frac{1}{1-\theta^{\omega}}c'\cdot\left(\theta^{\omega} - \theta\right)$$

当参数 $0 < \omega < 1$ 时，可知上式对于任意的 $0 < \theta < 1$ 都为正，即 $k_0/n_{1,I}^{\delta}$ 是迁移成本 τ 的单调增函数，命题得证。

第9章 地区资本流动与城市序贯增长

9.1 引　　言

自改革开放始，中国的城镇化率从 1978 年的 17.9%增长至 2018 年的 59.6%，增长至原来的 3 倍多，城镇常住人口从 1.72 亿人增长至 8.31 亿人；中国的城市数量也由 193 个增加到 673 个。城市已然成为中国经济发展的核心增长极。资本和劳动等资源如同血液一般，在城市间流动与重置，将城市链接成一个统一的整体，成为国家的发展动力源。于是，城市发展问题的研究不仅是学术界的研究热点，其研究结果更具有现实意义。

我国经济已由高速增长阶段转向高质量发展阶段，区域发展的协调均衡关系着中国经济发展的质量，影响着中国经济增长的结构。城镇化进程是目前被认为解决区域经济发展的重要举措，且目前在城镇化的发展动态观点中主要集中于城市规模的发展。此外，肖宏伟（2017）[①](#)发现中国经济的高速增长源于投资的拉动，可见资本对经济的重要性，资本的变动关系到区域最终的产出水平。既然城市规模的变动能够反映城镇化水平，城镇化又影响着区域资本的流动，资本又是区域经济发展的重要因素，那么，在城市规模与区域资本之间存在着何种关系，是亟须厘清的问题。而且 Cuberes（2004）曾基于 1800~2000 年多个国家的实证结果表明城市的发展呈现序贯增长的规律；在 2011 年其基于 54 个国家的城市数据亦证实了增长最快的城市的平均排序随时间延续而逐渐增加，即序贯增长规律。于是，本章认为验证城市序贯增长的规律是否符合中国国情以便于后续进行更加深入的探究是具有重要意义的。本章将在城市序贯增长的规律下，从全要素生产率的变动来衡量区域资本流动的视角探讨区域资本的变动规律，即研究城市规模增长与地区间资本流动的关系。

---

① 肖宏伟（2017）通过中国 1978~2015 年全要素生产率对经济增长的贡献的测度的结果证实中国经济的高速增长源于投资的拉动。

本章其余部分安排如下：9.2 节为中国城市规模发展的规律研究；9.3 节为全要素生产率与区域资本流动的关系研究；9.4 节构建实证模型，并对数据和实证方法进行说明；9.5 节为实证结果与分析；9.6 节为根据本章结论所预测的中国未来城市发展；9.7 节为小结。

9.2 城市规模发展动态

城市作为经济发展的重要载体，特别是超大型城市，对于整个国民经济发展的重要性不言而喻，城市规模与结构更是关系着城市能否发挥城市功能的关键；城市之间往往相互关联，大小城市之间的合理结构也是区域经济研究的重点所在。因此研究城市规模发展的规律，特别是从动态角度研究城市规模的变化和最优规模具有十分重要的现实意义和学术价值。

关于城市增长的理论研究由来已久，目前关于城市增长的理论主要分为两种，一是认为大城市会一直保持较快的增长速度的城市规模增长模式；由于中国城镇化的特殊性，中国城市以往的发展事实的确是经济发达的城市有着更快的增长率，这为此理论提供了现实依据。二是 Cuberes（2004）所研究的 1800~2000 年大多数国家的经验性结果表明，城市的发展呈现序贯增长的规律；而之后 Cuberes（2011）又基于 54 个国家的城市数据进行实证分析，结果显示增长最快的城市的平均排序随时间延续而逐渐增加，因此部分学者认同城市规模呈现序贯性的增长模式。但随着中国城市数据的逐渐完善与补充，为进一步验证中国城市规模的发展规律提供了可行性条件；本章将以每五年为一个周期来探索城市人口增长率与人口规模之间的关系，通过回归函数拟合来初步验证中国城市增长的动态模式。

其回归的模型设定如下：

$$\text{Growth}_{it} = \rho_1 \ln\text{pop}_{i,t-4} + \rho_2 \left(\ln\text{pop}_{i,t-4}\right)^2 + \delta_j + \sigma_t + \varepsilon_{it} \tag{9-1}$$

其中，下标 i 和 t 分别表示城市和年度；Growth 为平均人口增长率，即以每年的人口数减去滞后四期的人口数得到；$\ln\text{pop}_{i,t-4}$ 为滞后四期的人口数；$(\ln\text{pop}_{i,t-4})^2$ 为滞后四期人口数的平方项，同时控制了省份虚拟变量 δ_j 和年份虚拟变量 σ_t。根据模型的设定，若城市增长呈现大城市一直保持较快的增长的态势，则系数的符号基本不会发生改变，至少系数 ρ_2 的符号不会发生改变。若系数 ρ_1 和 ρ_2 的符号发生改变，特别是系数 ρ_2 的符号由正变为负，则证明了城市的发展并不是大城市一直保持最快的增长速度，而是规模较小的城市的增长速度会超过大城市的增长速度。

回归拟合结果整理如表 9-1 所示。

表 9-1　回归拟合结果整理

系数	1998 年	2002 年	2006 年	2010 年	2011 年	2012 年	2013 年	2014 年	2015 年
ρ_1	-	-	-	-	+	+	+	+	-
ρ_2	+	+	+	+	-	-	-	-	+

资料来源：作者利用 STATA 计算所得

根据回归系数的符号，表 9-1 中 2011~2015 年的回归系数 ρ_1 和 ρ_2 的符号出现了正负的转变，根据基础模型设定的二次函数的数学解释可知，并非大城市一直保持最快的增长速度进行增长的规律，而是随着城市规模的扩大，以人口数来衡量的城市增长的速率有所变化；这里从图形上直观地驳回了城市的增长是大城市一直保持较快的增长率的这种城市动态论述的观点。具体而言，1998~2010 年其系数一直是一次项为负、二次项为正；而 2011~2014 年系数的符号出现逆转，表明随着城市规模的增大，其城市增长的速度放缓；但在 2015 年时，其系数的符号发生逆转表明受到了外部冲击，大城市又继续以最高的增速增长。但总体来说，除了印证城市增长规律并非一往直前的扩张以外，中国的城市增长存在具有周期性的城市增长模式，即序贯式的增长模式。

为了进一步探索城市增长的规律，根据上述城市增长动态模型的回归系数，绘制了 1999~2015 年人口变动的趋势曲线图，如图 9-1 所示，同时选取每一年拟合曲线上的末点进行函数拟合，以更加直观地展示城市规模在时间上的变动规律。

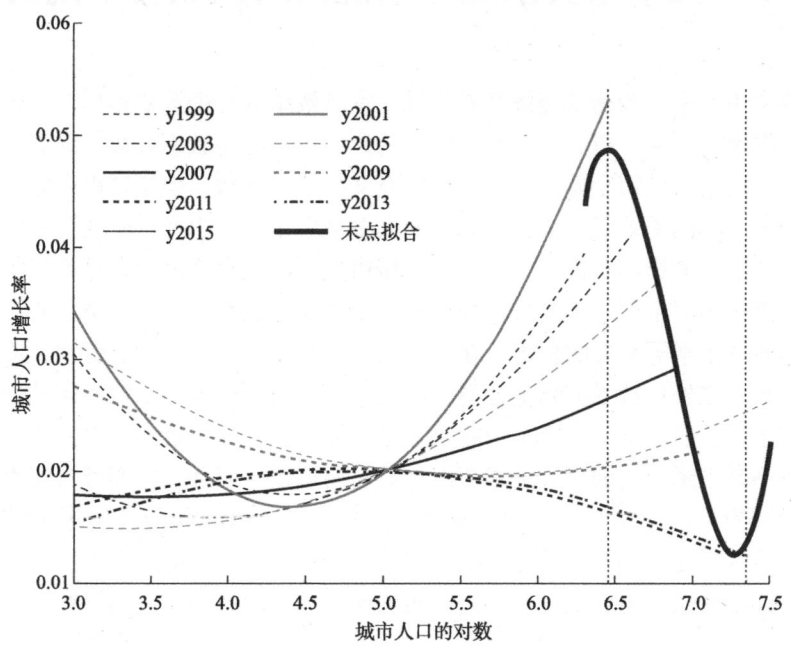

图 9-1　人口变动的趋势

资料来源：作者利用 STATA 绘制

结合函数拟合结果图 9-1 及表 9-1 的符号的情况来看，在以五年为周期的简单模型拟合结果中系数符号和图 9-1 的拟合结果显示保持一致；除 2002 年[①]以外，整体斜率的不断下降表明，大城市的增长速度逐渐放缓，且增长速度最快的城市由大城市向中等城市转移，即表明了中国的城市增长是以一种序贯增长的方式进行的。这一中国城市分阶段的拟合效果与 Michaels 等（2012）的研究发现基本保持一致，即人口增长率与初始人口密度之间呈现 U 形结构性关系。另外，黑色曲线是利用每个时期大城市的城市增长率所绘制出的趋势图，其明显地表明大城市的增长趋势呈现随时间的一种振荡模式，即大城市的增长速度会从高速降低到低速，但由于外部冲击会呈现高速增长。既然从表 9-1 和图 9-1 中已经否定了中国的城市增长呈现大城市持续高速增长的模式，而是序贯增长的模式，那么验证与城市发展紧密相关的地区资本流动是否亦会受到中国的城市序贯增长模式的影响变得十分必要。因此，本章在探索地区资本与城市增长之间关系的时候，除了基于基本的城市增长研究模型进行之外，还会基于城市序贯增长的角度，捕捉时间趋势以进一步探索区域资本流动与城市增长之间的关系，验证大城市对资本的吸引是否也呈现出一种序贯式的规律。

9.3　城市全要素生产率视角的区域资本流动

全要素生产率作为衡量经济发展质量、生产效率的一个重要指标，一直以来受到了学者的热切关注，有关全要素生产率的研究成果更是数不胜数。纵观目前的研究成果，虽然关于城市全要素生产率的研究文献不在少数，但是城市全要素生产率和城市资本流动的关系研究中，研究方向大多从资本要素出发，研究资本要素对于城市全生产要素的影响；鲜有文献研究将城市全要素生产率的变动作为城市资本流动的衡量指标。但全要素生产率作为一个国家和地区的经济增长质量、科技发展水平、管理效率水平等重要的标志，在经济发展研究中，去除传统的劳动、资本等传统要素的投入之外，技术创新是经济发展的重要动力。根据边际效益递减规律，在不存在技术进步的情况下，资本边际报酬是递减的，则随着资本存量的积累，资本的回报率不断下降，进而引起资本流出；只有通过技术对冲，才能减缓资本边际报酬递减使得资本流出的局面。全要素生产率的增长率作为衡量技术进步的重要指标，意味着其能够影响资本的边际收益，从而作用于资本的流动，因此全要素生产率的变动亦是反映资本回报率变动，进而表现为资本的流动方向的重要指标。

[①] 根据系数拟合函数 2002 年的末点在图 9-1 中的显示处于极端值附近，考虑以两年为周期，因此未在图 9-1 中绘出。

肖宏伟（2017）发现中国在 1978~2015 年的全要素生产率对经济增长的贡献为 43%，与发达国家的 70%相比还有较大差距，但仍可见全要素生产率在中国经济的发展中起到了重要的作用，提高全要素生产率是实现中国经济长远稳定增长的必要途径。这也正是本章选取全要素生产率作为研究视角的缘由之一。另外，金相郁（2006）在研究 1990~2003 年中国城市的全要素生产率的过程中发现城市规模和城市的全要素生产率之间存在着间接的负向相关关系，而且发现了人口平均增长率在 3%以内的城市有着较高水平的城市全要素生产率，而人口平均增长率在 6%以上的城市，城市全要素生产率呈现较低的水平，根据古典经济学理论中的柯布-道格拉斯生产函数：

$$Y = A \times K^{\alpha} \times L^{\beta} \quad (9\text{-}2)$$

假设规模报酬不变，则 $\alpha+\beta=1$，$\beta=1-\alpha$，因此资本的边际报酬为

$$\begin{aligned} r &= \alpha \times A \times (K/L)^{\alpha-1} \\ &= \alpha \times A \times k^{\alpha-1} \end{aligned} \quad (9\text{-}3)$$

其中，$k=K/L$ 为劳均资本，根据前面资本逐利性质的论述，资本的流动影响的市场因素根本在于资本的边际报酬的高低，结合柯布-道格拉斯生产函数来看，资本边际报酬主要取决于全要素生产率（A）和劳均资本（k），前者越高，资本的边际报酬越高，资本更有流入倾向，而劳均资本越高表示资本的边际报酬越低，资本有流出倾向。

本章的研究重点在于区域间的资本流动，因此首先按照东中西三个区域划分经济块，以观察中国区域资本流动的情况。根据柯布-道格拉斯生产函数，明确了资本流动的两大市场因素主要取决于劳均资本存量和全要素生产率，中国区域资本的劳均资本存量从区域的角度来看，东部的劳均资本存量在东中西三大区域内基本一直保持最高，但根据郑长德和曹梓燨（2008）、胡凯（2011）的资本测算的结果可发现，2008 年以前，中国东部是资本流入的区域，而中西部是资本流出的区域，这一测算结果似乎与生产函数分析的驱动动态相违背。在此基础上，观察三大区域之间劳均资本和全要素生产率的差异，以便于更为直观地观察区域资本流动背后的真实驱动力。

根据图 9-2 所示的三大区域的劳均资本的变化趋势可知，三大区域的劳均资本是趋同的。根据柯布-道格拉斯生产函数，在假设全要素生产率不变的前提下，劳均资本存量趋同，则区域间资本的流动性是减弱，而不是增强。于是，从劳均资本的角度，东中西部之间应该呈现资本弱流动的态势，而这明显与现有文献及现实相违背。那么定然存在另一种市场因素引导着中国区域资本的流动。在排除了劳均资本是引起区域资本流动的驱动因素后，全要素生产率很可能是目前推动中国区域资本的主要动力。

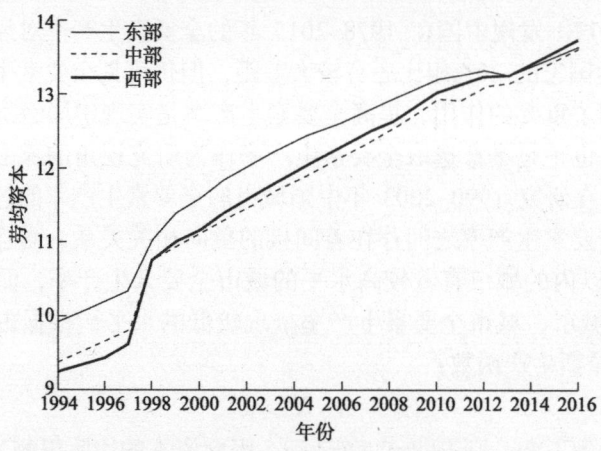

图 9-2　东中西部劳均资本分布情况
资料来源：作者利用 STATA 绘制

于是，我们绘制了城市平均全要素生产率区域分布的情况，如图 9-3 所示。由图 9-3 可知，区域间的城市全要素生产率水平差异明显。整体来看，东中西部城市的全要素生产率是不断加强的。1997~1998 年，东中西部城市全要素生产率整体水平都有一个显著的提升；但中西部的速度在 1998 年之后明显放缓，而东部地区依然保持较高的增长速度，以至于东部地区与中西部地区的差距随着时间的推移而增大。2002 年后，城市全要素生产率水平逐渐趋于稳定，呈现周期性上下浮动的趋势，而西部地区在 2004 年后超过中部地区。根据柯布-道格拉斯函数可知，在劳均资本不变的情况下，全要素生产率的差异将会导致资本的流入流出。这恰恰解释了东部地区多年以来资本不断流入的趋势。从图 9-3 中可见，1997~2002 年东中西部一直是资金流入的状态，而东部区域资本流入的强度和规模明显高于中西部区域；2002 年后，各区域的城市全要素生产率水平逐渐趋于稳定，但呈现周期性上下浮动的趋势，而西部区域在 2004 年后超过中部区域。总的来说，东部区域一直保持较高的资本吸引力，中部相对疲软，西部的资本流动性强于中部；这可能是由于政府对西部的扶持，国家的中央投资等系列政策所引起的。再观察全要素生产率随时间的变动情况可发现，在 2002 年后东中西部区域的城市全要素生产率水平呈现上下波动，即表明区域资本的流动存在着一定的周期性。现实也表明中国的资本流动在进入 21 世纪以来呈现着周期性的发展规律，而且区域资本的波动趋势呈现收敛态势，即区域资本的流动强度有所降低；但不同区域之间全要素生产率仍然存在着较为明显的差异，导致区域间的资本仍然存在流动。因此，本章将全要素生产率的变化作为衡量区域资本流动的关键性指标。当全要素生产率上升时意味着该区域的资本回报率上升，对资本的吸引力更大，反之则反。

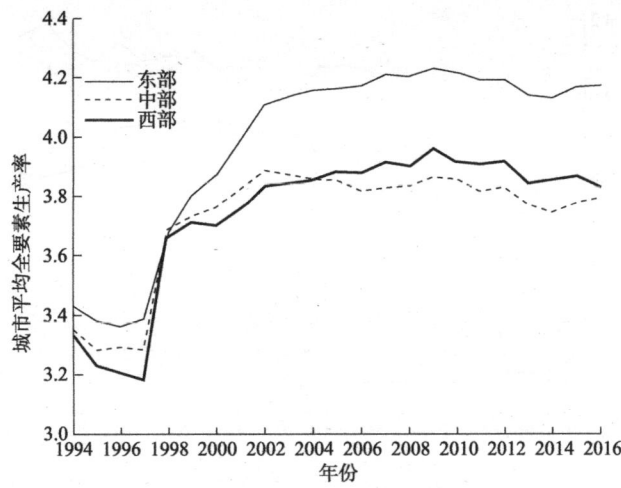

图 9-3 东中西部城市平均全要素生产率分布情况
资料来源：作者利用 STATA 绘制

在简要分析了中国东中西部的区域差异情况以揭示资本流动背后的驱动力之后，本小节进一步观察区域资本流动与城市规模之间的联系。通过观察不同城市规模之间的城市平均全要素生产率是否存在明显的差异，以确定在人口规模不同的条件下，影响区域资本流动的因素是否还是全要素生产率。首先，根据人口规模的 90%、75%、50%、25% 分位对城市进行了划分，分别对应 1 到 5，以表示五个不同规模等级的城市集群；其次，分别绘制出五个不同梯度规模的劳均资本和城市全要素生产率平均水平情况，如图 9-4 和图 9-5 所示。

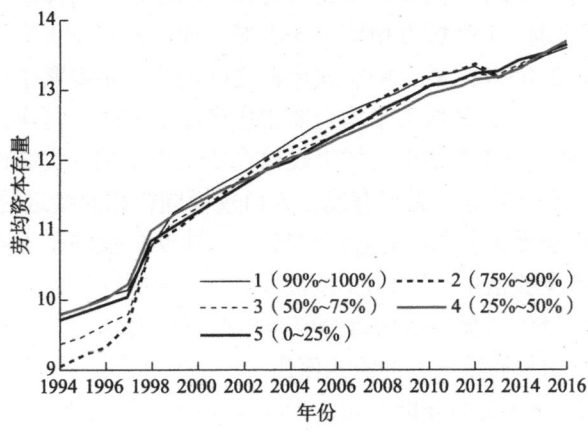

图 9-4 不同规模城市群劳均资本分布情况
资料来源：作者利用 STATA 绘制

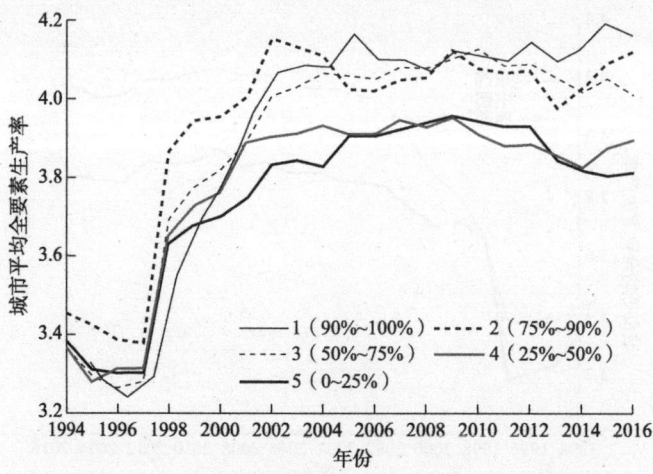

图 9-5　不同规模城市群城市平均全要素生产率分布情况
资料来源：作者利用 STATA 绘制

根据图 9-4 可得到与图 9-2 相似的结论，在城市规模不同的情况下，劳均资本的变化趋势仍是相似的，随着时间的推移，劳均资本逐年增加；其并不能体现出区域间与城市间的资本流入流出倾向，可见，城市间资本的流动内在驱动仍是全要素生产率而非劳均资本。根据图 9-5 可知，从整体上来看，相较于小规模城市（4 类城市和 5 类城市）而言，规模较大的城市（1~3 类城市）有着一个较高的城市平均全要素生产率水平，而且城市规模之间的差距越大，城市平均全要素生产率的差距也随之增长，即人口规模在 90%~100% 的 1 类城市的全要素生产率差分与人口规模在 25% 以下的 5 类城市相比具有较大的差别。具体而言，在图 9-5 中发现，在 2005 年之前，1 类城市相较于 5 类城市而言，其城市平均全要素生产率差距逐渐拉大；而 2005 年之后，两类城市群之间的平均全要素生产率差距呈现缩小的趋势；直至 2013 年，其城市平均全要素生产率的差距又再次拉开。同时，人口规模处于 25%~50% 的 4 类城市与城市规模在 25% 以下的 5 类城市之间的城市平均全要素生产率差距不明显；无独有偶，人口规模同样相对接近的 2 类城市与 3 类城市的城市平均全要素生产率的差距也较小。图 9-5 反映了不同规模的城市群会面临不同的城市全要素生产率，而由全要素生产率所计算的全要素生产率差分情况呈现出或正或负的情况表明城市全要素生产率的升降，进而意味着资本回报率的升降，从而可用来衡量资本的流入流出。

综合对图 9-2~图 9-5 的分析可知，不同规模的城市之间的劳均资本相似程度较高，而城市平均全要素生产率水平的差异较大，结合柯布-道格拉斯生产函数可推断影响中国资本流入流出的主要驱动力是全要素生产率，即因城市的全要素生产率存在差异，资本为追逐更高的资本回报率而选择进入全要素生产率提升更快的城市，退出全要素生产率变化较小的城市，从而确定了用城市全要素生产率差分作为衡量资本流入流出的变量。

为了更好地追踪不同规模城市的城市全要素生产率的变动情况，以五年为一个周期，观察不同周期内的城市规模和城市全要素生产率差分之间的动态变化，如图 9-6 所示。需要注意的是，全要素生产率差分波动比较频繁仅仅反映了资本流动性的强弱，而非资本流动的强度。纵观四个周期的城市全要素生产率差分的波动频率来看，不同规模的城市的全要素生产率差分的波动情况有着明显的差异。城市全要素生产率差分波动比较频繁的主要表现在人口规模对数在 3.5~6，而人口规模对数在 6 以上的城市的波动较小，即相比于中小规模的城市，大规模城市的全要素生产率差分的波动较平缓。一方面是因为大规模的城市数量比较少；另一方面是由于大规模城市一般为经济发达的城市，这些城市因其独特的城市优势对于资本有着持续的吸引力，因此不会引起资本过于频繁的流入流出。这也是符合直觉的。

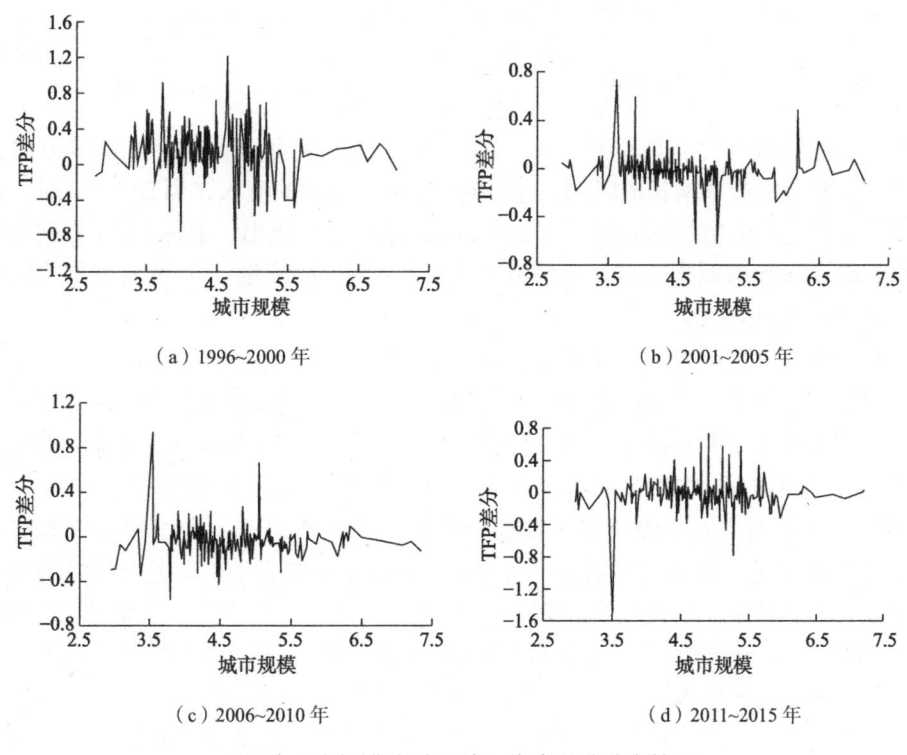

图 9-6 不同时期的全要素生产率差分分布情况

资料来源：作者利用 STATA 绘制

9.4 实证模型、数据与方法

9.4.1 实证模型

1. 城市增长模型

在 9.3 节中的区域资本流动的特征事实分析得出，资本的流动除了传统研究在东中西区域间存在差异外，更重要的是在城市的规模上也呈现一定的规律。因此为研究在城市增长过程中区域资本流动的规律，本章选取根据城市的全要素生产率差分来构建的虚拟变量以衡量资本流动的被解释变量，选取城市的人口规模为主要的解释变量，并将模型设定如下：

$$\text{Dtfp}_{it} = \alpha_0 + \alpha_1 \text{lpop}_{it} + \alpha_2 \text{lpop}_{it}^2 + \alpha_3 \text{lpop}_{it}^3 + x_{it}'\beta + \delta_j + \sigma_t + \varepsilon_{it}$$

$$\text{caf} = \begin{cases} 1, & \text{Dtfp} > 0, \text{资本流入} \\ 0, & \text{Dtfp} \leqslant 0, \text{资本流出} \end{cases} \quad (9\text{-}4)$$

其中，Dtfp 为城市的全要素生产率差分，caf 为 Dtfp 的虚拟变量，当 Dtfp>0 时，即城市全要素生产率增长的时候，用 caf=1 来反映资本的流入；当 Dtfp≤0 时，即城市全要素生产率增长的时候，用 caf=0 来反映资本的流出；下标 i 和 t 分别为城市和年份；lpop 为城市人口（市辖区）对数；x 为控制变量；δ_j 和 σ_t 分别为省份固定效应和时间固定效应。

在研究人口规模对于区域资本流动方向的基础上，我们希望能更深入地挖掘人口规模对区域资本流动的影响，于是，在了解人口规模变动影响区域资本流进流出两个大体方向的基础上，进一步明确人口规模对区域资本流动强度的影响。流动强度指的是在明确资本的流入（流出）以外，进一步研究资本流入（流出）的强度是强流入（强流出）抑或是弱流入（弱流出）。为了检验资本流动强度，本章细化了城市全要素生产率差分，将城市全要素生产率差分以零为分界线划分成两个部分，再根据两个部分的中位数进行进一步的细分，从而将城市全要素生产率差分划分成 0、1、2、3 四个阶段。其中，0、1 表示资本的流出，2、3 表示资本的流入；在资本流出时，0 所代表的资本流出的强度高于 1；在资本流入时，则是 3 所代表的资本流入的强度高于 2。根据以上细分设定，现将模型（9-4）修正为模型（9-5）：

$$\text{Dtfp}_{it} = \alpha_0 + \alpha_1 \text{lpop}_{it} + \alpha_2 \text{lpop}_{it}^2 + \alpha_3 \text{lpop}_{it}^3 + x_{it}'\beta + \delta_j + \sigma_t + \varepsilon_{it}$$

$$\text{caf}\_o = \begin{cases} 3, & \text{Dtfp} \geqslant m1\text{Dtfp}, \text{资本流入时，强度强} \\ 2, & \text{Dtfp} < m1\text{Dtfp}, \text{资本流入时，强度弱} \\ 1, & \text{Dtfp} \geqslant m2\text{Dtfp}, \text{资本流出时，强度强} \\ 0, & \text{Dtfp} < m2\text{Dtfp}, \text{资本流出时，强度弱} \end{cases} \quad (9\text{-}5)$$

其中 $m1$Dtfp 表示全要素生产率差分大于零的部分的中位数，将全要素生产率差分大于零的部分按照其中位数划分成两部分，0 到中位值之间为 2，表示流入的强度较低，大于中位值的部分表示资本流入强度强。同样，$m2$Dtfp 表示全要素生产率差分小于零的部分的中位数，因此模型（9-5）相比较于模型（9-4）而言，对城市规模和区域资本流动二者之间的联系及规律刻画得更加细化具体。

2. 城市序贯增长模型

由 9.2 节的初步研究发现，中国的城市发展会随着时间推移呈现出序贯增长的增长模式，即随着时间推移，城市发展的最高速度呈现序贯的传递模式。那么，序贯式增长是否会对地区资本流动也造成影响呢？为探索这一问题，我们需要将时间因素考虑到模型当中，于是，在基本的模型（9-4）和模型（9-5）中引入了时间与人口规模的交互项，以更好地捕捉城市规模变动的变化。在该设想下，得到引入时间趋势后的模型设定，如模型（9-6）和模型（9-7）所示。

$$\text{Dtfp}_{it} = \alpha_0 + \alpha_1 \text{lpop}_{it} + \alpha_2 \text{lpop}_{it}^2 + \alpha_3 \text{lpop}_{it}^3 + \gamma_1 t \cdot \text{lpop}_{it} + \gamma_2 t \cdot \text{lpop}_{it}^2 + \gamma_3 t \cdot \text{lpop}_{it}^3$$
$$+ \gamma_3 t + x_{it}'\beta + \delta_j + \sigma_t + \varepsilon_{it}$$

$$\text{caf} = \begin{cases} 1, & \text{Dtfp} > 0, \text{资本流入} \\ 0, & \text{Dtfp} \leqslant 0, \text{资本流出} \end{cases}$$

$$(9\text{-}6)$$

$$\text{Dtfp}_{it} = \alpha_0 + \alpha_1 \text{lpop}_{it} + \alpha_2 \text{lpop}_{it}^2 + \alpha_3 \text{lpop}_{it}^3 + \gamma_1 t \cdot \text{lpop}_{it} + \gamma_2 t \cdot \text{lpop}_{it}^2 + \gamma_3 t \cdot \text{lpop}_{it}^3$$
$$+ \gamma_3 t + x_{it}'\beta + \delta_j + \sigma_t + \varepsilon_{it}$$

$$\text{caf}\_o = \begin{cases} 3, & \text{Dtfp} \geqslant m1\text{Dtfp}, \text{资本流入时，强度强} \\ 2, & \text{Dtfp} < m1\text{Dtfp}, \text{资本流入时，强度弱} \\ 1, & \text{Dtfp} \geqslant m2\text{Dtfp}, \text{资本流出时，强度强} \\ 0, & \text{Dtfp} < m2\text{Dtfp}, \text{资本流出时，强度弱} \end{cases}$$

$$(9\text{-}7)$$

本章采用的主要计量方法为 Probit 和 Order Probit，未采用 OLS 回归的原因在于因变量为虚拟变量，而 Probit 估计方法相比较传统的 OLS 估计在于能保证因变量的估计值能在 0 到 1 的范围内而不出现范围之外的值，更加符合本章模型所需,因此本章选用 Probit 模型作为实证的估计模型,而 Order Probit 则是 Probit 面对因变量为多值选择时的一种改进方法。综上,Probit 模型能够很好地刻画城市规模对于区域资本的二值变化情况,即城市规模会如何影响区域资本的流动方向,而 Order Probit 模型则能反映城市规模对区域资本流动强度的影响。

9.4.2 变量及数据说明

本章的数据来源于 1994~2015 年的《中国城市统计年鉴》,为了保证数据的可获取性,删除了数据缺失较多的三沙市的数据。为了保证平衡面板,剔除了没有 1994~2015 年完整记录的数据;为了计算资本存量,利用线性回归的方法补充了固定资产投资,并除以固定资产投资价格指数(1994 年=100),为了反映城市发展的异质性,本章选取的控制变量如下,且结合 9.2.1 小节所提及的主要的被解释变量及解释变量,描述性统计的结果如表 9-2 所示。

表 9-2 变量的描述性统计结果(全样本)

变量	平均数	标准差	最小值	最大值	样本量
capf	0.557 8	0.496 7	0.000 0	1.000 0	4 916
capf_o	1.618 0	1.111 5	0.000 0	3.000 0	4 916
lpop	4.572 9	0.771 2	2.482 4	7.803 4	5 208
r_fn	93.119 7	7.417 6	43.900 0	99.970 0	4 981
r_re	0.207 0	0.128 0	5.12×10^{-7}	0.982 1	4 955
lnKL	11.991 4	1.380 6	6.825 7	16.169 5	5 185
lnH	5.273 2	1.170 9	0.643 0	7.793 8	4 742
laborcost2	9.614 8	0.618 7	6.784 9	12.576 2	4 286
lden_p	6.676 7	0.944 0	2.397 9	9.550 5	5 204
r_built	0.088 8	0.083 2	0.001 2	0.494 8	5 161
r_gov	0.119 0	0.061 5	0.009 8	0.477 3	5 183

资料来源:作者根据《中国城市统计年鉴》整理计算得到

(1)产业结构。产业结构对于城市的生产与分工有着重要的意义,产业结构是否合理关乎城市的经济发展,近年来的经济转型升级一大重点就是产业结构优化,产业结构优化的实质是生产要素由低效率生产部门向高效率生产部门的转移,也是要素的边际收益增加的过程。已有刘伟和张辉(2008)、干春晖(2011)等学者的系列研究显示中国的产业结构变迁对于经济增长具有积极的影响。本章使用二三产业增加值 r_fn 来衡量城市生产分工的产业模式;房地产投资占固定资产的比重

r_re 来捕捉城市投资结构；劳均资本对数 lnKL 来刻画城市资本密度程度；在岗职工平均工资对数 laborcost2 来刻画城市的劳动力成本结构。

（2）人口因素。人口的聚集是城市形成和发展的重要动力之一，人口的不断聚集会为城市的形成和发展带来生产要素的增长，影响城市的全要素生产率，促进城市的增长。人口的密集和城市规模的发展同样起到循环推动的作用，人口的不断聚集，人口密度的不断增加，会诱发城市向外围区域的扩张，从而形成新的城市发展区域，但是人口密度过多，会造成城市运行成本上升，限制城市的进一步发展，总而言之，城市的人口密度对于城市的全要素生产率有着重要的影响，因此选用人口密度的对数 $lden\_p$ 刻画影响城市的人口因素。

（3）其他因素。城镇化水平是影响城市发展的重要因素，其一方面反映了人口由农村向城市集聚的过程，另一方面反映了城市向外扩张的过程，因此城镇化对于城市的生产具有重要的影响，传统的城镇化率水平的衡量指标是城镇人口占总人口的比重，但自 2009 年始，关于农村人口的统计数据不再统计公开，因此本章用城市的建成区面积与行政区的面积的比重 r_built 作为城镇化率水平衡量的指标。政府在经济发展中充当着重要的角色，政府的干预程度会影响城市效率，政府的干预过度可能会降低经济运行的效率，政府的寻租问题也会导致资源的错配以及效率的损失，本章采取政府的财政支出占地区生产总值的比重 r_gov 来衡量政府对于经济的干预程度。地区的发展离不开人力资本，有人力资本优势的地区更加具有发展前景，人力资本是经济生产活动的宝贵资源，是经济活动的初始条件，因此在控制变量中引入普通高等学校在校生数占地区总人口的比例对数 lnH 来刻画地区人力资本的情况。

本章主要考察的是不同规模城市之间资本流动存在何种规律性，因此在全样本的描述性统计的基础上，按照 9.3 节的方法划分了五个人口梯度，选取了 1 类城市（人口规模处于人口规模 90%分位数以上的）和 5 类城市（人口规模处于人口规模 25%分位数以下的）描述性统计结果进行对比分析，具体如表 9-3 所示。

表 9-3 变量的描述性统计结果（对比分析）

变量	平均数			标准差		
	全样本	梯度 5	梯度 1	全样本	梯度 5	梯度 1
capf	0.557 8	0.557 7	0.609 2	0.496 7	0.496 9	0.488 4
capf_o	1.618 0	1.626 0	1.703 8	1.111 5	1.152 3	1.063 5
lpop	4.572 9	3.706 0	6.082 5	0.771 2	0.325 6	0.543 4
r_fn	93.119 7	93.205 9	95.730 4	7.417 6	7.409 4	4.975 4
r_re	0.207 0	0.176 3	0.302 8	0.128 0	0.127 6	0.137 9

续表

变量	平均数			标准差		
	全样本	梯度5	梯度1	全样本	梯度5	梯度1
lnKL	11.991 4	11.996 0	12.082 5	1.380 6	1.342 6	1.321 9
ln$H$	5.273 2	5.087 6	5.786 8	1.170 9	1.104 4	1.195 8
laborcost2	9.614 8	9.574 5	9.842 6	0.618 7	0.596 0	0.631 6
lden_p	6.676 7	6.246 2	7.190 6	0.944 0	1.221 3	0.504 2
r_built	0.088 8	0.082 9	0.107 0	0.083 2	0.089 0	0.072 2
r_gov	0.119 0	0.140 5	0.103 4	0.061 5	0.075 5	0.041 0

资料来源：作者根据《中国城市统计年鉴》整理计算得到

根据 capf 和 capf_o 的数据来看，城市规模最小的5类城市和全样本的数据结构较为接近，而大规模城市（1类城市）的均值均高于全样本和5类城市，这一点与大城市往往具有更高的生产效率相吻合；同时从资本流动的角度来看，大城市资本的流动性和流动强度都高于整体平均水平，特别是与规模较小的城市群相比而言。此外，值得关注是劳均资本 lnKL，三个样本的劳均资本存量存在的差异较小，这与 9.3 节的分析一致，表明目前中国资本流动的主要驱动因素是全要素生产率，而非劳均资本。

根据固定资产投资指标 r_fn 来看，两类城市的投资水平均高于整体平均水平。这可能是因为规模较小的城市一般是经济落后的城市，而对于这些城市，国家往往采取政府扶持手段，即政府投资在投资中所占据的比例较高，因此投资的稳定性比较高，而大城市因为投资来源广泛，投资来源稳定以至于固定资产投资水平较高。从产业结构指标 r_re 的数据来看，两类城市群之间存在着明显的差异，而且 5 类城市的二三产业的比率明显低于整体水平，表明其产业发展存在着滞后性。

从人力资本角度来看，观察高校学生占比 ln$H$ 和劳动成本 laborcost2 的描述性统计数据可知，1 类城市的高校学生占比 ln$H$ 和劳动成本 laborcost2 是高于全样本的水平的，而 5 类城市的情况刚好相反，这与高校在大城市集聚的现实相符。根据房地产投资占比 r_built，1 类城市的房地产投资在固定资产投资中的比例中高于整体水平，侧面反映了房地产经济也是大城市经济的推动力之一。关于政府部分 r_gov 的数据表明，1 类城市拥有更自由的市场，其市场化的程度更高，政府干预更少；这也与中国经济指导政策提出要放权市场，使市场成为主导力量，减少政府对市场的干预的构想保持了一致。

9.5 实证结果与经验分析

9.5.1 基准回归结果

根据上述模型的设定和变动，得到的全要素生产率变动与城市规模之间规律的实证结果也主要分为城市增长模型结果[模型（9-5）]和城市序贯增长模型[模型（9-7）]结果。

1. 城市增长模型回归结果

表 9-4 为普通城市增长模型回归结果，分别是使用 OLS 回归、Probit 回归及 Order Probit 回归的结果。根据三种实证的结果来看，lpop 的一次项的系数符号为正，二次项的系数符号为负，三次项的系数符号为正，这表明城市规模与城市资本流动为三次型函数关系。而且从 Probit 回归及 Order Probit 回归的系数大小可见，至今为止，中国城市增长规律是以大城市增长最快为特征的。这验证了大城市会持续集聚和扩张（Au and Henderson，2006；王晓鲁和夏小林，1999；陆铭等，2011）的城市发展理论。中国的大城市对资本的吸引力仍然最强，资本会持续高速地涌入大城市，进一步推进大城市的增长。

表 9-4 城市增长模型的基准回归结果

计量方法	OLS	Probit	Order Probit
变量	（1）capf	（2）capf	（3）capf_o
lpop	1.560 8** （2.428 0）	4.365 4** （2.241 2）	4.988 3*** （2.811 9）
lpop^2	−0.347 3*** （−2.625 5）	−0.963 7** （−2.380 5）	−1.090 0*** （−3.007 5）
lpop^3	0.025 1*** （2.797 8）	0.069 2** （2.494 2）	0.077 3*** （3.169 5）
r_fn	0.007 5*** （3.696 6）	0.022 2*** （3.738 4）	0.014 9*** （3.134 7）
r_re	0.372 2*** （4.821 2）	1.169 4*** （4.874 9）	1.201 9*** （5.704 7）
lnKL	0.054 7*** （2.794 3）	0.177 8*** （3.041 0）	0.147 5*** （2.935 4）
ln$H$	−0.023 2** （−2.068 9）	−0.067 4** （−2.031 7）	−0.061 7** （−2.287 6）
laborcost2	−0.017 2 （−0.425 6）	−0.055 4 （−0.440 8）	−0.063 5 （−0.570 9）

续表

计量方法	OLS	Probit	Order Probit
变量	（1）capf	（2）capf	（3）capf_o
r_built	0.0943 （0.5525）	0.2935 （0.5851）	0.2477 （0.5245）
lden_p	−0.0162 （−0.8953）	−0.0463 （−0.8872）	−0.0535 （−1.1523）
r_gov	−0.0961 （−0.5690）	−0.1925 （−0.3945）	−0.3349 （−0.7357）
时间固定效应	YES	YES	YES
省份固定效应	YES	YES	YES
样本数	3875	3875	3875
变量	（1）capf	（2）capf	（3）capf_o
R^2/Pseudo R^2	0.151	0.122	0.048
Likelihood	−2451.2843	−2319.8913	−5071.8586

和*分别表示在 5%、1%的水平上显著

注：括号内为 t 值

资料来源：作者利用 STATA 计算所得

此外，回归结果显示，产业结构 r_fn 对于城市规模的发展具有正向的显著影响，二三产业在产业中所占比重越大，城市的全要素生产率更可能是正差分，也就意味着会有更多的资本进入城市，这一结论与经济发展的实际情况相吻合；一般而言，二三产业比重大的城市经济发展会更具优势，资本也往往有着更高的资本报酬；另外，从投资的方向来看，资本的投资也主要是流向二三产业，若二三产业比重大，也表明该城市的二三产业发展繁荣，资本流入不足为奇。从房地产指标 r_re 的回归参数结果来看，房地产的投资占比对于区域资本的流动呈现显著的正向影响，这表明，房地产投资所占比例越大的城市，越多的资本会进入该城市。房地产的发展在中国的国民经济中占据着重要的地位，是中国国民经济的重要推力。因此，房地产投资多的地区，也是整体经济发展较为良好且人口增长较快的地区；而在中国国情下，房地产对于区域资本的影响尚需更加深入的研究。劳均资本 lnKL 的结果与柯布-道格拉斯推断的结论一致，劳均资本越大对资本的吸引力越强，进而表现为资本流入。

2. 城市序贯增长模型回归结果

在 9.2 节的分析中，我们发现时间趋势对资本流动和人口规模之间的关系存在影响，随着时间的增长，大城市的增长速度在放缓，呈现序贯增长的特征。于是，在普通的城市增长模型的基础上，我们引入了时间调节变量，以验证中国的

城市发展是否呈现着序贯增长的事实。于是，依据城市序贯增长的模型（9-6）和模型（9-7）对城市数据进行回归，其结果如表 9-5 所示。由列（3）可知，人口规模 lpop 的三个次项的回归结果与普通城市增长模型一致，而三个时间趋势和人口规模的交互项在统计上均显著且符号与对应的三个人口规模回归系数符号相反，即表明时间趋势对人口规模与区域资本流动的方向之间的关系上具有调节作用。具体而言，人口规模一次项与时间趋势的交互项 $t \cdot \text{lpop}$ 系数符号为负，人口规模二次项与时间趋势的交互项 $t \cdot \text{lpop}^2$ 系数符号为正，而人口规模三次项与时间趋势的交互项 $t \cdot \text{lpop}^3$ 为负。这意味着随着时间的推移，三次函数图形会顺时针旋转，达到某个时间，大城市不再是增长最快的城市群，规模较小的中型城市渐渐会成为增长最快且资本流入强度最强的城市群，呈现出序贯的趋势。

表 9-5 序贯增长模型的基准回归结果

计量方法	OLS	Probit	Order Probit
变量	（1）capf	（2）capf	（3）capf_o
lpop	2.774 5**	8.965 3**	9.361 0***
	（2.510 3）	（2.447 2）	（3.119 6）
lpop^2	−0.573 2**	−1.853 1**	−1.929 7***
	（−2.472 6）	（−2.385 4）	（−3.066 7）
lpop^3	0.038 3**	0.124 1**	0.128 4***
	（2.398 6）	（2.294 6）	（2.977 2）
$t \cdot \text{lpop}$	−0.167 0	−0.552 7*	−0.563 1**
	（−1.618 8）	（−1.657 1）	（−2.001 7）
$t \cdot \text{lpop}^2$	0.032 1	0.108 2	0.110 4**
	（1.554 1）	（1.585 1）	（1.962 6）
$t \cdot \text{lpop}^3$	−0.002 0	−0.006 8	−0.006 9*
	（−1.457 6）	（−1.486 8）	（−1.883 9）
t	0.252 1	0.620 4	0.711 0
	（1.493 4）	（1.127 5）	（1.510 5）
r_fn	0.007 6***	0.022 3***	0.015 1***
	（3.740 8）	（3.752 3）	（3.183 9）
r_re	0.374 7***	1.170 8***	1.210 9***
	（4.848 5）	（4.871 8）	（5.708 0）
lnKL	0.057 6***	0.183 8***	0.156 9***
	（2.932 1）	（3.128 6）	（3.068 9）
ln$H$	−0.022 3**	−0.065 3**	−0.058 7**
	（−1.992 7）	（−1.979 1）	（−2.178 4）
laborcost2	−0.015 9	−0.050 7	−0.056 9
	（−0.389 8）	（−0.398 3）	（−0.504 4）
r_built	0.077 6	0.267 6	0.195 8
	（0.456 2）	（0.533 5）	（0.418 4）
lden_p	−0.015 6	−0.045 8	−0.051 7
	（−0.859 2）	（−0.873 9）	（−1.109 0）
r_gov	−0.059 9	−0.095 0	−0.211 7
	（−0.353 7）	（−0.194 9）	（−0.466 7）
时间固定效应	YES	YES	YES

续表

计量方法	OLS	Probit	Order Probit
变量	(1) capf	(2) capf	(3) capf_o
省份固定效应	YES	YES	YES
样本数	3 875	3 875	3 875
R^2/Pseudo R^2	0.152	0.123	0.049
Likelihood	−2 448.903 4	−2 317.773 4	−5 067.723 0

*、**和***分别表示在10%、5%、1%的水平上显著

注：括号内为 t 值

资料来源：作者利用 STATA 计算所得

对比 Probit 模型和 Order Probit 模型时发现，后者的拟合结果更好一些，表明将资本流动划分为具体的强度指标后序贯增长规律更加凸显，其意义为在没有外部技术冲击的情况下，随着时间的推移，规模较小的中型城市的资本流入强度越来越大，大型城市的资本流入强度放缓，最后中型城市的资本流入强度会超过大型城市；时间再度推移，再小一些的城市的资本流入速度也会越来越快，大型城市和中型城市的资本流入强度放缓，而后小城市再超过大型城市和中型城市。通过将时间趋势剥离，Order Probit 模型使得无技术冲击下的资本流动的序贯增长情况更加明显。所以，不仅城市会呈现出 Cuberes（2004，2011）所验证的序贯增长模式，资本流动也会呈现序贯的模式。

9.5.2 稳健性检验一：大中型城市样本

聚焦经济的发展情况，人口规模较大的城市往往对经济的发展起着决定性的作用，如北上广。大城市的基础设施比较完善，更能发挥出城市集聚的作用，进而推动经济发展。于是，对较大的城市群进行研究更加具有研究意义。在这里，我们选用了20%作为分位点，删掉了每年人口规模低于 20%分位数的小城市样本（共计692个），再次进行回归，结果如表9-6所示。其中，列（1）、列（3）、列（5）为普通城市增长模型的回归结果，列（2）、列（4）、列（6）为城市序贯增长模型的回归结果。

表 9-6 稳健性实证回归结果（人口规模在 20%分位数以上的样本）

计量方法	OLS		Probit		Order Probit	
变量	(1) capf	(2) capf	(3) capf	(4) capf	(5) capf_o	(6) capf_o
lpop	4.788 4*** (2.978 3)	9.595 2*** (3.282 8)	15.130 2*** (2.681 1)	33.539 9*** (3.256 9)	15.497 1*** (3.686 6)	33.197 1*** (4.362 9)
lpop^2	−0.965 3*** (−3.109 4)	−1.896 2*** (−3.333 5)	−3.031 6*** (−2.758 3)	−6.629 6*** (−3.301 2)	−3.107 2*** (−3.827 4)	−6.559 5*** (−4.409 8)

续表

计量方法	OLS		Probit		Order Probit	
变量	（1）capf	（2）capf	（3）capf	（4）capf	（5）capf_o	（6）capf_o
lpop^3	0.063 9*** (3.237 2)	0.122 5*** (3.367 0)	0.199 7*** (2.828 6)	0.429 0*** (3.329 0)	0.204 7*** (3.960 9)	0.423 8*** (4.430 4)
$t \cdot$ lpop		−0.475 5* (−1.967 5)		−1.742 7** (−2.086 4)		−1.670 6*** (−2.799 3)
$t \cdot$ lpop^2		0.092 0** (2.023 2)		0.339 6** (2.145 5)		0.325 6*** (2.878 8)
$t \cdot$ lpop^3		−0.005 8** (−2.059 7)		−0.021 6** (−2.189 1)		−0.020 6*** (−2.931 4)
t		0.774 8* (1.838 9)		2.693 5* (1.852 4)		2.619 5** (2.521 6)
r_fn	0.005 7** (2.585 0)	0.005 6** (2.574 8)	0.017 5*** (2.683 2)	0.017 3*** (2.651 5)	0.013 4*** (2.601 1)	0.013 1** (2.574 6)
r_re	0.383 8*** (4.116 2)	0.387 9*** (4.192 3)	1.257 0*** (4.231 4)	1.273 3*** (4.319 5)	1.238 9*** (4.820 7)	1.257 9*** (4.926 9)
lnKL	0.055 3*** (2.740 5)	0.056 8*** (2.821 0)	0.183 5*** (2.991 4)	0.186 7*** (3.049 0)	0.155 3*** (2.931 7)	0.159 8*** (2.983 1)
ln$H$	−0.006 5 (−0.535 0)	−0.004 2 (−0.346 9)	−0.023 5 (−0.648 0)	−0.018 6 (−0.515 6)	−0.037 1 (−1.222 5)	−0.029 8 (−0.989 8)
laborcost2	−0.020 2 (−0.469 6)	−0.014 2 (−0.325 8)	−0.067 5 (−0.497 4)	−0.050 1 (−0.363 9)	−0.106 1 (−0.875 9)	−0.082 8 (−0.675 0)
r_built	0.120 8 (0.628 7)	0.088 3 (0.462 2)	0.347 7 (0.613 7)	0.265 2 (0.465 6)	0.452 4 (0.831 6)	0.352 1 (0.662 3)
lden_p	−0.024 5 (−1.155 4)	−0.022 5 (−1.070 8)	−0.066 8 (−1.065 9)	−0.060 4 (−0.963 3)	−0.102 0* (−1.835 0)	−0.094 7* (−1.704 9)
r_gov	−0.302 9 (−1.467 1)	−0.259 8 (−1.261 1)	−0.725 6 (−1.185 0)	−0.645 6 (−1.059 6)	−0.931 0* (−1.819 1)	−0.795 1 (−1.572 4)
时间固定效应	YES	YES	YES	YES	YES	YES
省份固定效应	YES	YES	YES	YES	YES	YES
样本数	3 183	3 183	3 183	3 183	3 183	3 183
R^2/Pseudo R^2	0.168	0.169	0.136	0.138	0.056	0.057
Likelihood	−1 983.723 7	−1 980.584 2	−1 876.630 8	−1 873.311 6	−4 131.567 0	−4 125.183 8

*、**和***分别表示在10%、5%、1%的水平上显著
注：括号内为 t 值
资料来源：作者利用 STATA 计算所得

从实证结果来看，三种计量模型的解释变量回归结果不仅与表 9-3 的回归结果一致，而与表 9-4 的回归结果也一致且均更加显著。这表明本章的结果是稳健的，同时大中型城市的资本流动的序贯增长模式更加明显。在无技术冲击的情况下，中型城市的资本流入强度将会随着时间的推移而逼近大城市的资本流入强度，而后大城市的资本流入强度持续放缓，中型城市最终超过大型城市成为资本引力地。

9.5.3 稳健性检验二：分区域样本

众所周知，中国东中西部地区经济发展存在着明显的差异，且由 9.3 节的分析可知，东部与中部和西部的城市全要素生产率水平同样差异明显。西部作为受到政府规划和政府力量更强的地区，其资本来源和城市发展普遍依靠政府扶持和中央规划，市场力量较弱。故此，西部区域的城市发展所呈现的特征受到市场力量影响较弱。于是，本章另外选取了东中部和西部区域的样本分别对普通城市增长模型和城市序贯增长模型进行回归，其回归结果如表 9-7 和表 9-8 所示，且列（1）和列（3）为 OLS 模型回归，列（2）和列（5）为 Probit 模型回归，列（3）和列（6）为 Order Probit 模型回归。

表 9-7 城市增长模型的稳健性回归结果（分区域）

区域	东中部			西部		
变量	（1）capf	（2）capf	（3）capf_o	（4）capf	（5）capf	（6）capf_o
lpop	1.075 1 (1.419 0)	2.824 6 (1.209 0)	2.638 9 (1.364 9)	2.983 7** (2.237 8)	8.741 8** (2.105 7)	12.990 7*** (3.829 7)
lpop^2	−0.241 7 (−1.538 4)	−0.628 2 (−1.285 9)	−0.608 9 (−1.531 6)	−0.633 7** (−2.263 8)	−1.846 5** (−2.093 0)	−2.666 9*** (−3.768 1)
lpop^3	0.017 7 (1.645 0)	0.045 6 (1.351 2)	0.044 9* (1.668 6)	0.043 5** (2.260 0)	0.126 0** (2.053 8)	0.178 9*** (3.668 3)
r_fn	0.008 8*** (3.995 2)	0.025 7*** (3.951 9)	0.013 6** (2.197 4)	0.005 4 (1.270 2)	0.018 0 (1.458 5)	0.019 6** (2.218 4)
r_re	0.387 2*** (4.345 1)	1.243 3*** (4.439 8)	1.193 6*** (5.100 2)	0.296 4 (1.630 3)	0.942 4* (1.762 8)	1.370 3*** (2.619 6)
lnKL	0.041 8* (1.908 0)	0.141 3** (2.170 2)	0.130 4** (2.279 3)	0.093 7** (2.136 8)	0.316 3** (2.363 1)	0.191 6* (1.767 7)
lnH	−0.020 4 (−1.640 3)	−0.056 3 (−1.539 6)	−0.050 5 (−1.629 9)	−0.032 5 (−1.177 3)	−0.110 0 (−1.352 8)	−0.105 4 (−1.626 2)
laborcost2	−0.018 8 (−0.397 9)	−0.064 2 (−0.426 9)	−0.057 8 (−0.446 9)	−0.032 7 (−0.405 4)	−0.082 2 (−0.357 2)	−0.033 9 (−0.135 6)
r_built	0.097 8 (0.545 6)	0.287 2 (0.540 1)	0.265 6 (0.517 1)	0.348 5 (0.571 2)	0.999 5 (0.528 7)	−0.047 8 (−0.031 0)
lden_p	−0.027 5 (−1.377 0)	−0.076 2 (−1.299 9)	−0.061 8 (−1.199 2)	0.010 0 (0.239 7)	0.033 7 (0.283 1)	−0.048 7 (−0.480 0)
r_gov	−0.048 1 (−0.237 9)	−0.070 3 (−0.119 3)	−0.598 7 (−1.021 8)	−0.321 6 (−0.856 7)	−0.957 0 (−0.866 5)	−0.255 9 (−0.298 8)
时间固定效应	YES	YES	YES	YES	YES	YES
省份固定效应	YES	YES	YES	YES	YES	YES
样本数	3 096	3 096	3 096	779	779	779

续表

区域	东中部			西部		
变量	(1) capf	(2) capf	(3) capf_o	(4) capf	(5) capf	(6) capf_o
R^2/Pseudo R^2	0.156	0.126	0.049	0.172	0.142	0.067
Likelihood	−1 952.715 3	−1 847.198 6	−4 050.906 2	−480.135 8	−453.251 5	−996.232 2

*、**和***分别表示在10%、5%、1%的水平上显著

注：括号内为 t 值

资料来源：作者利用 STATA 计算所得

表 9-8 城市序贯增长模型的稳健性回归结果（分区域）

区域	东中部			西部		
变量	(1) capf	(2) capf	(3) capf_o	(4) capf	(5) capf	(6) capf_o
lpop	3.047 4*** (2.636 2)	10.256 9*** (2.753 1)	9.264 9*** (2.844 1)	0.421 2 (0.087 4)	−0.425 6 (−0.028 1)	10.147 7 (0.760 1)
lpop^2	−0.605 7** (−2.479 7)	−2.051 5*** (−2.578 6)	−1.865 5*** (−2.717 4)	−0.138 4 (−0.139 2)	−0.022 0 (−0.007 0)	−2.085 5 (−0.757 4)
lpop^3	0.038 9** (2.293 8)	0.133 0** (2.383 8)	0.121 1** (2.562 0)	0.012 1 (0.179 4)	0.006 8 (0.032 0)	0.137 8 (0.739 7)
$t \cdot$ lpop	−0.302 7*** (−2.964 5)	−1.023 2*** (−2.938 7)	−0.958 1*** (−3.519 9)	0.214 6 (0.652 0)	0.737 2 (0.708 8)	0.144 0 (0.152 8)
$t \cdot$ lpop^2	0.057 9*** (2.794 7)	0.199 1*** (2.769 0)	0.185 4*** (3.344 9)	−0.041 1 (−0.613 5)	−0.145 5 (−0.684 9)	−0.026 8 (−0.139 3)
$t \cdot$ lpop^3	−0.003 6** (−2.596 4)	−0.012 5** (−2.575 3)	−0.011 6*** (−3.142 4)	0.002 6 (0.577 5)	0.009 4 (0.663 4)	0.001 8 (0.140 6)
T	0.485 5*** (2.947 8)	1.311 1** (2.285 7)	1.323 9*** (2.982 5)	−0.395 2 (−0.747 3)	−1.136 9 (−0.690 2)	−0.224 9 (−0.150 3)
r_re	0.008 8*** (4.030 3)	0.025 7*** (3.937 9)	0.013 6** (2.205 8)	0.005 3 (1.197 3)	0.017 7 (1.392 5)	0.019 7** (2.185 9)
lnKL	0.395 5*** (4.409 8)	1.268 6*** (4.479 9)	1.222 2*** (5.144 2)	0.296 8 (1.614 9)	0.950 2* (1.762 7)	1.371 0*** (2.592 5)
ln$H$	0.042 9* (1.960 0)	0.141 1** (2.157 8)	0.132 3** (2.273 5)	0.089 5* (1.996 1)	0.303 9** (2.186 9)	0.199 4* (1.824 5)
laborcost2	−0.019 7 (−1.596 7)	−0.055 8 (−1.532 9)	−0.049 5 (−1.605 9)	−0.033 5 (−1.193 6)	−0.113 1 (−1.380 8)	−0.109 3* (−1.667 9)
r_built	−0.014 7 (−0.304 5)	−0.048 5 (−0.315 4)	−0.043 9 (−0.332 4)	−0.023 1 (−0.282 0)	−0.055 3 (−0.236 0)	−0.013 7 (−0.054 0)
lden_p	0.076 8 (0.431 8)	0.263 5 (0.497 5)	0.215 8 (0.426 4)	0.340 9 (0.558 0)	1.012 6 (0.539 5)	0.098 4 (0.065 3)
r_gov	−0.027 7 (−1.395 7)	−0.079 5 (−1.362 2)	−0.062 8 (−1.237 0)	0.010 3 (0.241 0)	0.035 1 (0.292 3)	−0.054 0 (−0.533 4)
时间固定效应	YES	YES	YES	YES	YES	YES
省份固定效应	YES	YES	YES	YES	YES	YES
样本数	3 096	3 096	3 096	779	779	779

续表

区域	东中部			西部		
变量	(1) capf	(2) capf	(3) capf_o	(4) capf	(5) capf	(6) capf_o
R^2/Pseudo R^2	0.159	0.129	0.051	0.174	0.143	0.068
Likelihood	−1 947.426 9	−1 842.106 2	−4 043.205 5	−479.527 4	−452.756 5	−995.570 3

*、**和***分别表示在10%、5%、1%的水平上显著

注：括号内为 t 值

资料来源：作者利用 STATA 计算所得

从表9-7可知，仅有西部样本的回归系数的核心解释变量是显著的，且与城市增长模型的基准回归结果一致；反之，东中部的回归结果中，仅有列（3）的三次项的系数是显著的，其余均不显著。这表明，以大城市为增长极核心的城市增长模式在西部区域更加明显，而东中部区域此类增长模式已不适用。这一实证结果不仅从统计上直观地表明了东中部与西部之间的差别，而且可以看出，东中部区域的城市发展较为成熟，对外开放程度更高，市场化程度更高，城市的发展更倾向城市增长规律发展的结果。西部区域城市发展成熟度较弱，市场化程度也较低，政府在城市规模的增长和经济发展中扮演了主要的角色，会因政府特定的政治目标而推动城市增长，如西部大开发战略。这使得西部城市持续受到外部冲击，西部大型城市保持高速资本增长也是情理之中。

在运用城市序贯增长模型进行回归后发现（表9-8），与分地域的普通城市增长模型的情况相反，东中部区域呈现出明显的序贯增长式的资本流动规律，而西部区域则完全不适用于序贯增长模型。结合表9-7的结果可见，东中部区域适用于城市序贯增长模型，而西部区域适用于普通城市增长模型。东中部区域的回归结果与基准回归结果完全一致，且显著性更高，即东中部区域对城市序贯增长模型的拟合更好，更加凸显出了东中部在目前已经开始呈现出序贯式的资本流动模式，即大型城市的资本流入速度放缓，而中型城市的资本流入速度逐渐加快，在无外部冲击的情况下会渐渐超过大型城市。这可能是由于东中部区域城市成熟且自由的市场主导城市的生长，而西部由于政治力量参与度高而弱化了市场力量和经济周期对区域资本流动的影响。

综上来看，各个分区域的回归均与基准回归一致，验证了回归结果的稳健性；但意外发现东中部较发达地区呈现出明显的序贯式的资本流动规律，而西部区域则呈现出了以大城市为增长极的资本流动方式。这意味着在市场相对自由的区域才能体现出显著的序贯效应；而具有中国特色的城镇化推动过程对西部区域的资本流动的影响作用大于市场力量。

9.6 城市规模发展的模拟预测

根据城市序贯增长模型的实证回归结果可知，时间趋势对于地区资本流动和城市增长之间存在着显著的调节作用；具体而言，对人口规模 lpop 存在负向调节作用，对人口规模二次项 $lpop^2$ 存在正向调节作用，对人口规模三次项 $lpop^3$ 存在负向调节作用。于是，这为预测未来时期中城市增长对资本流动影响提供了可行的办法。在此，本节选取城市序贯增长模型的基准回归系数进行了现实模拟，以三年为一个阶段，模拟了 1999~2029 年人口规模与区域资本流动之间的规律，具体模拟效果图如图 9-7 所示。

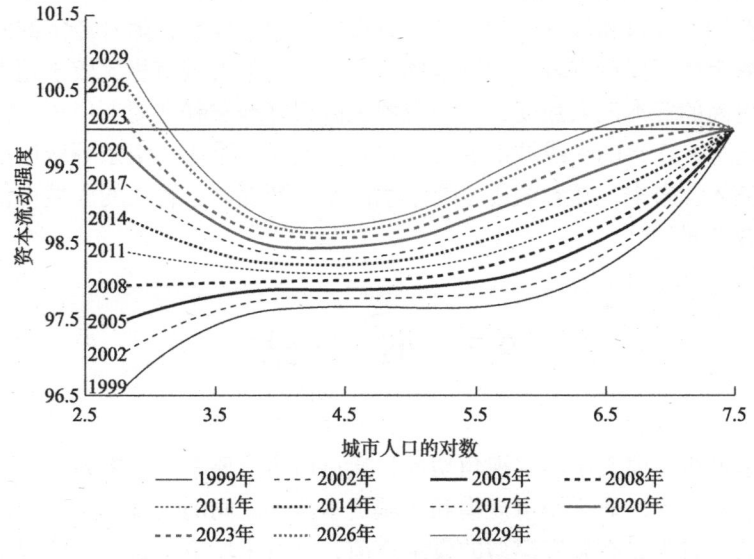

图 9-7　城市资本流动和城市规模规律模拟图
资料来源：作者利用 STATA 绘制

我们将每年最大型城市的资本流动情况标准化为 100，小于 100 意味着资本流入强度低于最大型城市，更低的话则会资本流出；同样地，大于 100 则意味着资本流入强度高于最大型城市。随着时间趋势的调节作用，三次函数图形会发生变化，逐渐被拉平为 U 形二次曲线，而后再挤压为与初始曲线水平对称的三次曲线。在 1999 年，小型城市普遍处于资本流出的状态，中型城市呈现弱资本流出趋势，大型城市始终保持高资本流入强度的状态。但随着时间推移，在 2011 年呈现出 U 形的资本流动与人口规模的关系，即最大型城市仍然维持着高资本流入状态，但可发现中型城市跟小型城市与最大型城市的距离在缩小，即资本流出的中小型城市的流出强度在下降且资本流入的中小型城市的流入强度在上升，而最大型城市的资本流动强度稍降。2023年后，大型城市的资本流入强度已经超过了最大型城市成为资本流入速度最快的城市群。

自改革开放以来，大城市较高的生产效率吸引着资本的流入，而随着经济的进一步发展，人口的进一步聚集，由于生产成本的提高，削弱了大城市的生产优势，资本的回报率有所下降，资本开始回流进入生产成本较低，资本回报率相对高的中小城市。从模拟的横轴来看，前期伴随城市人口的聚集增加，人口红利等系列人口优势的展现使得城市的资本得以上升，所以2023年以前资本的整体变动主要是一种上升的趋势，但是经济发展到一定程度，机器的发展代替了人工，人口红利等人力资源优势开始消失，大规模城市由于人口众多所带来的城市社会成本开始增加，资本的利润空间压缩，资本的流入开始减少。这也解释了在中国经济起步的初期，人口和资本不断涌向大城市的现象。但是，随着经济的发展，虽然超大型城市依旧保持着较高的资本体量，次一级的大城市相比较于超大型城市而言有着更高的资本流入强度，这一现象也能很好地解释在北上广深一线大城市的存在情况下，新兴的一线城市成都、杭州、武汉、重庆、南京等城市依旧有大量的资本涌入。未来，随着城市全要素生产率不断提高，普通的大城市依旧具有较大的发展空间。

9.7 小　　结

本章从城市全要素生产率视角切入，通过城市全要素生产率差分作为资本的区域流动衡量指标，研究城市规模和区域资本流动之间的关系。本章采取渐进式的研究模式，首先，在确定模型的设定之前，进行了城市增长动态的验证，通过简单的二次函数的模拟发现拟合函数的参数系数的符号的变动，表明了中国城市的发展符合序贯增长的机制，再逐年绘制拟合图，具体如图9-1所示，结果表明中国的城市规模的增长符合序贯增长的机制，而非以大城市为增长极不断高速增长的一般性城市增长模型。于是，本章在研究地区资本流动与城市规模关系时还考虑了城市增长模型的差异。

其次，通过对劳均资本、城市全要素生产率平均水平的分析，发现区域资本流动的驱动因素。劳均资本存量在区域与城市群之间的趋同情况确定了城市全要素生产率是推动中国城市资本流动的主要因素，从而选取全要素生产率的差分作为衡量区域资本流动的变量。具体而言，不同规模的城市和区域之间的城市全要素生产率存在着明显的差异,而中小规模城市资本流入流出的波动更加频繁;并且城市规模相近的城市,城市全要素生产率也是较为相近的。这说明在相近的城市规模结构之中,全要素生产水平较为接近,使得城市之间的区域资本流动频繁。

在实证部分,选取 1998~2016 年的数据进行实证的研究,研究结果表明,在普通城市增长模型中,城市规模与地区资本流动是三次函数的关系,且从系数上可发现目前中国仍然是以大城市为高速资本流入地域,而中型城市次之,小型城市资本流出较强。在城市序贯增长模型中,引入了时间趋势与人口规模的交互项后发现,时间趋势对于城市资本的变动存在调节作用,使得资本流动也呈现出序贯传递的特征。在此基础上,本章进一步根据城市规模和区域进行了稳健性回归。回归结果表明,在大中型城市的子样本和分区域的子样本中,回归结果与基础结果一致,验证了基础结果的稳健性。东中部呈现序贯增长的资本流动模式,而西部呈现普通城市增长的模式。

最后,根据实证部分的回归参数进行了 1999~2029 年的人口规模和城市资本流动之间的关系拟合,更加直观地展示了无技术冲击下的地区资本流动与城市规模的关系。根据拟合图形可知,资本流入强度最强的地区首先在最大的城市群中,而随着时间的推移,最大的城市群的资本吸引力下降,"最强接力棒"会传递至次一级的大城市群,以此类推,即呈现出序贯增长的特征。

根据本章对城市规模与地区资本流动的规律的探索发现,政策和市场是用来调节城市规模的主要手段。中国进行城市规划时应当参考其特征规律,应当根据其发展规律,在地区资本流动和城市规模之中寻找一种动态的均衡状态,以缓解城市发展所面临的资本和劳动两种主要生产要素的约束,从而更好地促进中国的经济发展,促进区域间城市发展的平衡,进而全面提高中国经济发展的质和量。

第 10 章 结论与展望

本书以区域资本流动和中国的城市增长为议题,深入探索了地区之间资本流动的规律和影响机制、中国城市发展的规律及资本流动对城市发展的作用机制。研究显示:中国区域间资本流动的方向是市场力量与政治力量共同作用的结果,而劳动力成本的上升同样会造成大区域(区域间)和小区域(城市间)的资本流动;中国城市增长呈现序贯增长的规律,且大城市由于其特殊的优势(集聚效应)使得资本能以最优的配置进行流动;不同的城市规模对资本流入与流出存在明显的差异。

具体结论如下。

第 3 章在新古典经济学的框架下建立一个两地区竞争模型,分析 FDI 进入对区域内资本流动的影响。理论结论表明,FDI 的进入会引起资本在区域内的循环流动。FDI 带来的技术会把区域内其他地区的资本吸引到 FDI 进入的地区,而随着技术的扩散,资本又会从该地区流向区域内的其他地区。通过在实证方程中加入 FDI 的空间滞后项来控制 FDI 对区域资本流动的影响,实证结果表明,FDI 的进入在全国范围内形成了一个先流入再流出的过程,与理论分析相当一致。进一步将全国的数据划分为东部、中部和西部三个区域,实证结果排除了在各个区域内部存在资本的流动,因而导出,FDI 的进入所引起的全国范围内的资本流动主要表现为资本跨区域的流动。最后,通过进一步计算 FDI 对区域的挤出效应以及影响方向发现,测算出资本跨区域流动的方向是从西部流动到东部。总的来看,FDI 的进入导致了中国西部资本的流失,加剧了区域经济发展的不平衡。

第 4 章在结合区域市场差异及不同的资本来源后,采用 BMA 方法对中国 1997~2016 年的国内资本流动的方向进行测算,并鉴别政治力量与市场力量对国内资本流动的不同影响。研究发现,代表市场力量的外商投资的进入会引起资本从中部流向东西部,但伴随 FDI 的相对规模逐渐降低,资本从中部流向东西部的相对规模在逐年下降(绝对规模仍然在增加);相反,代表政治力量的中央投资反而会引起资本从西部流出,而且随着中央投资相对规模的扩大,资本从西部流出的相对规模在逐年上升。外来资本与地区资本之间的竞争是驱动资本在不同地区间流动的基本力量，而外来资本与地区资本的竞争程度主要取决于外来资本的性质及由地区经济水平所决定的投资结构。总的来看，中国区域间资本流动的方向是市场力量与政治力量共同作用的结果。

第5章构建了一个两地区两个行业两种生产要素的贸易模型，分析劳动力成本上升对区域劳动力和资本流动的影响；同时，利用1998~2007年287个城市的行业企业数据，实证检验了模型结论的适用性。实证结果表明，城市的劳动力成本提高会促进城市的资本密集型产业的发展，抑制劳动密集型产业的发展，从而引致城市的产业结构发生调整。同时，劳动力成本上升还存在区域的溢出作用，东部（发达地区）的劳动力成本的提高会导致中西部（欠发达地区）的产业结构向劳动密集型产业倾斜，而东部（发达地区）则倾向发展资本密集型产业。类似地，大城市的劳动力成本提高，也会导致同一区域内小城市的资本密集型产业的比重下降，劳动密集型产业的比重上升，即实证结果也支持了在区域内不同发达程度的城市之间也存在类似的产业转移和资源流动的情况。

第6章在Combes等的分布特征-参数对应分析的基础上提出基于格点搜索的NLS回归来识别这两种效应的方法；基于中国工业企业数据的分析表明，集聚效应是解释中国大城市生产率优势的主要原因，选择效应并不存在；进一步的分析发现，集聚效应在城市与企业层面的表现截然不同，累计集聚效应与城市规模之间呈倒S形关系，小城镇向小城市及大城市向特大城市的扩张能够带来更大的边际集聚效应，而集聚效应系数与企业规模之间则呈倒U形关系，中、小企业比大企业在集聚中获益更多。第6章的研究结果一方面支持了城市发展策略应该在某些时点适当调整偏向中等城市，以缓解大城市发展遇到的瓶颈问题，另一方面也强调了政府应该鼓励并扶持中小企业的发展与壮大，充分释放集聚带来的红利，促进整个城市生产率的大幅提升，从而推动经济的快速持续发展。

第7章基于中国1998~2007年城市与企业数据从城镇化进程影响新增企业选址及企业生产率的角度考察了城镇化进程所引发的资源流动及城市发展优势的转移。实证结果表明，城镇化对于地区资源配置存在"跷跷板"效应，即城镇化水平上升会增加城市新增企业数量，降低区域内其他类型城市的新增企业数量。对城镇化效率的城市差异分析表明，城镇化效率与城市规模之间存在U形结构，特大城市与迷你城市的城镇化对企业生产率具有正向影响。但是，从趋势上看，这种U形结构正在逐渐向倒U形结构翻转，城镇化优势正在从特大城市向普通大城市转移。在未来一段时间内，城镇化方向相对支持以发展普通的大城市为主，能够带来更大的效益。

第8章承接了第7章的研究内容，认为中国的城市发展战略经历了从"偏向中小城市"到"城市自由竞争"再回归到"偏向中小城市"的振荡调整。结合中国经济发展的特征，通过构建理论模型刻画城镇化进程中城市序贯增长的"接力赛"机制，揭示了城市发展优势随着城镇化进程的推进从最大城市不断向规模次之的城市序贯转移的过程。在此基础上，利用中国 2003~2016 年"城市自由竞争"时期的城市数据对城市序贯增长的假说进行了检验。实证的结果表明，随着样本的后推，城镇化效率与城市规模的关系从早期左低右高的 U 形结构不断扁平化，并趋于向倒 U 形特大城市的城镇化优势正在不断向大城市甚至中大型城市转移。从效率的角度而言，中国当前的新型城镇化的发展方向应该定位于中大型城市，以避免超大城市与小城市过度发展带来的效率损失。

第 9 章从城市全要素生产率视角切入，以城市全要素生产率差分作为资本的区域流动衡量指标，研究城市规模和区域资本之间的规律。首先，根据城市增长动态，确定城市的增长路径。其次，构建 Probit 选择模型，探究人口规模对区域资本流动去向的影响，在基础模型上，进一步利用 Order Probit 模型深入探究人口规模对区域资本流动强度的影响。实证的结论同样验证了城市增长呈现序贯增长的趋势。城市规模与城市资本的变动呈现三次函数的振荡式关系，表明人口规模的变动对于城市资本流动存在阶段性特征。具体而言，中小规模城市资本的流动会更加频繁，既有流出也有流入；城市规模较大的城市，城市的资本流入强度会随着城市规模的变大而变强，但若城市规模达到一定的水平，资本流入的强度会下降甚至会有资本流出。可见，通过发展城市规模来引导资本走向需要注意城市所处阶段，避免出现负向作用。

参 考 文 献

薄文广. 2006. FDI挤入或挤出了中国的国内投资么?——基于面板数据的实证分析与检验. 财经论丛, (1): 64-72.
蔡昉. 2007a. 中国经济面临的转折及其对发展和改革的挑战. 中国社会科学, (3): 4-12.
蔡昉. 2007b. 中国劳动力市场发育与就业变化. 经济研究, (7): 4-14.
蔡昉. 2010. "民工荒"现象: 成因及政策涵义分析. 开放导报, (2): 5-10.
蔡昉, 都阳. 2011. 工资增长、工资趋同与刘易斯转折点. 经济学动态, (9): 9-16.
陈良文, 杨开忠, 沈体雁, 等. 2008. 经济集聚密度与劳动生产率差异——基于北京市微观数据的实证研究. 经济学(季刊), 8(1): 99-114.
陈羽, 邝国良. 2009. "产业升级"的理论内核及研究思路述评. 改革, (10): 85-89.
樊纲, 王小鲁, 张立文, 等. 2003. 中国各地区市场化相对进程报告. 经济研究, (3): 9-18, 89.
范剑勇. 2006. 产业集聚与地区间劳动生产率差异. 经济研究, (6): 72-81.
房慧玲. 2010. 广东"双转移"的重头戏: 推动加工贸易转移——关于广东加工贸易转移研究. 南方经济, (2): 74-82.
干春晖, 郑若谷, 余典范. 2011. 中国产业结构变迁对经济增长和波动的影响. 经济研究, (5): 4-16, 31.
高波, 陈健, 邹琳华. 2012. 区域房价差异、劳动力流动与产业升级. 经济研究, (1): 66-79.
高见, 覃成林. 2005. 基于东部发达地区产业转移的中部地区工业发展分析. 经济经纬, (5): 97-100.
郭金龙, 王宏伟. 2003. 中国区域间资本流动与区域经济差距研究. 管理世界, (7): 45-58.
郭熙保, 罗知. 2009. 外资特征对中国经济增长的影响. 经济研究, (5): 52-65.
胡春林. 2012. 珠江三角洲地区产业结构服务化成长研究. 南昌大学博士学位论文.
胡凯. 2011. 中国省际资本流动规模实证研究. 经济地理, 31(1): 90-96.
胡凯, 吴清. 2012. 省际资本流动的制度经济学分析. 数量经济与技术经济研究, 29(10): 20-36, 51.
简新华, 黄锟. 2010. 中国城镇化水平和速度的实证分析与前景预测. 经济研究, (3): 28-39.

金相郁. 2006. 中国城市全要素生产率研究: 1990~2003. 上海经济研究, (7): 14-23.

克鲁格曼 P R, 奥伯斯法尔德 M. 2002. 国际经济学. 5版. 海闻, 等译. 北京: 中国人民大学出版社.

雷辉. 2006. 我国东、中、西部外商直接投资（FDI）对国内投资的挤入挤出效应——基于Panel Data模型的分析. 中国软科学, (2): 111-117.

李国平, 杨开忠. 2000. 外商对华直接投资的产业与空间转移特征及其机制研究. 地理科学, (2): 102-109.

李强, 陈宇琳, 刘精明. 2012. 中国城镇化"推进模式"研究. 中国社会科学, (7): 82-100.

李子联. 2013. 人口城镇化滞后于土地城镇化之谜——来自中国省际面板数据的解释. 中国人口·资源与环境, (11): 94-101.

连飞. 2011. 工业集聚与劳动生产率的空间计量经济分析——来自我国东北34个城市的经验证据. 中南财经政法大学学报, (1): 108-114, 144.

梁琦, 李晓萍, 简泽. 2013. 异质性企业的空间选择与地区生产率差距研究. 统计研究, 30（6）: 51-57.

刘瑞明, 赵仁杰. 2015. 西部大开发: 增长驱动还是政策陷阱——基于PSM-DID方法的研究. 中国工业经济, (6): 32-43.

刘生龙, 王亚华, 胡鞍钢. 2009. 西部大开发成效与中国区域经济收敛. 经济研究, (9): 94-105.

刘伟, 张辉. 2008. 中国经济增长中的产业结构变迁和技术进步. 经济研究, (11): 4-15.

刘新争. 2012. 比较优势、劳动力流动与产业转移. 经济学家, (2): 45-50.

卢根鑫. 1994. 试论国际产业转移的经济动因及其效应. 上海社会科学院学术季刊, (4): 33-42.

鲁晓东, 连玉君. 2012. 中国工业企业全要素生产率估计: 1999—2007. 经济学（季刊）, 11（2）: 541-558.

陆铭. 2009. 土地跨区域配置: 中国经济新的增长动力. 工作论文.

陆铭, 向宽虎. 2012. 地理与服务业——内需是否会使城镇体系分散化. 经济学（季刊）, 11（3）: 1079-1096.

陆铭, 向宽虎, 陈钊. 2011. 中国的城市化与城市体系调整: 基于文献的评论. 世界经济, (6): 3-25.

罗长远. 2007. FDI与国内资本: 挤出还是挤入. 经济学（季刊）, 6（2）: 381-400.

吕大国, 耿强, 简泽, 等. 2019. 市场规模、劳动力成本与异质性企业区位选择——中国地区经济差距与生产率差距之谜的一个解释. 经济研究, (2): 36-53.

马晶梅, 王宏起. 2011. 外国直接投资在我国各地区的资本效应研究——基于省级面板数据的实证分析. 国际贸易问题, (8): 32-40.

苗洪亮. 2014. 中国地级市城市规模分布演进特征分析. 经济问题探索, (11): 113-121.

曲玥, 蔡昉, 张晓波. 2013. "飞雁模式"发生了吗? ——对1998—2008年中国制造业的分析. 经济学（季刊）, 12（3）: 757-776.

桑瑞聪, 刘志彪, 王亮亮. 2013. 我国产业转移的动力机制: 以长三角和珠三角地区上市公司为例. 财经研究, 39（5）: 99-111.

邵帅, 杨莉莉. 2010. 自然资源丰裕、资源产业依赖与中国区域经济增长. 管理世界, （9）: 26-44.

盛科荣, 孙威. 2013. 基于理论模型与美国经验证据的城市增长序贯模式. 地理学报, 68（12）: 1632-1642.

谭之博, 赵岳. 2014. 外商直接投资的挤入挤出效应: 金融发展的影响. 金融研究, （9）: 69-83.

王洛林, 魏后凯. 2003. 我国西部大开发的进展及效果评价. 财贸经济, （10）: 5-12, 95.

王万珺, 沈坤荣, 叶林祥. 2015. 工资、生产效率与企业出口——基于单位劳动力成本的分析. 财经研究, 41（7）: 121-131.

王曦, 杨扬, 余壮雄, 等. 2014. 中央投资对中国区域资本流动的影响. 中国工业经济, （4）: 5-18.

王先庆. 1998. 中国资本市场的进入: 背景、条件与战略选择. 社会科学辑刊, （4）: 39-46.

王小鲁. 2010. 中国城市化路径与城市规模的经济学分析. 经济研究, （10）: 20-32.

王小鲁, 夏小林. 1999. 优化城市规模 推动经济增长. 经济研究, （9）: 22-29.

王志鹏, 李子奈. 2004. 外商直接投资对国内投资挤入挤出效应的重新检验. 统计研究, （7）: 37-42.

魏后凯. 2014. 中国城镇化进程中两极化倾向与规模格局重构. 中国工业经济, （3）: 18-30.

吴三忙, 李善同. 2010. 中国制造业地理集聚的时空演变特征分析: 1980-2008. 财经研究, 36（10）: 4-14, 25.

吴要武. 2014. 产业转移的潜在收益估算——一个劳动力成本视角. 经济学（季刊）, 13（1）: 373-398.

肖宏伟. 2017. 我国全要素生产率对经济增长的贡献测度. 财经界（学术版）, （23）: 1-2.

谢建国. 2006. 外商直接投资对中国的技术溢出———个基于中国省区面板数据的研究. 经济学（季刊）, 5（4）: 1109-1128.

辛永兵, 李景勃. 2007. 劳动力成本上升及对我国经济的影响. 贵州工业大学学报（社会科学版）, （1）: 32-35.

徐东林, 陈永伟. 2009. 区域资本流动: 基于投资与储蓄关系的检验. 中国工业经济, （3）: 40-48.

许正松, 万青. 2011a. 基于产业集群视角下的我国劳动密集型产业梯度转移滞缓的研究. 经济问题探索, （4）: 22-28.

许正松, 万青. 2011b. 相对劳动力成本对产业梯度转移的影响研究——基于劳动生产率的区域差异视角. 经济经纬, (5): 22-27.

许政, 陈钊, 陆铭. 2010. 中国城市体系的"中心—外围模式". 世界经济, (7): 144-160.

阳立高, 谢锐, 贺正楚, 等. 2014. 劳动力成本上升对制造业结构升级的影响研究——基于中国制造业细分行业数据的实证分析. 中国软科学, (12): 136-147.

杨柳勇, 沈国良. 2002. 外商直接投资对国内投资的挤入挤出效应分析. 统计研究, (3): 6-8.

杨亚平, 周泳宏. 2013. 成本上升、产业转移与结构升级——基于全国大中城市的实证研究. 中国工业经济, (7): 147-159.

余壮雄, 李莹莹. 2014. 资源配置的"跷跷板": 中国的城镇化进程. 中国工业经济, (11): 18-29.

余壮雄, 王美今, 章小韩. 2010. FDI进入对我国区域资本流动的影响. 经济学(季刊), 10(1): 111-132.

余壮雄, 杨扬. 2014a. 市场向西、政治向东——中国国内资本流动方向的测算. 管理世界, (6): 53-64.

余壮雄, 杨扬. 2014b. 大城市的生产率优势: 集聚与选择. 世界经济, (10): 31-51.

余壮雄, 张明慧. 2015. 中国城镇化进程中的城市序贯增长机制. 中国工业经济, (7): 36-51.

张军, 吴桂英, 张吉鹏. 2004. 中国省际物质资本存量估算: 1952-2000. 经济研究, (10): 25-44.

张应武. 2009. 基于经济增长视角的中国最优城市规模实证研究. 上海经济研究, (5): 31-38.

赵岩, 赵留彦. 2005. 投资—储蓄相关性与资本的地区间流动能力检验. 经济科学, (5): 25-36.

郑鑫, 陈耀. 2012. 运输费用、需求分布与产业转移——基于区位论的模型分析. 中国工业经济, (2): 57-67.

郑延智, 黄顺春, 黄靓. 2012. 劳动力成本上升对产业结构升级转型的影响研究. 华东交通大学学报, (4): 113-117.

郑长德, 曹梓燨. 2008. 资本流动与经济增长收敛性关系——基于中国省际差异的实证研究. 广东金融学院学报, (1): 34-43.

Henderson J V. 2007. 中国城市化面临的政策问题与选择. 比较, (31): 32-41.

Ades A F, Glaeser E L. 1995. Trade and circuses: explaining urban giants. Quarterly Journal of Economics, 110(1): 195-227.

Agosin M R, Mayer R. 2000. Foreign investment in developing countries: does it crowd in domestic investment? UNCTAD Discussion Papers, No.146.

Alonso V O. 2001. Large metropolises in the third world: an explanation. Urban Studies, 38(8): 1359-1371.

Anselin L, Florax R, Rey S. 2004. Advances in Spatial Econometrics: Methodology, Tools and Applications. Berlin: Springer-Verlag.

Arndt S W. 1997. Globalization and the open economy. North American Journal of Economics & Finance, 8（1）: 71-79.

Au C C, Henderson J V. 2006. Are Chinese cities too small. Review of Economic Studies, 73（3）: 549-576.

Baldwin R E, Okubo T. 2006. Heterogeneous firms, agglomeration and economic geography: spatial selection and sorting. Journal of Economic Geography, 6（3）: 323-346.

Beck N, Katz J N. 1995. What to do (and not to do) with time-series cross-section data. The American Political Science Review, 89（3）: 634-647.

Black D, Henderson V. 2003. Urban evolution in the USA. Journal of Economic Geography, （3）: 343-372.

Blomstrom M, Konan D E, Lipsey R E. 2000. FDI in the restructuring of the Japanese economy. NBER Working Paper, No. w7693.

Blundell R, Bond S. 1998. Initial conditions and moment restrictions in dynamic panel data models. Journal of Econometrics, 87（1）: 115-143.

Borensztein E, de Gregorio J, Lee J W. 1998. How does foreign direct investment affect economic growth? Journal of International Economics, 45（1）: 115-135.

Bosworth B P, Collins S M. 1999. Capital flows to developing economies: implications for saving and investment. Brookings Papers on Economic Activity, （1）: 143-180.

Breitung J. 2000. The local power of some unit root tests for panel data. Advances in Econometrics, 15: 161-177.

Chantasasawat B, Fung K C, Iizaka H, et al. 2004. Foreign direct investment in China and East Asia. Working Paper.

Christaller W. 1966. Central Places in Southern Germany. Englewood Cliffs: Prentice Hall.

Ciccone A. 2002. Agglomeration effects in Europe. European Economic Review, 46（2）: 213-227.

Ciccone A, Hall R E. 1996. Productivity and the density of economic activity. American Economic Review, 86（1）: 54-70.

Combes P P, Duranton G, Gobillon L, et al. 2010. Estimating agglomeration effects with history, geology, and worker fixed-effects//Glaeser E L. Agglomeration Economics. Chicago: Chicago University Press.

Combes P P, Duranton G, Gobillon L, et al. 2012. Productivity advantages of large cities: distinguishing agglomeration from firm selection. Econometrica, 80（6）: 2543-2594.

Cuberes D. 2004. The Rise and Decline of Cities. Texto para Discussão-Universidade de Chicago, Setembro de.

Cuberes D. 2009. A model of sequential city growth. The B.E. Journal of Macroeconomics, 9（1）:

1-41.

Cuberes D. 2011. Sequential city growth: empirical evidence. Journal of Urban Economics, 69 (2): 229-239.

Del Gatto M, Mion G, Ottaviano G I P. 2006. Trade integration, firm selection and the costs of Non-Europe. Working Paper, No.218.

Dixit A, Stiglitz J. 1977. Monopolistic competition and optimum product diversity. American Economic Review, 67 (3): 297-308.

Duranton G. 2002. City size distributions as a consequence of the growth process. CEPR Discussion Papers, 1 (6): 477-501.

Duranton G, Puga D. 2004. Micro-foundations of urban agglomeration economies//Henderson J V, Thisse J F. Handbook of Regional and Urban Economics. Amsterdam: North-Holland.

Ernst D, Kim L. 2002. Global production networks, knowledge diffusion, and local capability formation. Research Policy, 31 (S8/9): 1417-1429.

Farla K, Crombrugghe D, Verspagen B. 2016. Institutions, foreign direct investment, and domestic investment: crowding out or crowding in? World Development, 88: 1-9.

Feldstein M, Horioka, C. 1980. Domestic saving and international capital flows. Economic Journal, 90 (358): 314-329.

Fernandez C, Ley E, Steel M. 2001. Benchmark priors for Bayesian model averaging. Journal of Econometrics, 100 (2): 381-427.

Frances V L. 1977. The effect of foreign direct investment on investment in Canada. The Review of Economics and Statistics, 59 (4): 474-481.

Frankel J A. 1992. Measuring international capital mobility: a review. American Economic Review, 82 (2): 197-202.

Fujita M, Krugman P R. 1995. When is the economy monocentric? Von Thünen and Chamberlin unified. Regional Science and Urban Economics, 25 (4): 505-528.

Fujita M, Krugman P R, Venables A J. 1999. The Spatial Economy: Cities, Regions and International Trade. Cambridge: MIT Press.

Fujita M, Mori T, Henderson J V, et al. 2004. Spatial distribution of economic activities in Japan and China//Henderson J V, Thisse J. Handbook of Regional and Urban Economics. Amsterdam: North-Holland.

Gabaix X. 1999. Zipf's law for cities: an explanation. Quarterly Journal of Economics, 114 (3): 739-767.

Gallup J L, Sachs J D, Mellinger A D. 1999. Geography and economic development. International Regional Science Review, 22 (2): 179-232.

Ghani E, Goswami A G, Kerr W R. 2012. Is India's manufacturing sector moving away from cities?

Harvard Business School Entrepreneurial Management Working Paper, No. 12-090.

Giesen K, Suedekum J. 2013. City age and city size. DICE Discussion Paper.

Gudger E W, Hoffmann W H. 1931. A shark encircled with a rubber automobile tire. Scientific Monthly, 33（3）: 275-277.

Harris C D. 1954. The market as a factor in the localization of industry in the United States. Annals of the Association of American Geographers, 44（4）: 315-348.

Henderson J V. 1974. The size and types of cities. American Economic Review, 64（4）: 640-656.

Henderson J V. 1991. Urban Development: Theory, Fact and Illusion. Oxford: Oxford University Press.

Henderson J V, Venables A J. 2009. Dynamics of city formation. Review of Economic Dynamics, 12（2）: 233-254.

Henley A. 1994. Industrial development in U.K. manufacturing since 1980. The Manchester School, 62（1）: 40-59.

Koop G. 2003. Bayesian Econometrics. London: John Wiley & Sons.

Krugman P. 1991a. Geography and Trade. Cambridge: MIT Press.

Krugman P. 1991b. Increasing returns and economic geography. Journal of Political Economy, 99（3）: 483-499.

Krugman P, Elizondo R L. 1996. Trade policy and the third world metropolis. Journal of Development Economics, 49（1）: 137-150.

Kruiniger H. 2008. Maximum likelihood estimation and inference methods for the covariance stationary panel AR（1）/unit root model. Journal of Econometrics, 144（2）: 447-464.

Kumar N, Pradhan J P. 2002. Foreign direct investment, externalities and economic growth in developing countries: some empirical explorations and implications for WTO negotiations on investment. RIS Discussion Papers.

Lecraw D J. 1993. Outward direct investment by Indonesian firms: motivation and effects. Journal of International Business Studies, 24（3）: 589-600.

Levinsohn J, Petrin A. 2003. Estimating production functions using inputs to control for unobservables. Review of Economic Studies, 70（2）: 317-342.

Lewis W A. 1982. The evolution of the international economic order. International Economics Policies & Their Theoretical Foundations, 56: 15-37.

Madigan D, York J. 1995. Bayesian graphical models for discrete data. International Statistical Review, 63: 215-232.

Markusen J R, Venables A J. 1999. Foreign direct investment as a catalyst for industrial development. European Economic Review, 43（2）: 335-356.

Melitz M J. 2003. The impact of trade on intra-industry reallocations and aggregate industry productivity. Econometrica, 71(6): 1695-1725.

Melitz M J, Ottaviano G I P. 2008. Market size, trade and productivity. Review of Economic Studies, 75(1): 295-316.

Melo P C, Graham D J, Noland R B. 2009. A meta-analysis of estimates of urban agglomeration economies. Regional Science and Urban Economics, 39(3): 332-342.

Mercereau B. 2005. FDI flows to Asia: did the dragon crowd out the tigers? IMF Working Paper.

Michaels G, Rauch F, Redding S J. 2012. Urbanization and structural transformation. The Quarterly Journal of Economics, 127(2): 535-586.

Morrissey O, Udomkerdmongkol M. 2012. Governance, private investment and foreign direct investment in developing countries. World Development, 40(3): 437-445.

Nagayasu J. 2013. A dynamic factor approach to domestic capital mobility. Empirical Economics, 44(2): 685-700.

Nickell S B. 1981. Biases in dynamic models with fixed effects. Econometrica, 49(6): 1417-1426.

Obstfeld M. 1994. Are industrial country consumption risks globally diversified?//Leiderman L. Capital Mobility: The Impact on Consumption, Investment and Growth. Cambridge: Cambridge University Press.

Obstfeld M, Rogoff K. 2000. The six major puzzles in international macroeconomics: is there a common cause?//Bernanke B, Rogoff K. NBER Macroeconomics Annual. Cambridge: MIT Press.

Prebisch R. 1962. The economic development of Latin America and its principal problems. Economic Bulletin for Latin America, 7(1): 1-22.

Rosenthal S S, Strange W. 2001. The determinants of agglomeration. Journal of Urban Economics, 50(2): 191-229.

Tan Z A. 2002. Product cycle theory and telecommunications industry-foreign direct investment, government policy, and indigenous manufacturing in China. Telecommunications Policy, 26(S1/2): 17-30.

Vernon R. 1966. International investment and international trade in the product cycle. Quarterly Journal of Economics, 80(2): 190-206.

Viladecans-Marsal E. 2013. Sequential city growth in the US: does age matter. European Regional Science Association. Working Paper.

Wooldridge J M. 2005. Simple solutions to the initial conditions problem in dynamic, nonlinear panel data models with unobserved heterogeneity. Journal of Applied Econometrics, 20(1): 39-54.